| 光明社科文库 |

大学英语新课程体系探索

谢小苑◎著

光明日报出版社

图书在版编目（CIP）数据

大学英语新课程体系探索 / 谢小苑著. -- 北京：光明日报出版社，2019. 12

（光明社科文库）

ISBN 978 - 7 - 5194 - 4944 - 5

Ⅰ. ①大… Ⅱ. ①谢… Ⅲ. ①英语—教学研究—高等学校 Ⅳ. ①H319. 3

中国版本图书馆 CIP 数据核字（2019）第 114097 号

大学英语新课程体系探索

DAXUE YINGYU XINKECHENG TIXI TANSUO

著　　者：谢小苑

责任编辑：史　宁　　　　责任校对：张晓庆

封面设计：中联学林　　　责任印制：曹　诤

出版发行：光明日报出版社

地　　址：北京市西城区永安路 106 号，100050

电　　话：010-63139890（咨询），010-63131930（邮购）

传　　真：010 - 63131930

网　　址：http：//book. gmw. cn

E - mail：shining@ gmw. cn

法律顾问：北京德恒律师事务所龚柳方律师

印　　刷：三河市华东印刷有限公司

装　　订：三河市华东印刷有限公司

本书如有破损、缺页、装订错误，请与本社联系调换，电话：010-63131930

开　　本：170mm×240mm

字　　数：329 千字　　　　印　　张：19. 5

版　　次：2020 年 1 月第 1 版　　印　　次：2020 年 1 月第 1 次印刷

书　　号：ISBN 978 - 7 - 5194 - 4944 - 5

定　　价：99. 00 元

图　录

表　录

前　言

随着当今世界经济全球化和高等教育国际化进程的加速，国家和社会对非英语专业大学生的英语应用能力提出了新的要求，大学英语课程面临前所未有的挑战和巨大的改革压力。为了迎接挑战，提高英语教育教学质量和人才培养质量，教育部高等学校大学外语教学指导委员会在2013年正式启动《大学英语教学指南》（以下简称《教学指南》）的研制工作，2015年发布了《教学指南（征求意见稿）》。随着《教学指南》的研制和颁布，新一轮大学英语教学改革势在必行。

我校大学英语课程紧跟改革步伐，于2013年启动了新一轮大学英语教学改革，重点是改革大学英语课程体系，促使学生在英语学习中知识、能力和综合素质得到协调发展，同时实现新形势下大学英语教学的可持续发展。

为什么选择课程体系作为新一轮大学英语教学改革的突破口主要原因有三个。一是课程体系是教育教学的重要依据，人才的知识、能力和素质结构需要经过课程体系来转换成具体的教学实践，课程体系体现了人才培养的规格和具体要求。大学英语课程体系合理与否直接影响到人才培养质量和大学英语教学质量。二是新一轮改革的主要方向是建设校本课程，服务本校学生和专业发展需求。我们可以根据自己学校定位、学科优势、专业需求开发有特色的专门用途英语课程，促进大学英语与学科专业的深度融合，提高大学英语课程对本校人才培养的贡献率。三是课程体系改革正好符合本校实际需求。大学英语课程体系改革与前几次改革有机衔接，是对以往改革的继承和发展。

大学英语课程体系改革改什么？首先是依照精语言、通文化和懂专业“三套车”的英语教学理念，构建通用英语、专门用途英语和跨文化交际三大模块相结合的课程体系。其次是拓展课程体系内涵，将导学课程、主题系列讲座纳入课程体系，将网络课程纳入课程体系，将外语实践教学活动纳入课程体系，实现中学英语与大学英语的平稳过渡，课堂教学与网络自主学习的无缝对接，理论与实践的有机结合。最后，在大学英语新课程体系建设过程中，加大力度培养学生的英语应用能力和促进大学英语教师的专业化发展。

怎样进行大学英语课程体系改革？我校将理论、方法与实践相结合，即在理论支撑和编制技术指导下实践新课程体系。通过概念界定和理论阐述，构建理论框架和体系，通过现状分析、需求调查和目标分析论证，明确课程体系改革的技术路径，使新课程体系的探索实践不再盲目和缺乏依据。

基于以上对新形势下大学英语课程体系的认识以及我校新一轮大学英语教学改革探索和实践的积累，笔者撰写了《大学英语新课程体系探索》，期待本书能为各高校大学英语课程体系转型提供参考，为学生知识－能力－素质的协调发展和大学英语教师专业化发展提供一个良好的契机和新的生长点。

本书比较全面、系统地研究大学英语课程体系的设计、实施和评价。全书共十章，分为四部分。第一部分（第一、二章）为理论体系，主要界定概念，梳理研究现状，阐述理论基础、政策依据对新课程体系构建与实践的指导和支撑作用。第二部分（第三、四、五章）为方法体系，通过需求分析和目标分析论证，明确构建新课程体系的技术路径。第三部分（第六、七、八、九章）为实践体系，设计、实施和评价新课程体系。第四部分（第十章）对新课程体系建设的总结与反思。

本书得以付梓印刷，离不开方方面面的支持。首先，本书为江苏省教育厅江苏省高等教育教学改革研究重点项目“基于校本人才培养目标的大学英语课程体系建设研究与实践”（项目编号 2013JSJG458）的研究成果之一，笔者对项目的资助表示感谢。其次，感谢我校外国语学院大学英语团队。虽然本书由笔者所著，但是它是集体的产物，汇聚了全院力量、凝聚着全体老师甚至几代教师的智慧。再次，感谢在写作过程中给予笔者支持和帮助的朋友们。特别感谢朱如鹏教授和周栋栋老师，笔者在国外期间他们不厌其烦地帮忙查找资料；感谢研究生顾文兵同学，经常帮忙查找资料，帮忙整理参考文献；感谢给本书提供数据的学校各部门老师；感谢给本书整理和分析数据的研究生们。最后，感谢光明日报出版社的领导和编辑，他们为本书出版付出了辛勤的劳动。

由于笔者学习、思考和写作的时间、精力、水平和经验有限，书中欠妥与谬误之处在所难免，祈请同行专家多提意见，多多斧正，不吝指教。

谢小苑

2019 年 1 月于南京航空航天大学

目　录
CONTENTS

第一章

绪 论

大学英语课程是我国高等教育的重要组成部分，是大多数非英语专业学生在本科教育阶段必修的公共基础课程，对于促进大学生知识、能力和综合素质的协调发展具有重要意义。自改革开放以来，大学英语课程进行了多轮次的教学改革；分级教学、计算机辅助教学、自主学习、网络课程等形成不断为大学英语教学改革注入新动力，使学生的英语水平有了明显提高。然而，随着经济全球化和教育国际化进程的加速，国家和社会对高素质人才要求的提高，大学英语课程面临前所未有的挑战和巨大的改革压力。在国家政策要求和时代背景下，2013 年，教育部高等学校大学外语教学指导委员会正式启动《大学英语教学指南》（以下简称《教学指南》）的研制工作，2015 年发布了《教学指南（征求意见稿）》，为各高校开展大学英语课程改革和课程建设提供了重要的依据，为我校大学英语课程体系改革指明了方向。

与以前的《大学英语课程教学要求》（2007）（以下简称《教学要求》）相比，《教学指南》更具操作性。《教学指南》改变过去大一统、笼统的教学目标，提出了基础、提高和发展三个层次分明的目标；要求教学内容从单一的通用英语向“通用英语 +”型，即通用英语 + 专门用途英语和跨文化交际的一体两翼转变（王守仁，2016），课型从选修与必修混合转向必修、限选、任选三类课程协调统一。《教学指南》明确指出，“各高校应根据学校类型、层次、生源、办学定位、人才培养目标等，遵循语言教学和学习规律，合理安排相应的教学内容和课时，形成反映本校特色、动态开放、科学合理的大学英语课程体系”。《教学指南》的要求意味着“始于 2002 年的大学英语教学改革即将进入以服务本校学生和专业发展需求为核心理念的新时期，大学英语校本课程建设将成为新一轮改革的主要方向”（冯媛，陈坚林；2016）。

本章主要解读大学英语课程体系相关概念，回顾大学英语课程体系的发展历程及分析现状和影响因素，梳理大学英语课程体系研究现状，明确大学英语新课程体系的研究意义。

第一节 相关概念解读

《国家中长期教育改革和发展纲要（2010－2020）》（以下简称《发展纲要》）明确提出了高等教育发展的核心任务是全面提高教育质量，其中人才培养水平又是全面提高高等教育质量的关键，是高校的中心工作。保证人才培养水平涉及人才培养实践的全过程，而人才培养目标和课程体系是人才培养工作中的重要因素，人才培养目标需要课程体系作为支撑。人才培养目标与课程体系的密切结合，有利于保证人才培养的质量。本节主要对人才培养目标与课程体系的相关概念进行界定，对二者在人才培养中的作用以及二者的相互关系进行探讨。

一、人才培养目标

要研究人才培养目标，首先要了解人才的基本内涵。

何谓“人才”?“人才”? 一词的定义很多,《现代汉语词典》中将人才定义为“德才兼备的人，有某种特长的人”。很多专家对人才的定义更为全面和深入，有的将人才界定为“具有较多知识（文化、业务知识)、较高素质（思想品德、身体和心理素质）和技能（技术能力、创新能力和组织管理才能等）并为国家和社会做出较大贡献的人或人群”（胡世明，周启元；2004)；有的定义为“为社会发展和人类进行了创造性劳动，在某一领域，某一行业，或某一工作上做出较大贡献的人”（王通讯，2001：2)。《中共中央、国务院关于进一步加强人才工作的决定》根据新时代要求，将人才阐释为“只要具有一定的知识或技能，能够进行创造性劳动，为推进社会主义物质文明、政治文明、精神文明建设，在建设中国特色社会主义伟大事业中做出积极贡献都是党和国家需要的人才。”由以上定义可以看出，高等教育培养的“人才”必须有较高的素质(思想道德素质、身体素质和心理素质)，具备一定的知识和能力，能进行创造性劳动，能为社会做出贡献。

教育的本质是培养人才。人才培养是一个系统工程，它主要解决七个问题：

一是教育理念的提出；二是人才培养目标的确定；三是人才培养对象的选择；四是人才培养主体的开发；五是人才培养途径的利用；六是人才培养过程的优化；七是人才培养的制度保障（董泽芳，2012）。其中培养目标是人才培养的先决条件。它解决培养什么样的人的问题，涉及人才培养的基本规格。那么，什么是人才培养目标呢？

“人才培养目标”就是各级各类学校或各专业学生的具体培养要求（袁振国，1999：70），是“教育目的的具体化”（潘懋元，王伟廉；1995：150）。高等教育目的是“把接受过完全中等教育的人培养成为一定社会所需要的高级专门人才”（薛天祥，2001：134）。高校的培养目标是高等教育目的的具体化，是“高校在培养学生的素质和规格方面的目标。主要决定于国家、社会的需要和发展状况及学校、专业的性质与条件”（教育大辞典编纂委员会，1991：10）。因此，高校的人才培养目标必须符合国家对高等教育人才培养质量的共同要求，即培养德、智、体等方面全面发展的社会主义事业的建设者和接班人；同时，还必须根据社会需求和大学自身办学历史、条件、学生生源等实际情况充分体现大学自身的特色及个性，对培养的人才在知识、能力、素质三方面提出应该达到的基本规格和质量标准。如果不把人才培养目标具体化为人才培养规格，就会缺乏可操作性，就无法控制教育的全过程（刘英，高广君；2011）。知识、能力、素质构成人才培养目标框架的基本要素（俞桂红，虞志坚；2014）。不同的培养目标对学生的知识、能力与素质结构提出了不同的要求，而这种知识、能力与素质结构的获得要依赖于课程体系的建设。

二、课程体系

课程体系是实现人才培养目标的载体和手段，是培养人才和组织教学的主要依据，直接关系到人才培养质量的好坏。

课程是课程体系的基本单位和基本要素，对“课程体系”的理解还需从“课程”的基本内涵入手。关于“课程”的定义，可谓仁者见仁，智者见智。在我国，“课程”一词始见于唐宋时期。那时课程是指所分担工作的程度以及学习内容的范围、时限和进程。在国外，课程（curriculum）是从拉丁语“currere”一词派生出来的，意为“跑马道”，指赛马场上的跑道。在学校教育中，其原始含义是指学习者的学习路线，学科内容的学习进程。随着时代与教育实践的发展，课程的概念或定义也随之延展扩充。不同的研究者根据自己对“课程”

的理解和需要从不同的角度给出了不同的定义。学术界把课程的定义归为四类：一是课程作为学科，二是课程作为目标，三是课程作为经验，四是课程作为计划。尽管课程的定义众说纷纭，但总的来说，人们普遍认为课程是在学校一定的培养目标指引下，由具体的育人目标、学习内容及学习活动方式组成的，具有多层组织结构和功能结构的，用以指导学校教育、教学活动的育人方案，是学校教育活动的一个重要组成部分。课程的终极目标是发展受教育者健全的体魄、人格与精神，完善受教育者的整个人生，满足未来社会发展对人才的需求与个体的全面发展。

根据课程的相关定义、高等教育的特点，并结合本文的研究需要，我们将课程界定为：课程是指学校根据一定的培养目标所建构的某一门学科和与该学科相关的教育教学活动的系统或教学的共同体。它的涵义包括：课程是有目的的，是为实现培养目标所建构的，反映了社会发展对人才综合素质的要求；课程是一个有组织的体系，是教师和学生共同作用的有组织的系统，它包括师生在课堂内的教与学，也包括师生在课外的实践教学活动；教学内容也是课程的有机组成部分。

正如“课程”定义的纷繁复杂一样，“课程体系”的定义到目前为止也无定论。不同学者从各自不同的角度及不同层次出发，对课程体系进行了多样化的阐释。本文采用林健（2011）对课程体系的定义：“大学根据本校制定的人才培养目标而设计和构建的由既各自独立又相互关联的一组课程所构成的有机整体”。课程体系是大学依据人才培养目标所选择和组织的课程内容、教学活动，并按一定比例及逻辑顺序排列组合而成的系统，俗称人才培养方案。通常，课程体系是由通识课程与专业课程，理论课程与实践课程，必修课程与选修课程，课堂教学与课外活动等 4 对课程要素关系构成，这些课程要素之间的比例关系形成了课程体系的主体结构框架，从不同侧面反映了课程体系的轮廓，也是研究课程体系的主要线索。

课程体系是课程的核心所在，是大学教育理念付诸实践和人才培养目标得以实现的桥梁。它具有如下特点：

（1）整体性。课程体系在人才培养中的作用，不是单一课程或各门学科相加的结果，而是由不同学科或课程之间相互搭配和融合以达到整体优化的结果。课程体系是由课程目标的确定、课程内容的选择与组织、课程的实施与评价等一系列基本环节有机组合而成的。

（2）多样性。社会的发展需要不同类型的人才，课程体系应具有多样性特点，才能满足社会与个人的多样化需求。

（3）开放性。课程体系是培养人才的载体和手段，需要通过与社会等方面交流，对人才市场需求做出快速而灵活的反应，不断充实和更新课程及内容。

（4）稳定性。课程体系是在长期的教育实践过程中建立和完善的，具有一定的稳定性。绝不能朝令夕改，影响人才培养质量。

三、大学英语课程体系

“大学英语”是指专门为非英语专业大学生开设的英语课，原称公共英语。1986 年 11 月，“中国公共外语教学研究会”更名为“大学外语教学研究会”后，公共英语正式更名为“大学英语”（张焱，1994）。

大学英语教学是高等教育的一个有机组成部分，大学英语课程是大多数非英语专业学生必修的一门基础课程。“大学英语课程体系”是现行大学英语教育政策中一个新的重要概念（郝成淼，2013），是指教学中互相联系的大学英语课程构成的整体（邵华，2014）。有些学者用“大学英语课程群”“大学英语课程设置”等概念来指称“大学英语课程体系”。

本研究的核心概念“大学英语课程体系”是指根据本校制定的人才培养目标设计和构建的由既各自独立又相互关联的一系列大学英语课程所构成的有机整体。它是一个综合化的概念，不仅汇集了课程目标、课程设置（课程内容和课程结构）、课程实施、课程评价等诸多要素，还包括各个要素之间的相互关系和相互作用。

四、培养目标与课程体系的相互关系

培养目标和课程体系都是人才培养过程中不可缺少的重要因素。培养目标是构成课程体系的前提与基础，课程体系是实现培养目标的重要载体与手段（陈立乾等，2014）。

培养目标是办学的目的和方向，它决定了人才培养的规格和标准，即人才的知识、能力和素质结构。有什么样的培养目标就会有什么样的课程体系与之相匹配。不同的培养目标对学生的知识、能力和素质结构提出不同的要求。而对知识、能力和素质结构的需求特征，形成了课程体系结构。比如目前社会对人才的需求日益多样化，高校培养目标也呈现出多样化特点，而多样化的培养

目标必然要求多样化的课程体系与之匹配。因此，课程体系的构建必须以培养目标为指导思想，缺乏培养目标指导的课程体系必定是混乱无序的。

课程体系围绕人才培养目标构建，是为实现培养目标服务的，它集中反映了培养目标，是培养目标与规格的具体化；它决定了所培养人才的规格、质量和水平，是实现培养目标的重要手段和保证。为了培养社会所需人才，课程体系通过将不同的课程按照一定的逻辑顺序排列组合，将社会对人才的要求具体体现在各种课程中。因此，培养目标必须以课程体系为中介和载体才能在培养对象那里得以实现，离开课程体系，一切教育思想和宗旨、教育目的和培养目标都不可能得到落实。

从上面的分析可以看出，培养目标与课程体系在人才培养过程中相辅相成，密不可分。单方面强调培养目标而忽视相应课程体系的构建，易导致培养目标虚设或难于操作等问题的出现；而单方面强调课程体系而忽视培养目标的规定性，易造成培养目标与课程体系“两张皮”的现象。因此，只有在科学的培养目标指导下，构建相应的课程体系，才可能使二者在人才培养过程中发挥出最大的作用。

第二节　大学英语课程体系的发展历程、现状及影响因素

本节将简要回顾大学英语课程体系的发展历程，比较各个阶段的教学目标、课程内容、课程结构、课程实施和课程评价；分析大学英语课程体系现状及影响因素。

一、大学英语课程体系的发展历程

英国著名的课程研究家泰勒在其《课程研究导论》（1989）一书中认为，影响课程发展的主要因素是教育思想、社会变革、经济和科技的进步。其中教育思想包括人们对培养目标、认识本质、学生心理以及教学方法的认识。马克思主义观点认为，课程发展的根本动力，是政治因素和经济因素。课程作为广义的文化的组成部分，是一定社会的政治和经济的反映。

大学英语课程是随着国家经济和社会发展而变化的。不同时期的大学英语课程，适应了当时的国家经济建设和社会发展的需求。虽然各个时期大学英语

课程的发展程度不同，但大学英语课程基本上是在教学大纲或课程教学要求的指导下构建的，大学英语课程设置的目的就是为了实现教学大纲或课程要求提出的教学目标，因此大学英语课程的发展与《大学英语教学大纲》《大学英语课程教学要求》的发展始终紧密相连。本文关于大学英语课程发展历程是根据教学大纲（或课程要求）的内容整理的，大纲或课程要求的出台是在对前一阶段大学英语课程的发展做了较为全面的总结的基础上，提出的对下一阶段课程发展的要求和建议。大纲或课程要求反映了每个时期的课程的情况，具有较高的科学性。通过对大学英语课程发展历程的梳理，可以看出它大致经历了五个阶段：第一阶段为新中国成立初期至 1980 年；第二阶段 1980 年至 1985 年；第三阶段 1985 年至 1999 年；第四阶段 1999 年至 2003 年；第五阶段 2004 年至 2015 年。

第一阶段：1949 年—1980 年

新中国成立初期，我国由于受到西方国家的封锁，与外部世界交往很少，学习英语的目的是阅读科学技术相关的书刊资料以获取信息。从 20 世纪六十年代颁布的《英语教学大纲（试行草案）》（1963）可知，当时大学英语课程的教学目的是“为学生今后阅读本专业英语书刊打下较扎实的语言基础”。当时的大学英语课程特点是以阅读为导向，以科技英语为主要内容。具体安排为：教学时数 240 学时，课程在 1－4 学期完成，但“英语课在课程结束以后仍须安排一定的课外学时（一般每周不少于 2 小时）来巩固提高学生的英语水平，从第五或第六学期到第九学期要求阅读 15－18 万印刷符号，或笔译 7－9 万印刷符号”。这个要求“表达了学生自主学习的雏形思想”（王守仁，2008：40）。

这份大纲反映了二十世纪六十年代我国高校大学英语教学的实际水平，大纲的颁布对规范大学英语教学、提高大学英语课程的地位，起到了积极作用（王守仁，2008：40）。

第二阶段：1980 年－1985 年

20 世纪 80 年代改革开放初期，对外交流尚不活跃，社会经济环境对英语需求有限，大学生掌握英语的主要目的是为了将来能阅读翻译英文资料，引进、学习和消化吸收外国先进的科学技术和管理经验。在这样的时代背景下，《英语教学大纲（高等学校理工科本科四年制试用）（草案）》（1980）首次提出将大学英语教学分为两个阶段，即基础英语教学阶段和专业阅读教学阶段。基础英语教学阶段的教学目的是“为学生阅读英语科技书刊打下较扎实的语言基础”。

专业阅读阶段的教学目的是“使学生具备比较顺利地阅读有关专业的英语书刊的能力”。基础阶段的主要任务是为阅读英语专业书刊打好语言基础。教学内容要体现科技英语的特点，但不宜过早结合某一具体专业。在专业阅读阶段再逐步过渡到阅读本专业的英语书刊。教学安排为：基础阶段的教学时数工科在240学时以上，理科为300学时左右，一般安排在第一至第四学期。专业阅读阶段一般每周安排2学时，持续2－3个学期。

《英语教学大纲（草案）》考虑到不同程度的学生会有不同的需求，鼓励学生选择学习适合自己水平的内容：“入学时英语水平超过大纲规定的第一阶段要求的学生，可通过测试，进入第二或第三阶段学习”（1980：4）。对达到或提前达到大纲基础阶段教学要求的学生，设置高级阅读课、翻译课、听力课、会话课、科技英语写作课等英语选修课。这些规定体现了“因材施教”的精神，被后来的大纲制定者继承和发展。

这一阶段课程的特点：把大学英语看成是一门实践课，以训练和培养语言技能为目的。第一次将大学英语教学明确分为基础阶段和专业阅读阶段。

这一阶段课程的主要问题：大学英语课程仍以阅读能力的培养为导向；课程设置比较单一。由于各种条件的限制，大部分学校只能完成基础阶段的教学任务，只有少数学校能真正做到大学英语教学四年不断线。

1980年的《英语教学大纲（草案）》是一份过渡性的大学英语教学大纲，对改革开放初期迅速恢复和发展大学英语教学起到了重要作用。教学大纲“第一次将大学英语教学明确分为两个阶段，这对后来的大学英语课程设置框架产生影响，无论是基础阶段与应用提高阶段或后续阶段，还是教学要求的三个层次，都由此衍生发展而来”（王守仁，2008：42）。

第三阶段：1985年－1999年

20世纪80年代中期，随着改革开放的深入，社会经济发展迅速，社会经济环境对英语的需求提高，对人才的英语水平需求也逐渐提高。在这样的背景下，《大学英语教学大纲（高等理工科本科用）》（1985）和《大学英语教学大纲（高等学校文理科本科用）》（1986）两份大纲应运而生。理工科大纲规定的教学目的是：“培养学生具有较强的阅读能力、一定的听和译的能力以及初步的写和说的能力，使学生能以英语为工具，获取专业所需的信息，并为进一步提高英语水平打下较好的基础。”文理科大纲教学目的则省略了“译的能力”。新的理工科大纲和文理科大纲的教学目的均是“为进一步提高英语水平打下较好的基础”，凸显大学英语教学为基础语言教学。大纲提出“语言教学的最终目标是培养学生以书面或口头进行交际的能力”，首次将听、说、写能力列入教学目的。

为了实现教学目的，大学英语教学分为基础阶段和专业阅读阶段，基础阶段的教学要求分为基本要求和较高要求两种。教学安排方面，基础阶段的教学时数不少于240－280学时，安排在1－4期，每周4课时。专业阅读阶段安排在基础阶段结束后的第五至第七学期进行，每周2学时，作为必修课设置。有条件的学校可从三年级起开设若干提高性质的外语选修课程。大纲规定：“基础阶段各级教学结束时均应安排考试。其中第四、第六级结束时，应按本教学大纲的要求进行全国统一考试。”

这一阶段课程的特点：

（1）大学英语课程结构分为基础阶段和提高阶段，采取分级教学的措施。

考虑到学生英语入学水平参差不齐的现象，许多院校采取了按程度分级教学的措施，在一定程度上体现了“以学生为中心”和“因材施教”的教学原则。基础阶段教学分为六级，每学期为一级，每级为60－70学时。一般学生在两年中可以从第一级学至第四级（达到基本要求）。起点较高、学有余力的学生可从第二级或第三级开始，在达到了基础阶段的四级水平后，可以根据自己的需求和爱好，选择学有余力的课程，学至第五级或第六级（较高要求）。对于入学时起点较低的学生，另设预备一级和预备二级。大纲对每个级别提出了具体的要求，对词汇、读、听、写、说各方面的要求都做了定性、定量化的规定。

（2）开设语言技能选修课程，以提高学生英语读、听、写、说、译的能力。许多高校专门设置了英语高级阅读、英汉翻译技巧、英语听力、英语会话和英语写作等提高性质的外语选修课程，课程设置单一的局面开始扭转。

在实际教学中却存在着一些问题：

（1）分级教学管理问题。分级教学缺少具体的统一标准，分级后基本固定不变，而且高起点班和低起点班在记分等方面也不尽合理。这些促使部分学生宁愿在低起点班得“高分”，也不愿意到高起点班得“低分”。

（2）语言技能选修课的问题。旨在发展学生语言交际能力的选修课程都安排在基础阶段之后，而我国绝大部分高校限于管理、设备、师资力量不足等原因，难以开出面向全体学生的语言技能选修课。

（3）应试教育的问题。由于全国四级统考安排在基础阶段之后，整个基础阶段的大学英语教学实际上是围绕四级统考进行的。在基础阶段就只有一门包罗万象的基础英语课程——大学英语精读。精读教学重语言知识而轻技能训练。在这样的教学下，学生的语言交际能力差是必然的结果。

（4）专业英语设置的问题。在实际的教学中，大学英语是由各高等院校的外语系负责的。外语教师有很好的外语专业知识，但缺乏其他专业的知识背景，无法胜任专业英语的教学。专业英语的设置形同虚设。

这两份教学大纲提出的分级教学、标准化统一考试，规范了大学英语教学，此后，我国大学英语教学走上了规范化、系统化的道路，进入了稳步发展期。

第四阶段：1999 年 - 2003 年

随着对外开放的不断深入，我国经济迅速发展。市场对学生英语交际水平的要求较以往更高，且产生了不同层次的英语水平的需求。企业和市场对理工科学生和文科生提出同等要求，即英语水平不能仅仅停留在基本的阅读和书面表达上，还应具备较好的语言交际能力，当时出台的《大学英语教学大纲（修订本）》（1999）将原有的“理工科大纲”和“文理科大纲”合二为一。该大纲提出的教学目的是：“培养学生具有较强的阅读能力和一定的听、说、读、写、译能力，使他们能用英语进行信息交流。大学英语教学应帮助学生打下扎实的语言基础，掌握良好的语言学习方法，提高文化素养，以适应社会发展和经济建设的需要”。从教学目的可以看出，虽然阅读仍是大学英语课程的重头戏，但语言交际能力的培养已经开始得到重视。

这一时期的课程结构包括两个阶段——基础阶段和应用提高阶段，三个部分——基础英语、高级英语和专业英语。基础阶段沿袭 1985 年理工科大纲和 1986 年文理科大纲分级教学的做法，教学要求分为基本要求和较高要求，达到四级为基本要求；达到六级为较高要求。“修订说明”特别之处：“把四级定为全国各类高等学校均应达到的基本要求，这是本大纲的一个主要决策”（1999：179）。应用提高阶段包括必修课专业英语课和选修课高级英语课。

这一阶段课程的特点：

（1）课程设置由原来单纯地强调语言技能培养转到重视交际能力的培养，课程也由单一的“工具性”倾向逐渐转化为“工具性、人文性”并存。

（2）增加了基础学时。1985 年颁布的课程结构中，基础阶段的英语学时是 240 ~ 280 学时，而 1999 年的课程结构中，基础阶段的英语学时则要不低于 280 学时。这是因为当时我国高校开始大规模扩招，学生入学率大大提高，新生英语水平参差不齐的情况在这一时期显得格外突出，所以提出加强基础阶段英语学习的要求。

（3）选修课的种类增多，尤其是增加了语言文化的课程。高级英语选修课中不仅包含有提高语言技能的课程，如高级写作、高级阅读、英语口译，还有语言文化课程，如英美文学欣赏和英美文化。专业英语课程也比以前有了更多可供选择的课程。除了专业英语阅读课，还开设专业英语文献阅读、专业英语资料翻译和英文摘要写作等课程。

当时的课程体系基本符合高校的实际情况，也对大学英语教学做出了较好的指导。但随着社会发展，它逐渐暴露出一些缺陷：

（1）大部分高校的课程设置围绕“四六级”，应试教育倾向比较严重。

（2）基础阶段学时过长。一部分基础较好学生的积极性受挫。

（3）部分选修课形同虚设。绝大部分高校的教学设备、师资力量不足，绝大多数院校在完成基础阶段的课程后，无力为学生开设选修课程。少数能够开出选修课的，也不过是寥寥几门，尤其是专业英语课程的教学情况更甚。

1999 年的《教学大纲》提出“分类要求和因材施教”“英语学习四年不断线”等思想，第一次把大学英语四级定位为全国各类高校均应达到的基本要求，切实提高了大学英语课程在高等教育中的地位。

第五阶段：2004 年－2015 年

进入 21 世纪，随着中国加入 WTO，中国的经济与世界更加紧密地联系在一起，对外交流活动频繁，英语在国际交往中所起的重要作用比以往更加凸显。在经济建设和社会发展的新形势、社会对我国大学生英语能力的新要求、高等教育发展的新趋势、高中英语课程改革的新进程等背景下，教育部颁布的《大学英语课程教学要求（试行）》（2004）提出“大学英语的教学目标是培养学生英语综合应用能力，特别是听说能力，使他们在今后工作和社会交往中能用英语有效地进行口头和书面的信息交流，同时增强其自主学习能力、提高综合文化素养，以适应我国经济发展和国际交流的需要”。考虑到我国各地区以及高校情况差异较大，此次的《要求》并未像前两次大纲一样，给出较为具体的课程规定，而是将大学英语的课程分为五个部分：综合英语类、语言技能类、语言应用类、语言文化类和专业英语类，形成了一个必修课和选修课程有机结合的课程体系，以确保不同层次的学生在英语应用能力方面得到充分的训练和提高。

《课程要求（试行）》放弃大学英语教学分为基础阶段和应用提高阶段的传

统，将教学要求分为三个层次：一般要求、较高要求和更高要求。一般要求是每个大学毕业生必须达到的目标。较高要求和更高要求是对那些学有余力、英语基础较好的大学新生分别设置的。我国幅员广阔，各地区、各大学的教师整体水平和生源状况存在差别，学习条件也不尽相同。即使在同一所学校，学生的英语水平也不一样。因此，大学英语教学采取了因地制宜，因校制宜，因人制宜，避免了“一刀切”的现象。

《课程要求（试行）》专门有“课程设置”一节对设计大学英语课程提出要求。如：“应大量使用先进的信息技术”“应充分考虑对学生文化素质培养和国际文化知识的传授”“要充分体现个性化”等。《课程要求（试行）》首次提出将形成性评估和终结性评估相结合，建立“全面、客观、科学、准确的评估体系”。对于目标要求的评估，“学校可以根据《课程要求（试行）》中一般要求、较高要求或更高要求单独命题组织考试，也可以实行地区或校际联考，也可以参加全国统一考试。无论采用何种形式，都要充分考核学生实际使用语言进行交际的能力，尤其是口头和书面的表达能力”。《课程要求（试行）》增加了教学管理的内容，这是以往大纲所没有的。文件还首次提及大学英语师资队伍建设。

2004 年颁布的《课程要求（试行）》有较强的时代性，对推动高校的大学英语教学改革起到很大作用。

在《课程要求（试行）》试行 3 年多的基础上，教育部高教司根据大学英语教学改革实际，对其做出进一步的修改完善，并于 2007 年颁布了《大学英语课程教学要求》。其中大学英语的教学目标做了略微改动：“培养学生的英语综合应用能力，特别是听说能力，使他们在今后学习、工作和社会交往中能用英语有效地进行交际，同时增强其自主学习能力，提高综合文化素养，以适应我国社会发展和国际交流的需要。”

《大学英语课程教学要求》明确指出：“大学英语课程不仅是一门语言基础课程，也是拓宽知识、了解世界文化的素质教育课程，兼具工具性和人文性”。大学英语的教学内容除了语言知识、语言技能外，还涵盖学习策略、跨文化交际、ESP 等内容，体现了大学英语课程是工具性与人文性的结合。

这一阶段课程的特点：

（1）基础阶段学时较少，选修课程门类较多。随着大学入学者的英语水平越来越高，一些重点高校逐步减少大学英语课程的学时和学分，特别是减少基础英语阶段的学分，同时，开设了种类繁多的英语课程来满足学生多样的学习需求，切实培养学生的综合文化素养。

（2）网络技术在大学英语课程的体系中扮演着越来越重要的角色，利用外语教学网络，提高学生的视听说能力和自主学习能力。课程注重培养学生的学习兴趣，发展其自主学习的能力。

存在的问题：

（1）课程结构体系不合理，缺乏整体规划，缺乏明确的目标，随意性强；另外，课程只增不减，学生自主学习时间明显不足。

（2）文化传承功能发挥不足。大学英语教学在培养学生人文精神，增进大学生对不同国家、不同文化的认识和理解，增进大学生对我国优秀传统文化，特别是社会主义先进文化的学习和认同方面的作用发挥得不够（刘贵芹，2012）。

2004 年和 2007 年的课程教学要求体现了分类指导、因材施教的思想，一方面规定非英语专业学生英语学习与实践应达到的一般要求，以确保人才培养质量；另一方面，鼓励学校根据校情对大学英语教学自主确定目标，提出较高要求或更高要求。

以上我们对大学英语课程的五个发展历程进行了简要的回顾，下面让我们比较大学英语各个阶段的教学目标、课程内容、课程结构、课程实施和课程评价。

表 1－1　大学英语课程各阶段课程体系构成

时间 分项	1962—	1980—	1985— /1986—	1999—	2004— 2007—
教学目标	培养阅读能力：为阅读本专业英语书刊打下较扎实的语言基础。	培养阅读能力：为阅读本专业英语书刊打下较扎实的语言基础；比较顺利阅读有关专业的英语书刊。	培养具有较强的阅读能力、一定的听和译的能力以及初步的写和说的能力，为进一步提高英语水平打下较好的基础。	培养具有较强的阅读能力和一定的听、说、读、写、译能力，掌握语言学习方法，提高文化素养，打下扎实的语言基础。	培养英语综合应用能力，特别是听说能力；增强其自主学习能力；提高综合文化素养；以适应社会发展和国际交流需要。

续表

时间 分项	1962—	1980—	1985— /1986—	1999—	2004— 2007—
课程内容	科技英语阅读	基础阶段进行适当的听、说、读、写的综合训练；开设精读、泛读、听力；专业阅读阶段强调阅读科技英语。达到基础阶段要求的学生，设置高级阅读课、翻译课、听力课、会话课、科技英语写作课等选修课。	基础阶段：语言基础（词汇、读、听、写、说）训练，开设精读、泛读、听力；专业阅读阶段：专业英语阅读； 有条件的学校可从三年级起开设若干提高性质的外语选修课程，如英语高级阅读、英汉翻译技巧、英语听力、英语会话、英语写作等。	基础阶段：语言知识及语言应用能力训练，开设精读、泛读、听力；应用提高阶段分专业英语课（必修课，如专业英语文献阅读/翻译、英文摘要写作）和高级英语课（选修课，如高级写作/阅读、英语口译；英美文化、英美文学欣赏）	课程体系包括综合英语类、语言技能类、语言文化类、语言应用类、专业英语类，内容涵盖语言基础、语言技能、学习策略、跨文化交际、ESP 等。
课程结构	课时分课内与课外。课内 240 学时，1－4 学期完成；课外安排在 5/6 － 9 学期，每周不少于 2 小时阅读或笔译。	教学分为基础阶段和专业阅读阶段。基础阶段的工科在 240 学时以上，理科为 300 学时左右，安排在 1 － 4 学期；专业阅读阶段一般每周安排 2 学时，持续2～3个学期。	基础阶段的教学要求分为基本要求和较高要求，教学时数不少于 240 － 280 学时，安排在 1 － 4 学期，每周 4 课时。专业阅读阶段安排在 5 －7 学期，每周 2 学时，作为必修课设置。	教学包括两个阶段： 基础阶段教学时数不少于 240 －280 学时，安排在 1 －4 学期，每周 4 课时； 专业阅读阶段安排在 5 －7 学期，分为专业英语课和高级英语课。	教学分为一般要求、较高要求和更高要求，教学时数为 256 学时，约 16 学分。计算机学习的课程学分比例不低于 30%。

续表

时间 分项	1962—	1980—	1985— /1986—	1999—	2004— 2007—
课程实施与评价	1. 课外学习为自主学习； 2. 有一定的阅读或笔译量的要求。	入学时英语水平超过大纲规定的第一阶段要求的学生，可通过测试，进入第二或第三阶段学习。	1. 分级教学：教学分为6级，每学期为1级，每级为60－70学时。 2. 对每级提出具体要求，对词汇、读、听、写、说的要求作定性、定量化的规定。 3. 各级教学结束安排考试。其中第4、6级结束时，应按教学大纲的要求进行全国统一考试。	1. 沿袭分级教学的做法。 2. 第一次把大学英语四级定位全国各类高校均应达到的基本要求。	1. 对大学英语课程设置进行具体规定； 2. 将形成性评估和终结性评估相结合，建立评估体系； 3. 有教学管理要求；4. 有建设大学英语师资队伍的要求。

回顾大学英语课程体系的演变历程，可以发现，我国高校大学英语课程的发展趋势呈现如下特点：大学英语课程教学目标随着国家经济和社会发展需求的提高而对学生的英语水平要求越来越高；教学内容越来越全面和丰富；课程结构经历了从单一到多样，从简单到复杂的变化；课程实施和评价越来越科学。

（一）课程教学目标

课程教学目标决定着教学内容和课程结构，教学内容和课程结构则反映和实现课程教学目标。因此，制定合理的教学目标是设计有效的和符合实际的教学内容以及课程结构的前提。从大纲或课程要求的表述中可以看到，80年代中期以前，大学英语教学的主要目的是培养阅读能力，使学生通过阅读相关专业书刊资料，从国外获取专业所需要的信息。1985/1986年修订的大纲第一次把听、写、说作为教学目的。这个变化反映了新生的英语水平入学水平逐年有所提高，也说明国家对大学英语教学提出了更高的要求。1999年的教学目的可以看出，虽然阅读仍是大学英语课程的重头戏，但语言交际能力的培养已经开始得到重视。2004 年和 2007 年的教学目标发生了很大的变动，包含三方面：培养学生英语综合应用能力，特别是听说能力；增强其自主学习能力；提高综合文化素养。教学目标中“特别是听说能力”的表述意味着要加强听说技能，这是针对过去大学英语教学以阅读理解为主而学生听说能力较弱这一现状提出来的。21 世纪的中国，英语学习的环境已发生很大变化，人们可以通过多种途径和方式接触、学习和使用英语，听说能力日益显得重要。另外，随着国际化进程的加快，综合文化素养的提高也提上日程。

由此可见，大学英语课程目标已不仅仅是单纯的掌握语言技能，还要培养学生的自主学习能力，提高其综合文化素质。

（二）课程内容

从表 1－1 可以看出，大学英语课程教学内容从最初注重语言知识到重视语言知识、应用能力和综合文化素养相结合，教学内容越来越丰富，覆盖越来越全面。1985 年以前大学英语课程以科技英语为主，着重阅读，特别是专业英语书刊阅读；1985 年以后重视英语知识和技能训练，基础阶段开设大学英语（即精读课、泛读课、听力课），大学三年级开设了英语高级阅读、英汉翻译技巧、英语听力、英语会话、英语写作等选修课程；1999 年以后大学英语课程分为基础英语、高级英语、专业英语三个部分，基础英语包括大学英语（即精读课、泛读课、听力课），高级英语包括高级写作、高级阅读、英语口译、英美文化、英美文学欣赏等，专业英语包括专业英语文献阅读、专业英语资料翻译、英文摘要写作等；2004 年以后的大学英语课程由综合英语类、语言技能类、语言应用类和专业英语类组成，各校根据自身特点设计大学英语课程体系，必修课程主要有综合英语、视听说，选修课程有高级阅读、高级视听说、英美文化、英美文学欣赏、英美报刊选读、科技英语、商务英语、学术英语等，这些选修课将使大学英语的课程结构发生变化，同时为那些基础比较好的学生提供了进一步向语言运用能力方向发展的机会和条件。

（三）课程结构

大学英语课程结构逐渐由单一向多样化发展，由统一向个性化发展。

在教学安排上，2004 年以前大学英语分为两个阶段，基础阶段和专业英语阶段，2004 年以后大学英语由一般要求、较高要求和更高要求组成。基础阶段教学时数由少到多，2004 年以后逐渐将学时用在拓展选修课上。课程基础阶段教学时数（1980 年前）240 学时＋课外持续 3 学期每周不少于 2 小时，（1980）

240 学时以上（工科）300 学时左右（理科） + 专业阅读阶段持续 2 – 3 学期每周 2 学时，（1985/86）240 – 280 学时 + 专业阅读阶段持续 3 学期每周 2 学时，（1999 年增加了基础学时）不低于 280 学时 + 应用提高阶段持续 3 学期每周 2 学时，2004 年共 16 学分 256 学时（压缩基础学时增加自主学习学时和后续课程学时）。

1999 年，我国高校开始大规模扩招，学生入学率大大提高。由于入校新生的基数开始增加，水平参差不齐的情况在这一时期显得格外突出，此时，加强基础阶段的英语学习是必然要求。2004 年至今，全国各地方高校也开始压缩基础阶段的学时。

受教育体制的影响，最初各高校大学英语课程结构普遍与大纲的规定相差无几。直至 2003 年情况才有所改变。2004 年以后，随着《大学英语课程教学要求》对课程体系设置要求更加开放和富有弹性，大学英语课程结构更多地受到学校自身的影响，呈现出了个性化的特点。

（四）课程实施和评价

教学管理越来越规范，教学评估从一考定终身到形成性评估与终结性评估相结合，高校越来越重视大学英语师资队伍的建设。

1980 年前教学管理：课外学习，要求有一定的阅读和笔译量（自主学习）。

1980 年的《英语教学大纲（草案）》考虑到不同程度的学生会有不同的需求，鼓励学生选择学习适合自己水平的内容："入学时英语水平超过大纲规定的第一阶段要求的学生，可通过测试，进入第二或第三阶段学习（1980：4）"。对达到或提前达到大纲基础阶段教学要求的学生，设置高级阅读课、翻译课、听力课、会话课、科技英语写作课等英语选修课。这些规定体现了"因材施教"的精神，被后来的大纲制定者继承和发展。

1985/1986 年教学管理中的一项重要举措是实行分级教学。基础阶段的教学分为六级，每学期为一级，每级为 60 – 70 学时。一般学生在两年中可以从第一级学至第四级（达到基本要求）。起点较高、学有余力的学生可从第二级或第三级开始，在达到了基础阶段的四级水平后，可以根据自己的需求和爱好，选择学有余力的课程。学至第五级或第六级（较高要求）。对于入学时起点较低的学生，另设预备一级和预备二级。大纲对每个级别提出了具体的要求，对词汇、读、听、写、说各方面的要求都做了定性、定量化的规定。教学评估：基础阶段各级教学结束时均应安排考试。其中第四、第六级结束时，应按本教学大纲的要求进行全国统一考试。

1999 年沿袭 1985 年和 1986 年分级教学的做法，教学要求分为基本要求和较高要求，达到四级为基本要求；达到六级为较高要求。“修订说明”特别之处：“把四级定为全国各类高等学校均应达到的基本要求，这是本大纲的一个主要决策”。

2004 年以后首次提出将形成性评估和终结性评估相结合，建立“全面、客观、科学、准确的评估体系”。对于目标要求的评估，“学校可以根据《课程要求（试行）》中一般要求、较高要求或更高要求单独命题组织考试，也可以实行地区或校际联考，也可以参加全国统一考试。无论采用何种形式，都要充分考核学生实际使用语言进行交际的能力，尤其是口头和书面的表达能力”。

《课程要求（试行）》增加了教学管理的内容，这是以往大纲所没有的。文件还首次提及大学英语师资队伍建设。

二、大学英语课程体系现状分析

《教学要求》（2007）指出，“各高等学校应根据实际情况，按照《课程要求》和本校的大学英语教学目标设计各自的大学英语课程体系，将综合英语类、语言技能类、语言应用类、语言文化类和专业英语类等必修课程和选修课程有机结合”，同时指出“无论是主要基于计算机的课程，还是主要基于课堂教学的课程，其设置都要充分体现个性化，考虑不同起点的学生，既要照顾起点较低的学生，又要为基础较好的学生创造发展空间”。由于我国民族和地域差别以及各地经济和教育发展的不平衡，各高校自身的特点不同，其英语课程结构又有自己的特点。大学英语课程结构正朝着个性化方向发展。在这一发展过程中，不同的学校根据本校的实际情况，设置不同的课程结构。目前大学英语课程体系可归为如下三种主要形态：传统的课程体系、改良的课程体系、革新的课程体系（郝成淼，2013）。

（一）传统的课程体系

有些学校因政策、经费、传统、学生、师资、管理等方面的原因，未跟上国家大学英语教学改革的步伐，他们基本上沿袭了传统的课程体系，即课程名称仍为“大学英语”，性质为必修课程，包括综合英语类和语言技能类模块，内容主要为精读（读写译）、泛读、听力（视听说）课程，在 1 – 4 学期开设，16 学分左右；这些高校也开设零散的选修课，但未形成体系。

（二）改良的课程体系

目前大多数学校的课程体系是在传统课程体系的基础上改革而成的，即压缩传统课程的学时，增加拓展课程时数，体现为“传统课程＋拓展课程”的形式。传统课程一般为必修课程，如精读（读写译）、泛读、听力（视听说）等课程，而拓展课程则既有必修课程，又有选修课程，如高级阅读、口译、实用英语写作、英语报刊选读、英美概况、英美社会与文化、跨文化交际、英美文学、商务英语、科技英语阅读与翻译、学术英语等。

不同高校根据大学英语课程定位开设不同的、富于个性化的课程，有些侧重通识课程（语言应用类），有些侧重专门用途英语（专业英语类）。目前大学英语拓展课程中，有以下几类突出的个性化的课程结构：

1. 课程设置重视文化素质课程

语言和文化存在着不可分割的关系。每种语言都反映出使用该种语言的国家、地区和民族的特有的文化。大学英语课程要求学生不仅要学习英语语言，而且能通过英语学习，广泛涉猎西方文化及人文思想，从而提高综合素质。大学英语课程除了培养学生的语言应用技能，还应提高学生的综合文化素养，开设了如中西文化比较、英美概况、美国社会与文化、英语电影欣赏、英美文学等有关语言和文化的课程。

2. 课程设置重视社会需求

我国经济最为发达的城市，市场对大学生的英语水平要求较高，尤其对高级翻译人才的需求量更大。在课程设置时体现课程的应用性。如复旦大学的选修课中，共有四门翻译课，和其他的学校相比，比例较高。这是因为上海市场需要更多的高级翻译人才。

3. 课程设置中突出专业特点

很多高校都有自己的优势学科。结合自身实际，课程突出学校的特点，与优势学科专业结合紧密，开设种类丰富的专业英语类课程。如中国传媒大学的大学英语课程包含了“媒介英语”选修课程；在中国政法大学的大学英语选修课中，开设了“法律英语类”课程，具体为“外国法律”和“案例分析”两门课程。

（三）革新的课程体系

革新的课程体系，也叫做专门性英语课程体系（郝成森，2013）。有些学校在传统课程体系的基础上进行革新，设置面向非英语专业本科生的必修与选修相结合的完全专门性的英语课程体系。课程体系包括必修课程英语读写译、英语听力、英语口语等，以及选修课程英语写作、翻译实践、英语视听说、英美文化、西方文化导论、英语影视欣赏、经贸英语等。大学英语教育专门性课程体系的构建顺应了世界公共英语教育的主流，符合社会和学生的需要，为大学英语教育与大学英语教师专业化发展提供了一个新的突破口。

纵观大学英语课程体系的现状，可以看出，大学英语课程体系仍然存在一些亟须解决的问题：

1. 课程定位不明确

学界对大学英语教育性质（属性定位）的认定依然存在分歧，主要存在"长期占主导地位的'通用英语说'、发展势头强劲的'专用英语说'和折中主义的'通用英语与专用英语结合说'"三种观点（郝成淼，2012），而对大学英语教育性质的认定直接影响着对大学英语教育目标的构想与表述，自然会对新大学英语课程体系建设产生影响。

各高校对大学英语教育性质认定上的差异，这种差异使得各高校大学英语课程体系建设指导思想大为不同，故而在新大学英语课程体系形态上出现较大不平衡。

2. 课程设置缺乏论证

大学英语课程设置缺乏论证，未建基于实证研究的基础之上和各个学校的培养目标的定位，导致有些高校个性化的课程体系完全按照学生兴趣设立课程。课程结构体系不合理，缺乏整体规划；缺乏明确的目标，随意性强；缺乏理论基础和凝聚力。没有充分考虑课程之间的衔接，课程之间关联性不强，导致不同课程之间出现内容重复或知识脱节；高中英语与大学英语、研究生英语课程，大学英语基础阶段和专业英语阶段的课程衔接都存在内容重复、知识脱节状况。基础性课程的重复设置从一个方面反映了教学效益不高。大学英语与学科双语教学各自单干，缺乏有效的衔接，学生的英语水平不能满足双语教学的需要，也使得后期双语教学的实施艰难（余漳亚，2012）。

3. 专业英语课程的设置未落到实处

专业英语是大学英语课程结构中存在最早的课程类型。这一点在1985年的《教学大纲》中已有体现。英语课程的工具性决定了它必须与另外一门学科或者是专业结合，才能更好地发挥作用。因此专业英语在课程结构中一直占据着重要的位置。历次大纲都对专业英语的学时、课程类型做了规定。与此不相称的，是时至今日，专业英语在实际的英语教学中还是形同虚设。

从20世纪90年代开始，在大学英语教学中，就一直存在着“打好英语基础结合专业”和“结合专业打好语言基础”两种不同学术观点的争论。两者在“先基础，后专门化”的观点上是一致的，分歧在于对专业英语的理解上。专业英语即专门用途英语，它包括两部分，一部分是指为对口专业开设的，如医学英语、机械英语等等；另一部分是指适用面较广，带有共性的课程，如学术用途英语、计算机英语等等。在上述讨论中提到的专业英语，是指前一部分英语，这实际上窄化了专业英语的范围，也造成了对教学大纲中“专业英语类”的错误理解，导致了实际教学中的管理混乱。

4. 缺少对中国文化类课程的重视

目前我国大学英语课程目标包括培养学生的语言应用能力、增强其自主学习能力和提高综合文化素质三部分。其中，“提高综合文化素质”是新时期提出的新目标。这里的文化不仅仅指目的语国家的文化，而是指交际双方的文化，尤其是在国际交流日益频繁的今天，我们不仅要吸收和学习英语国家的文化，还要在交流中把本国的优秀文化传播出去。

我国大学英语的课程却远没有体现中国文化在英语教学中的重要性。英语课程结构中没有介绍中国文化的课程的一席之地。因此，在大学英语课程结构中增加有关中国文化的课程，不仅有助于提高学生的英语水平，更有助于使他们在国际交往中更好地达到相互的理解和沟通，并较好地传播中国文化。

三、影响大学英语课程体系发展的因素分析

通过回顾大学英语课程体系的发展历程和分析大学英语课程体系现状，我们发现大学英语课程体系的发展演变受到很多因素的影响和制约，主要包括社会需求、教学大纲（或教学要求）、英语学科的发展、学生需求、学校自身特点等。

（一）社会需求

社会经济的发展所带来的社会需求对大学英语课程体系的影响最为突出。这是由英语课程本身的性质决定的。大学英语是一门语言课程，语言的重要属性之一就是工具性。改革开放伊始，国门刚刚打开，经济体制处在从计划经济转向市场经济的时期，需要的是具有较强的阅读能力，能够获取专业所需信息的人才，不强调交际能力的培养。这一要求反映在课程上，就是侧重培养阅读

能力。当市场经济持续发展，对外交往越来越频繁，培养英语交际能力的任务就显得突出。这一要求反映在课程上就是听说课程的比重加大；由于改革开放，外资企业的进入和跨文化的交流，对学生的英语水平提出了更高的要求。这就要求课程必须变化以适应社会的发展。随着经济全球化和教育国际化进程的加速，社会对大学生的水平要求更加多样化，更富于层次性。不同的地区、行业、工种等对学生英语能力的需求也会有所不同。因此，大学英语课程不得不考虑这些要求，在课程体系上就要更富于弹性，表现为选修课类型和数量的增多。

实际上，社会需求并不是直接影响课程体系的变化，它需要通过教育体制来发挥它的影响作用。社会需求对学生英语水平的要求不能及时地反映在课程体系上，这是由教育的相对滞后决定的；随着我国高校自主权的扩大，各校可以从自身的条件和特点出发，因地制宜地设计合理的课程体系，满足社会的需求。

（二）教学大纲（或教学要求）

大学英语课程是在教学大纲或课程要求的统一指导下进行的。大学英语分几个阶段，各个阶段开设哪些课程，课程之间的相互联系，学分和学时分配，都由大纲或课程要求规定好，强制执行并进行检查。统一的教学大纲一方面能够起到指导作用，但在另一方面又由于这种统一性，抹杀了高校的差别，在某种程度上起到了阻碍作用。针对这一弊端，《教学要求》指出，“鉴于全国高等学校的教学资源、学生入学水平以及所面临的社会需求等不尽相同，各高等学校应参照《教学要求》，根据本校的实际情况，制定科学的、系统的、个性化的大学英语教学大纲，指导本校的大学英语教学”。应该说，《教学要求》发挥了指导的作用，同时又为各高校提供了自主设置课程的空间。

（三）英语学科的发展和要求

大学英语课程是随着英语学科的发展和要求而发展的。1985 年前学科发展比较滞后，英语教学观念单一，教学条件简陋。课程以英语语言技能为核心，偏重训练语言的基本技能，主要开设听力课、精读课、翻译课、语法课等。从 20 世纪 80 年代中期起，英语教学研究发现，学生要掌握一门语言，仅仅学习语言知识和基本技能的课程是远远不够的。目的语的文化背景和学生的知识背景都会影响学生学习的效果。大学英语课程开始注重培养学生的文化素质。有些高校对课程进行改革，将课程设计为“语言技能 + 语言文化 + 专业知识”的模式。90 年代末期，国外研究第二语言的重心从探索最佳教学法转到了多变量研究，也就是把第二语言学习看作是一种受多种因素影响的过程，也是从语言学转向教育学的研究过程。研究的重点，则集中到了学生身上。研究开始重视学生需求、学习动机、学习水平的差异等。这些认识反映到课程上，表现为课程体系更加富于弹性，学生自主选择、自由学习的空间也更大。21 世纪初，随着教育技术的迅猛发展，计算机网络对语言教学产生了很大的影响，如多媒体课件辅助语言教学、基于计算机和课堂的混合式教学等等。

（四）学校自身特点

学校自身影响课程体系发展的因素有学校自身需求、学生需求、学校条件等。

1. 学校自身需求

不同的学校定位不同，人才培养目标也不一样。有的学校可能希望将英语教学作为素质教育或通识教育的一部分，有的可能希望学生在高年级学习期间能借助英语进行学习、研究或从事国际交流，有的可能希望更多的学生考取研究生或本科毕业后能顺利就业，还有的可能希望学生在全国四、六级统考中取得好成绩。不同的需求产生不同的课程体系。

2. 学生需求

学生需求可以分为短期需求和长期需求。短期需求包括完成学业的需求、满足个人兴趣的需求、获得即时成就感的需求等；长期需求是指学生将来的学习、工作和生活对英语的需求，或者是因希望获得某种学习、工作、生活的机会而产生的对英语的需求。每个学校有自己的办学定位和学科专业要求，对学生的英语要求不同，这样，学生英语学习的需求也不相同。

3. 学校自身条件

学校的性质、历史、地理环境、学科优势、教学资源环境（如软、硬件条件）、师资力量等都会影响课程体系的发展。

上述因素在大学英语课程体系发展历程中影响各不相同。其中，起决定因素的是社会需求。这一因素对课程的影响是间接的，它要通过教育体制、学校特点等教育内部的因素来产生影响。当社会需求并不强烈的时候，我国的教育体制对课程体系影响最大，突出表现在教学大纲的影响。当社会需求越来越强烈和多元化的时候，“一刀切”的教育体制对课程体系的发展所起的阻碍作用慢慢显现。这时，教育体制自身必然会做相应的调整，英语学科发展和学校自身特点就成了影响课程体系发展的主要因素。

第三节 大学英语课程体系研究现状及主要问题

随着高校人才培养模式改革的不断深入，“课程体系”成了一个频率很高的词汇，有关课程体系的研究也成为高等教育中的一个热点领域（巩建闽等，2011）。在人才培养的过程中，培养目标决定了人才培养的规格和标准，即人才的知识、能力和素质结构；一定的培养目标要求一个与之相应的课程体系来为它服务（詹星，2007）。课程体系是教育教学的重要依据，人才的知识、能力和素质结构需要经过课程体系来转换成具体的教学实践，课程体系体现了人才培养的规格和具体要求。由此可见，培养目标和课程体系是人才培养质量的关键因素，两者是相互影响，缺一不可的。只强调培养目标而不注重课程体系的构建，会使培养目标空设，难以操作；只强调课程体系的构建而不注重培养目标的科学定位，会使二者出现“两张皮”现象。因而，只有在科学定位的培养目标指导下，构建与之相匹配的课程体系，才能使培养目标与课程体系在人才培养过程中发挥其应有的作用（陈立乾等，2014）。因此，对课程体系的研究是在人才培养目标的指导下进行的。大学英语课程体系是高校课程体系不可或缺的一部分，两者的研究有相同之处，也有不同之处。对大学英语课程体系的研究往往包含在高校课程体系的研究之中。本节对课程体系的回顾既有共性的一面，即对高校课程体系的研究，也有个性的一面，即对大学英语课程体系的专门研究。

一、课程体系研究现状

笔者在中国学术期刊网上对20世纪90年代以来国内关于高校人才培养目标与课程体系的研究状况进行检索时发现，国内外学者从不同的视角对高校人才培养目标、课程体系进行了大量的探讨，主要包括高校人才培养目标的定位及实现过程、国外外语学习目标与课程设置研究、基于人才培养目标的课程体系设计研究、大学英语课程体系改革理论与实践研究等等。从检索中发现，将培养目标与课程体系有机结合进行针对性、系统性的研究成果较少。多数研究将培养目标与课程体系分开进行研究，或只是对二者有初步的涉及。具体研究情况如下：

（一）人才培养目标定位及实现

随着知识经济时代社会的飞速发展以及接受高等教育人数的迅速增加，大学的人才培养质量和创新问题成为世界各国高等教育最为关心的问题。面对社会飞速发展高等教育表现出种种不适应的现状，许多大学在教育改革中纷纷提出了新的人才培养目标，形成了世界范围内高等教育人才培养模式的变革潮流。高等教育人才培养的目标更注重创造能力和综合素质的培养。作为高等教育高度发达的国家，美国在其本科教育发展过程中，经历了从重视专业教育到重视基础与专业相结合的教育、从重视数量到重视人才培养质量的过程。1998 年《重建本科生教育——美国研究型大学发展蓝图》报告指出，新世纪的本科教育要“培养学生所必需的口头和文字表达能力，以使学生适合大学、研究生和个人生活的需要；培养艺术、人文科学、自然科学和社会科学的欣赏能力，并提供机会，让学生在合适的深度和范围中体验这些学科；为学生毕业后做细致而广泛的准备，不管他们将来是进入研究生院还是专业学院或是寻找第一份工作”（伍红林，2003）。这一目标着重强调了基础教育与全人教育的重要性。美国各大学都据此制定了面向新世纪的人才培养目标与培养方案（李静，2006）。多数发达国家高校从两个方面进行人才培养目标调整：一方面注重培养创新人才，如法国和日本相继提出利用高校人力资源优势，鼓励创新型人才的培养。另一方面注重培养国际化人才，如法国、德国、新加坡等国家采取了一系列的措施加强与世界各国的交流与合作，培养国际化人才。各国大学在对人才培养目标进行调整的同时，进行课程改革和调整。通过开设跨人文与自然、人文与社科等综合性课程解决人才知识结构单一的状况。随着高等教育国际化趋势的日趋明显，澳大利亚高校增设有关国际主题、世界地理、国际文化等课程，在原有的课程中增加国际性的内容，使课程更加国际化，为学生了解世界创造良好的条件（刘正良，2009）。

国内很多学者（樊耘等，2000；刘拓等，2004；李静，2006；刘正良，2009）关注国外的人才培养研究，进行了中外人才培养模式、人才培养目标、通识教育实践等方面的比较研究。通过对比与分析，指出存在的问题，提出相应的对策和建议，对我国的人才培养有很多的启示。

我国高等教育自 1952 年院系调整以来，效仿苏联实行统一的专业教育，各个学校的培养目标基本趋同，培养的人才千校一人、千人一面。自 20 世纪 90 年代起，随着市场经济体制的建立和不断发展，市场对人才的需求日益多样化，单一化的培养目标与多样化的人才市场需求相矛盾。高等教育开始进行教育改革，调整人才培养目标、培养规格和学科专业结构，从重视人才的专业知识向重视人才综合素质和能力转变。1994 年，教育部正式提出并实施“高等教育面向 21 世纪教学内容和课程体系改革计划”，2000 年，又提出并实施了“新世纪高等教育教学改革工程”。这两个计划（工程）促进了在学科专业层面对本科教育培养目标问题的研究，对专才培养目标提出了批评意见，并提出了新的培养目标（杨志坚，2004）。《发展纲要》对高等教育的质量和高校的特色办学提出了更高的期望，人才培养目标定位及实现的问题得到越来越多专家学者的关注。

国内学者（王伟廉，1996；杨志坚，2004；刘迎春等，2004；胡大白，2009；王伟廉，2010；袁竹，2011；张秋慧等，2012；田冰雪等，2013；俞桂红等，2014）对高等教育人才培养目标进行了多维度的研究，涉及人才培养目标的来源、定位、内涵、人才培养目标体系构建、人才培养目标管理模式、人才培养目标变革等等，取得了不少成果，并在一些问题上形成共识。专家学者们普遍认为，培养目标是一切教育活动的出发点和归宿。人才培养目标的合理定位是保证人才培养质量的前提，因此，实现人才培养目标的变革应以社会发展的需求为出发点，也要考虑学校自身的发展传统、个性与定位。在合理定位人才培养目标的基础上，细化落实人才培养规格和标准。关于人才培养目标的构建及实现过程，专家学者们一致认为培养目标是一个有层次的体系结构（袁竹，2011；张秋慧等，2012；俞桂红等，2014）。培养目标体系主要包含国家层面、学校层面、专业层面。学校层面的培养目标包括人才培养总目标、各专业目标、课程目标等（袁竹，2011）。人才培养方案上的课程体系目标可以分解为课程体系总目标、课程结构目标和具体的课程目标（巩建闽等，2008）。田冰雪等（2013）进一步指出了高校人才培养目标体系的构建及实现的路径。

同时，很多专家学者（刘春惠，1999；汪禄应，2005；詹星，2007；余慧颖，2008；杨有振等，2010；王美娜，2010；陈新民，2011；陈立乾等，2014）的研究也表明，要切实落实培养目标，必须构建一个与之相对应的课程体系，课程体系直接决定专业人才的培养规格、质量和水平。专家们认识到对于人才培养目标的缺陷和课程体系设置的不足，高等院校应适时调整，完善人才培养目标，合理设置其课程体系，达成国家对人才培养的新要求。

（二）课程体系设计理论与方法研究

课程体系的设计需要课程理论和编制技术的指导（巩建闽等，2011）。我国高等教育的课程设计理论与方法研究十分薄弱。理论和方法不足，就难以设计出高质量的课程体系和课程，在课程衔接方面也容易出现缺口（gaps）和冗余（overlap）问题（巩建闽等，2014）。

巩建闽等（2011）认为，在如何设计课程体系和课程方面，西方学者的成果较为丰富，形成了一些具有方法论特点的、值得我们关注的设计模型和框架，如泰勒原理（1949）、惠勒（Wheeler）圆环模式（1967）、德罗塞尔（Paul Dressel）的课程体系编制分析框架（1971）、康拉德（Clifton F. Conrad）的本科课程体系设计框架（1978）、戴尔蒙德（Robert M. Diamond）课程体系和课程编制设计框架（1998）等。这些框架模型都注重了理论与实践的结合，体现了系统工程的思想方法，为高校课程体系和课程设计提供了一种技术路径和方法。

在上述5个框架模型中，泰勒原理和戴尔蒙德框架在技术层面上对我们的课程体系编制的指导性最大。美国教育家、课程论专家泰勒（R. W. Tyler）提出的课程设计的四个基本原理（泰勒原理），是课程编制研究领域影响最大的理论架构。四个原理对应课程编制时应该回答的四个基本问题：①学校应该达到哪些教育目标？②提供哪些教育经验最有可能实现这些目标？③怎样才能有效地组织这些教育经验？④怎样才能确定这些目标正在得到实现（泰勒，1980）？泰勒原理的主要特征是将目标作为课程开发的基础和核心，为课程开发提供了理性的分析思路。戴尔蒙德在十多年研究的基础上，设计了课程体系和课程编制框架。该框架分为两个阶段：第一阶段是课程体系的“方案选择和设计”，第二阶段是具体课程的编制，涉及具体课程“各单元的编制、实施和评价”。黛尔蒙德的框架模型比其他模型更注重实际编制过程和方法，强调顶层设计和数据驱动，强调在理想状态下编制再根据实际调整的策略，以及将评价方案与编制同步进行的设计思路，为我们设计课程体系提供了参考。

在课程体系设计研究中，我国高校现有关于知识、能力和素质培养的文献多停留在理念或理论探讨层面，能真正指导改革实践、具有方法论意义的研究并不多见。在目标设定方面，我国高校缺乏具体的、可操作的细节目标，对这些目标的细化也缺乏可操作性（杨有振等，2010）。因此，借鉴国外高校在人才培养目标设定上的经验，按照《发展纲要》对人才培养的要求，结合各高校人才培养目标定位，专家学者们对课程体系设计进行了探讨。胡弼成（2004；

2007）认为，课程体系设计的研究主要解决如下三个问题：课程体系的培养目标；为了实现培养目标需要选择哪些课程及其内容的深度与广度；各课程间在内容和呈现上如何配合和衔接。巩建闽等（2014）提出构建“目标－课程”矩阵，使目标与课程之间建立起某种培养关系，确保每一项培养目标都能落到实处。

上述关于国内外高校人才培养目标及本科课程体系相关问题的研究，不但开阔了对大学英语课程体系研究的学术视野，并且一些研究材料、观点、结论对大学英语课程体系研究构成了直接支持，促进了本研究的进一步深化。

二、国外外语课程体系相关研究

随着国际间竞争的加剧和经济的全球化，作为人类跨文化交往和沟通工具的外语成为竞争的核心手段，各国都认识到人才的外语能力直接影响其竞争地位。因此，世界各国在各自的教育改革中，都把外语教育改革放到了重要位置（宋春晖，2006），从以下的外语学习目标及外语课程改革和语言课程设计方法等章节中可窥一斑。

（一）外语学习目标及外语课程改革

为促进外语课程改革，各国出台了外语学习标准文件。1999 年颁布的《21 世纪外语学习标准》迄今在美国外语教学界仍具有相当广泛的影响力。该文件将外语学习的 11 条标准分别归结在五个目标原则内（Communication，Culture，Connection，Comparison，Community）（简称 5C），为制定外语课程设置和教学大纲提供参考（彭梅，冯瑗；2014）。2007 年，美国现代语言学会（Modern Language Association，MLA）成立外语专门委员会，制定并发布了《外语与高等教育：应对变化世界的新体系》报告。报告分析了世界形势的变化及高等教育的发展趋势，明确提出高等教育中的外语学习目标是“跨语言跨文化交际能力”（translingual and transcultural competence，TTC）。跨语言跨文化交际能力指操纵两种语言的能力。外语学习目标不仅包含语言目标，还包含非语言目标，不仅涉及外语学习本身，还涉及目的语所包含的政治、经济、文化等内容。这些培养目标已超越交际能力，涵盖了语言所承载的内容（刘春燕，2010）。2000 年欧洲理事会颁布的《欧洲语言共同框架参考》（以下简称《欧框》）描述语言学习者需要学习的内容并提供评估标准参考，为语言教学大纲、测试及教科书的设计和编制提供了一个共同基础（彭梅，冯瑗；2014）。美国的 5C 标准及跨语言跨文化交际能力目标、《欧框》等外语学习目标和标准不仅为美国及欧洲各国提供了参考，而且给我国大学英语课程设置和大学英语教学有很多启示（陆效用，2001；周文娟，2002；徐桂丽，2009；刘春燕，2010；孙瑞云，2011；陈乃琳，2012；彭梅等，2014）。

随着社会的发展和国际交流的日益频繁，人们对语言和文化关系的认识更加深入。当人们以语言为媒体进行交际时，实际上交际的是文化。因此，文化因素对交际的影响显得尤为突出。如韩国在20世纪90年代设定的外语教学的目标是“通过外语教育达到的间接目标之一，是让学生掌握用外语介绍韩国文化的基本功；通过外语学习，增进学生对外国的了解，使其加深和充实对国际间的协作精神和对外界事物的判断能力”（池青山，金仁哲等，1995：154）。

许多欧美国家对外语教学做出了重大调整和改革，主要体现在课程设置和教学内容上，其中加拿大和罗马尼亚走在改革的最前沿（朱菊芬，2005；梁有珍，2003）。亚洲也不例外。为了加强本国高等教育的国际竞争力，日本也设立了一系列全英语课程。

（二）语言课程设计方法

1. 语言课程设计过程

课程设计是由一系列相互关联、相互制约的步骤组成。语言课程设计专家Jack Richards（2002）把语言课程设计的内容和过程归纳为四个方面六项工作：围绕教学原则（principles and procedures for the planning）、教学实施（delⅣe-ring）、教学管理（management）、教学评价（assessment of teaching and learning）四个方面进行需求分析（needs analysis）、目标设定（goal setting）、大纲制定（syllabus design）、教法设计（methodology）、评估设计（testing）及教学效果评价（evaluation）（引自韩焱虹，2005）。需求分析对课程设计或课程编制有着重要的意义。国外许多专家学者就需求分析在课程编制中的作用进行了理论性阐述。他们认为需求分析是课程编制的第一步，是整个课程编制的基础（Richards & Rodgers，1986；Graves，2000；Wiles & Bondi，2004）。Richards 和 Rodgers（1986）指出，需求分析是确立课程教学的第一要素。通过需求分析，在了解需求的基础上可以确立课程的教学目标，进行有效的课程设计。在语言课程设计过程中，需求分析始终贯穿其中。Hutchinson 和 Waters（1987）指出应该结合学生的目标需求（target situation needs）和当前学习需求（learning needs）分析来设置课程、设计教学内容和实施教学方法。实际上，需求分析的结果对整个课程设计的方向起到决定性的作用。它为教学目标的设定、大纲的制定、教法设计、评估设计及教学效果评价提供依据。

2. 语言课程设置模式

彭梅、冯瑗（2014）对国外外语课程设置进行了细致的研究。她们认为，国外学者对课程设置建设的研究在 20 世纪 80 年代末之前主要集中在教学大纲上，它们是课程设置研究的雏形和基础（Richards，2001），20 世纪 80 年代后期是学者们对大纲和课程设置研究开始出现分水岭的时代。Dubin & Olshtain 的专著 *Course Design*（1986）被后人视为当代语言课程设置建设的开山之作，此书以交际语言教学为理论框架，全面探讨了在外语教学课程设置建设和大纲制定方面应该关注的原则和步骤。Johnson（1989：1－23）进一步提出了语言课程设置建设的“连贯模式”（a coherent approach），包括“课程计划、目标/方法设定、项目实施、教学开展”四个阶段。进入 90 年代以来，学者对语言课程设置建设的研究进入了活跃期，研究逐渐呈现出系统化和动态化的特点。Brown（1995）利用教育学中课程设置原理，提出把语言教学课程设置建设看作一个多种因素相互影响的动态系统。Graves（2008：147－181）对已有的课程设置模式进行了梳理，从社会教育情境视角提出了课程设置建设的动态模式。该模式由计划、实施和评价三个环节构成，强调社会教育情境对课程设置建设的影响，重视各环节间的相互影响以及教师和课堂教学环节的重要性。Nation & Macalister（2010）在其专著中也强调语言课程设置建设中各环节的动态性以及课程评估的持续性。杨港（2013：77）认为，Graves（2008）的语言课程设置建设模式与 Nation & Macalister（2010）的内外环模型有异曲同工之处，它们“都是由相互联系和相互作用的要素按照一定层次和结构组成并具有特定功能的有机整体，都是‘以课程规划为起点、以课程实施为核心、以课程评估为保障’的循环而完整的系统”。

上述关于国外外语课程改革及课程设计的研究，对大学英语课程体系的构建提供了依据和参考。

三、大学英语课程体系研究现状与主要问题

21 世纪以来，随着大学英语教学改革的深入，专家学者们对大学英语教学改革出现的主要问题做了大量广泛、深入的理论研究和实践探索。大学生英语能力的培养、大学英语课程性质及教学目标定位、课程建设成为教学改革研究

的重要课题。从查阅的文献资料可知，有关大学英语课程体系的研究内容主要可归纳为人才培养目标与大学英语课程体系的关系、大学英语课程性质与教学目标定位研究、大学英语课程体系设计研究、大学英语课程体系建设研究。

（一）人才培养目标与大学英语课程体系的关系

在人才培养过程中，培养目标决定了人才培养的规格和标准，即人才的知识、能力和素质结构。“就大学英语教学而言，各个大学评估英语教学是否成功，最重要的考虑就是英语教学是否为本校人才培养规格做出应有的贡献”（束定芳，2013：96）。人才培养目标对课程提出新要求；课程体系是根据人才培养目标和规格进行科学有机的优化组合（王金洛，2005）。国内很多专家学者都很重视人才培养目标对大学英语课程体系的指导作用。王守仁（2013：13）指出，构建更加科学、更能满足社会和学生需求的大学英语课程体系应该符合学校定位、人才培养目标和要求；各校的大学英语课程体系应体现“分类指导、因材施教”的思想，形成自己的特色。中山大学夏纪梅教授在谈大学英语课程改革形势发展趋势中提出，应按照人才培养目标实施大学英语课程改革；上海外国语大学束定芳教授也提出，应该根据学校的人才培养目标，精心设计外语课程体系（引自彭茜茜，2013）。郑欢和向敏（2013）、刘富强和孙建奎（2007）、田甜（2009）等认为，大学英语课程体系（含后续课程）的构建和建设需要有明确的办学定位和人才培养目标来指导，也需要高校结合自身实际不断探索。张文霞（2009）在探讨清华大学大学英语综合课程体系构建与实践的过程中指出，个性化大学英语课程的实践与学校乃至社会人才培养目标休戚相关。一方面，大学英语教学服从于人才培养的根本目标，与其有机衔接与结合，形成自上而下的需求驱动式发展模式。另一方面，服从人才培养基本目标的前提下，要充分考虑到“学生为主体、教师为主导”的教学原则，将课程的整体性与个性化学生需求有机结合。彭茜茜（2013）在探讨高职大学英语课程的改革措施时提出了大学英语课程与人才培养目标对接的三大途径：人才培养目标“定位”与大学英语课程“定位”对接；人才培养目标“高职性”与大学英语课程“理实一体化”对接；人才培养目标与大学英语课堂教学的有效对接。尽管以上专家学者都认识到了课程体系“服务于所确立的人才培养目标”（蒋磊，1999），但是到目前为止大部分高校英语教学改革的范围都还没有涉及到大学英语教学与学校和学科专业人才培养目标相结合这一课题。无论是在课程体系还是教学方法方面，都与各自学校的办学定位、学校各学科专业的人才培养目标有所脱节（郑欢，向敏；2013）。郑欢和向敏（2013）指出，目前大学英语的改革忽视了大学英语在具体的人才培养方案中的地位作用，即对具体的人才培养方案中人才培养目标所需要的有关英语方面的能力缺少明晰的认定和判断，导致教学目标缺乏针对性，教学面向语言而非人才。周洵瑛和范谊（2010）通过研究英语专业复合型人才培养体系问题也得出相似的结论，即如果人才培养的目标内涵和层次定位理论表述不够清晰，那么，课程体系在多大程度上实现了培养目标，一门课对于培养目标的贡献在哪里、有多大，都不得而知；这使得目标游离于课程之外，导致部分培养目标难以实现。郑欢和向敏（2013）建议，目前大学英语改革需解决的问题是确立大学英语在具体的人才培养方案中的地位和作用，具体表现为英语综合应用能力的培养如何实现与人才培养目标的深度融合，英语教学的目标如何由面向语言转为面向人的全面发展。

提高大学英语课程教学对高等教育人才培养的贡献率是时代和社会赋予大学英语教学改革实践的新课题。大学英语课程的内涵随着时代的变迁和社会的发展，不断得到充实和发展，只有围绕人才培养目标，深挖课程内涵，才能实现大学英语课程应有的价值诉求（洪流等，2013）。

（二）大学英语课程性质与教学目标定位

为了提高大学英语教学质量，大学英语经历了一轮又一轮的教学改革。2003 年开始实施的大学英语教学改革以《教学要求（试行）》（2004）和《教学要求》（2007）为指导，“在教学思想、教学内容、教学手段等方面发生了巨大变化，大学英语教学改革稳步向前推进，并取得了阶段性成果”（王守仁，2010：4）。然而，大学英语教学改革“无论怎样改，社会和学生似乎对大学英语教学质量的满意度都没有明显提高”（文秋芳，2014：1）。大学英语教学正处于改革的“十字路口”（蔡基刚，2012；束定芳，2013：91；沈骑，2014）。大学英语教学应重视工具性还是人文性（王守仁，2008；张绍杰，2010；杨自俭，2004；罗益民，2002；杨忠，2007；蔡基刚，2010）、内容驱动还是语言驱动（俞理明等，2012）、采用专门用途英语特别是学术英语还是通用英语（文秋芳，2014；蔡基刚，2014；王守仁，2013；束定芳，2012；2013）成为业界争论的议题。针对这些两难问题，我们认为必须对大学英语的课程性质和教学目标给予重新认识和定位。

1. 大学英语课程性质

经过激烈的争论，业内主流观点是“大学英语课程兼有工具性和人文性的性质”（王守仁，2013）。陈琳（2012）认为“工具性和人文性统一”体现了《发展纲要》有关发展素质教育、坚持“以人为本”的指导思想。王守仁（2013）认为，工具性的一部分是专业性，具体落实在专门用途英语即 ESP 上，包括学术英语（EAP）和职场英语（EOP）。学术英语为学生用英语学习学科知识提供语言支持，是我国大学英语教学的组成部分之一。我们在强调英语工具性的同时，不能忽视其人文性。大学英语课程的人文性对于提高大学生综合文化素养、“对于大学英语的文化建设”（王守仁，2013）、“对于传承人类文明优秀成果特别是我国优秀传统文化”（刘贵芹，2012：280）有重大意义。大学英语教学可以帮助学生树立世界眼光，拓展国际视野，理解西方文明、思维方式和生活习惯，以批判性眼光看待西方文化及核心价值，熟悉中外文化差异，培养跨文化交际能力。同时，大学英语作为一门文科类公共课程，其人文性还体现在教学内容可以潜移默化地传输正能量，促进人的健康、全面发展（王守仁，2013）。周家春（2014）认为，大学英语要改变自身处境，需凸显其应有的教育功能，尤其是人文教育的功能。业内学者谢敏（2008）、高敏（2009）、陶全胜（2011）等人就大学英语如何融入人文教育课程并发挥作用展开了大量研究。研究者一致认为，英语课程具有将人文教育的民族性和国际性相结合的优势（引自周家春，2014）。乔小六（2012）认为，现在许多工程本科学校大学语文等人文课程纷纷被压缩，学校人文氛围严重不足，大学英语就必须承担更多的责任。大学英语应该实现与其他的人文课程的互补和互动。大学英语课程要从根本上实现从教学向教育的转变，确实提高对高等教育人才培养的贡献率，这样才能在人才培养中真正确保其基础和必修课程的地位，并实现其课程价值的最大化（周家春，2014）。因此，大学英语兼有工具性和人文性的课程性质成为其在大学开设的一个坚实理据（王守仁，2013）。

胡学文等（2011）在进行大学英语社会需求调查分析后建议将人文教育引入大学英语教学环节。调查表明，社会用人单位在选择和录用人才时，除了专业技术水平等考量因素以外，还看重一些非专业水平因素，如诚实守信、正直负责等思想素质，以及善于人际沟通、具有合作精神、具备组织能力、拥有较强心理素质等处事待物素质，而高等学校的课程体系一般并不包含专门的课程培养这些素质。大学英语课程作为人文课程之一理应与其他人文课程一道担负起大学生人文素质教育的重任。为培养具有人文精神、世界眼光及正确价值取向，同时拥有一流专业技术的全面型人才做出自己应有的贡献。

2. 大学英语教学目标

新中国成立初至21世纪初这段时间，大学英语教学是把教学目标定位在培养学生的阅读能力上的，如1962年、1980年、1985/1986年的《大学英语教学大纲》明确规定"大学英语教学的目的是培养具有较强的阅读能力"。1999年修订大纲规定"阅读是第一层次的要求"，而听说写是第二层次的要求。随着经济和社会发展的需求，2004年和2007年的《教学要求》提出把教学目标定位在培养学生的综合应用能力，特别是听说能力上。

虽然制定《教学要求》的初衷是将其"定位为一份指导性文件，一个依据，一个参考，鼓励各学校开展个性化的大学英语教学，体现分类指导、因材施教的原则"（王守仁，2010：5），但是调查发现，《教学要求》的主要作用是方便统一的教学管理、指导教材编写和组织测试（岑海兵，邹为诚；2011：31－38），并没有很好地体现其指导性；一是《教学要求》对教学目标做出统一硬性规定；二是大学英语教学目标不明确。

业内专家学者（顾世民，2007；蔡基刚，2011；乔小六，2012；彭梅等，2014）认为，我国高校在类别、办学定位、层次、生源质量和教育资源上相差极大，如果各高校大学英语教学全部采用教育部统一颁布的教学目标和要求，势必会导致很多问题的出现。顾世民（2007）通过对学生需求和社会需求的实证研究，证明基础教育对高师院校非英语专业毕业生英语水平和技能的要求有别于《教学要求》规定的教学目标。同时，通过调查结果分析，发现社会需求存在多元化的现实，指出《课程要求》对教学目标做出统一要求，忽视了不同地区、不同学校、不同专业在培养人才层次、培养方向、培养规格等方面存在的差异，势必导致大学英语教学目标偏离社会需要的恶果，违背大学英语教学的宗旨。蔡基刚（2011：616）认为，"只有不设统一目标和统一教学要求，让各个学校根据自己学校定位、学科类型、专业需求和学生水平来确定各自侧重点不同、个性化的大学英语教学目标，才能解决这样的困境"。

王守仁和王海啸（2011）对全国高校大学英语教学进行调研发现，在教学目标方面，绝大多数高校都将"提高学生的英语综合应用能力"和"提高学生的综合素养"作为重要或较重要的教学目标。其次包括"保持或提高学生的全国大学英语四、六级考试通过率"和"培养学生的职场英语应用能力"。选择"培养学生的学术英语应用能力"和"提高其他英语考试（如考研、托福等）的应试能力"作为重要或较重要教学目标的学校相对较少。于是，王守仁和王海啸（2011）指出，我国各地区、各高校的教学资源、学生入学水平以及面临的社会需求存在较大差异，发展不平衡。大学英语教学应加强分类指导，针对不同学校的类别（综合性、理工类、师范类、专业类）、办学定位（研究型、教学研究型、教学型）、层次（985 工程、211 工程、一般本科）、办学特色等提出不同解决方案，注意克服千校一面、同质化现象。

业内专家蔡基刚（2012）、程晓堂和康艳（2010）、束定芳和陈素燕（2010）、束定芳（2011）、蔡基刚（2010a）、乔小六（2012）等的研究发现，造成大学英语教学诸多问题的根源在于大学英语教学目标和定位不够清晰。20多年来出台的历次大学英语教学大纲对教学目标的描述“飘忽不定”（程晓堂，康艳；2010）；需求分析的缺位造成大学英语教学的目标不明确，社会和个人的实际需求得不到真正的满足（束定芳，陈素燕；2010：15）；内容和目标脱节，培养学生英语综合应用能力的教学目标并不能为学生今后专业学习或工作服务（蔡基刚，2012：5）；现行大学英语教学目标的空洞和对专业人才培养支持力度不够（乔小六，2012）。蔡基刚（2012）认为，造成大学英语教学目标不明确的原因是需求分析缺位和我国大学英语教学始终定位在基础英语上。

针对教学目标的问题，专家学者们纷纷提出建议。文秋芳（2012）指出，根据课程论的理论，制定与修订课程目标有三个依据：学生发展的需求、社会发展的需求和学科发展的需求（钟启泉等，2008）。她针对自《教学要求》颁布以来由上述三个需求变化引发的三个主要问题，提出了解决问题的对策。她认为，大学英语教学目标要做到工具性目标与人文性目标同时兼顾。新课程体系的目标分为两个层次。第一个层次是大学英语的总体目标，第二个层次是通用英语与专用英语的分类目标。工具性目标是课程的专有目标，体现本课程存在的自身价值。人文性目标是与其他课程共享的目标。比如提高思辨能力、自主学习能力和综合素养等目标的实现需要大学英语与其他课程一起共同完成。夏纪梅（2003：43）指出，“教育价值观和教育目标是课程设置的目的和理由，它们来自三个价值取向的参数：学生、社会、学科。而且，课程设计要不断修订，以适应社会变化、职业市场变化引发的需求变化”。顾世民（2007）通过对学生需求和社会需求的实证研究，提出了大学英语教学目标应该多元化的主张。

束定芳（2011）认为，大学英语是一门具有国际跨文化交流工具的特殊本质特征的课程，应该与一个国家的发展战略、高等教育国际化、高校本身的定位以及人才培养目标紧密结合在一起。很多学者的研究印证了这一点。

在国家发展战略方面，大学英语教学目标的定位应服从于国家和社会的需要（蔡基刚，2010）。蔡基刚（2014）认为，应该从顶层开始设计各层次外语教学大纲，进行自上而下的外语教育规划。根据国家所需要的外语能力，规划大学外语教育，明确大学毕业生应该具备的语言能力。顾世民（2007）呼吁国家教育行政主管部门能够进行更深入和细致的调研，充分掌握社会各行各业的需求，将国家的战略、社会的需求、学生的需求融合到一起，为制定科学、系统、可行的大学英语教学目标提供坚实的现实依据。

在高等教育国际化方面，2010 年出台的《发展纲要》提出要“培养大批具有国际视野、通晓国际规则、能够参与国际事务和国际竞争的国际化人才”。“国际化”应该是今后我国高等教育发展的一个重要方向，是教育行政管理部门决定高校投入与绩效评估的一个重要指标，也是解决中国高校英语教学目标和定位不够清晰的一个办法（束定芳，2011）。唐霞和张广颖（2014）认为，作为我国高等教育的有机组成部分，大学英语教学在培养具有全球意识和国际视野的复合型人才的过程中起着不可或缺的作用，其作用及地位不应该降低，而是要做出相应的课程调整和重新定位，大学英语教学要不断适应高等教育人才培养目标和大学生未来发展的需要。束定芳（2011）根据德国高校英语授课学位课程得到的启示认为：中国大学英语应该定位在为高等教育国际化服务。他认为大学英语教学为高等教育国际化服务主要体现在提供国际化课程的师资、提供部分英语讲授的国际化课程、帮助学生适应英语授课和英语学术交流的需求三个方面。乔小六（2012）认为，大学英语的教学目标服务于各个专业的国际化人才培养，完全符合“卓越计划”精神，而“帮助学生适应英语授课、英语学术交流的需求”应该是现阶段大学英语教学的重点和着力点。大学英语为高等教育国际化服务目标的提出，是“在各校大力开展国际化课程体系建设的背景下各专业院系对大学生的英语的特殊需求”（蔡基刚，2012），“要求公共英语教学部能够提供多类型多层次的外语课程，各个院系在制定国际化人才培养方案时应该积极主动和公共英语教学部合作”（赖铮，2010）。王守仁和王海啸（2011）对高校大学英语教学现状调研后指出，英语水平高一些的 985 工程和 211 工程的高校学生，需要提供《教学要求》设定的“较高要求”或“更高要求”的英语教学，特别是要围绕国际化人才培养，研究大学英语教学与高校教育国际化的结合点，充分发挥语言教学的优势，积极为教育国际化进程（尤其是国际化人才培养）提供支持和服务，以适应教育国际化进程的需要，为学生应对全球化的挑战做好准备。

就高校本身的定位和人才培养目标而言，束定芳（2011）通过对比研究发现，国内高校与欧美高校之间学术水平方面的差距并未缩小多少，最重要的问题可能还是在高校功能的定位以及人才培养的目标和培养方式上。郑欢和向敏（2013）认为，大学英语的改革必然是围绕学校办学定位和各学科专业的人才培养目标来展开，语言综合应用能力的培养必然要视人才培养目标定位而有所为和有所不为，其课程体系、教学模式也不能“一刀切”，要凸显专业特色。把大学英语的教学目标融入到学科专业的人才培养目标中，“量体裁衣”地制定不同学科专业的大学英语教学目标，可以使语言综合运用能力的培养更具针对性和明晰性。乔小六（2012）的研究表明，“卓越计划”背景下的大学英语教学目标由多个多元的次目标构成，最终目的就是依据卓越工程师培养规格，提高学生国际化视野下的英语综合应用能力，为学生人格提升和未来职业发展奠定良好基础。“卓越工程师教育培养计划”是我国高等教育的重大项目。工程本科高校的大学英语教学必须顺应该计划要求，通过重新定位自己的教学目标，重构课程设置，更新教学模式，并采用多维动态的评估模式使大学英语教学服务于人才培养。洪流等（2013）针对卓越工程师计划试点班开设了相应的 ESP 课程；增强了大学英语课程服务人才培养的针对性，也为大学英语课程体系建设增加了较大的操作空间。文秋芳（2012）指出，各校资源的配置模式可以因校制宜，要真正实行“因材施教”的原则。如开设“拔尖人才”班等，为英语高水平的新生配备一流的英语教师，实行新颖且灵活的课程设置，有的甚至用英语开设专业课程。

多年来对大学英语课程性质和教学目标定位的研究为《教学指南》的研制提供了参考。

（三）大学英语课程体系设计理论与方法研究

大学英语课程是“由一系列子课程或子课程群组成”（王海啸，2004）的课程体系，其设计“需要课程理论和编制技术的指导”（巩建闽等，2011）。从文献看，对大学英语课程体系设计理论与方法进行针对性、系统性的研究成果不多，其中夏纪梅（2003）的专著《现代外语课程设计理论与实践》系统介绍了外语课程设计的理论、设计方法和模式、评价标准与方法等，对大学英语课程体系的设计具有重要的指导意义；而其他大多数研究则涉及大学英语课程体系设计理论和方法的相关问题。有关大学英语课程体系设计理论与方法研究具体如下：

1. 大学英语课程体系设计的理论支撑

大学英语课程体系和大学里其他课程体系一样，是“一个多因素、多层次、多方面构成的有机结构体系，其演变是在一定的哲学、心理学、社会学等理论指导下，课程体系不断主动适应科技、社会、文化等外部世界变化要求的过程”（胡弼成等 2007）。杜威（John Dewey）认为，哲学是教育的总的理论基础。Wiles 和 Bondi（2004）强调，课程设计中应该重视教育哲学的作用；哲学对课程设计的作用主要表现在：建议教育的目的；明辨学校教育客体和学习行为；界定学校工作人员的作用；指导课堂学习策略及方法的选择（引自冯新华，2008）。课程设计涵盖教学对象、目标、内容、方法、评价等方面，主要解决教学中 who，what，why，how 的问题。外语课程设计涉及语言是什么、应当教什么、选择什么有效教学方法学习和习得语言、如何计划、组织和管理好这个系统等问题（夏纪梅，2003）。而解决这些问题需要哲学、心理学、社会学、语言学、教育学、心理学、系统论等学科理论的指导（夏纪梅，2003；李建平，2011；蒋桂珍和袁素平，2010；孙宏和王志晨，2006）。李建平（2011）认为，外语课程设计是一个复杂而又特殊的过程，对其进行研究是学科发展本身、语言教学以及社会发展的共同需要。课程设计离不开心理学、语言学与哲学等理论基础，而其中最重要的是哲学基础。哲学制约课程的设计与研究，是从深层次关心课程设计、编制、发展与外语知识、学习者、教师、外语教材、教学情景之间如何互动地建构和怎样才能形成更好的互动关系的各种可能性；体验哲学的发展及其丰富内涵为研究外语课程设计提供了契机。

除哲学外，教育学理论和教育理念对大学英语课程体系设计提供了理论依据。教育的本质是培养和发展人（夏纪梅，2003：24），“全人”教育、终身教育、教育国际化等教育思想是大学英语课程体系构建的教育哲学基础（蒋桂珍，袁素平；2010）。通识教育是一种教育理念，其目的是培养健全的个人和自由社会中的健全人格的公民，实质是“全面发展人”或“全人”的培养。通识教育观为大学英语课程体系改革（邵华，2014；李耕砚，2012；韩雅君，2010）、外语通识教育核心课程建设模式（王哲，李军军，2010）、外语课程“三套车”构想（吴鼎民等 2010）、大学英语课程设置中的通识英语课程模块或选修课程（黄芳，2011；冯新华，2008）提供了理论指导。现代高等教育提倡以人为本，强调人的经历（夏纪梅，2003：26）。人本主义教育观认为，教育的作用在于促进学生的内在学习，使自我实现者能以开放的态度对待经验，从自己的角度感知世界，自动实现其固有的优异潜能。内在学习是依靠内在驱动，开发潜能，自我实现式的学习，是一种自觉的、主动的、创造性的学习模式（引自陈琦等，2009）。人本主义学习理论重点研究如何为学习者创造一个良好的环境，让其从自己的角度感知世界，如何发展对世界的理解，达到自我实现的最高境界（刘宣文，2002）。人本主义理论为大学英语拓展课程及选课管理（蔡蔚，张文霞，2004；张乐兴，李养龙，2010；杨洁，2009；张淑霞，杨红英，2012）提供了理论指导。在教育学理论方面，后现代课程理论（涂靖，2012；林如心，冯立新，2013）和生态教育学（张明兰，2011）等为大学英语课程体系设计提供了理论指导。

英语课程设置必须以一定的外语教学理论为依据（蔡基刚等，2010）。孙倚娜，顾卫星（2009）认为应用语言学和外语教育研究成果为大学英语课程群的设计提供了直接指导意义和科学依据。他们利用英国教育家 J. Harmer 在 20 世纪 80 年代初提出的外语教学平衡思想对该校的课程设置和设计进行改革。他们针对传统大学英语课程设置和设计重输入、轻输出的倾向，以 Swain 的可理解输出假设为依据，开设以输出为主的课程。在大学英语课程群的设计中，考虑了语言输入与输出的平衡。其研究结果表明，体现输入与输出平衡的课程设置和设计更能有效培养学生口头交际能力和书面交际能力。

随着大学英语课程体系的发展，诸多学者引用需求分析理论和 CBI 理念来指导课程设计，尤其是 ESP 类课程和外语通识课程。关于需求分析的专项理论研究文献不多，多数文章基于需求分析理论对大学英语课程体系和课程设置进行探究。自 20 世纪 60 年代 ESP 课程出现以来，需求分析成为 ESP 和语言教学课程设计研究的重要内容之一，需求分析理论成为语言教学课程设计的理论基础，为大学英语课程体系设计，特别是 ESP 课程、后续选修课程以及教学目标、教学大纲、教学内容、教学方法、教学评估的设计提供了理论依据（谢德琼，2005；胡织女，2005；阮绩智，2009；何凌霄，2010；陈冰冰，2010；覃新宇，2010；侯福莉，2010；陆秀英等，2010；周黎，2010；蔡基刚，2011；陈艳君等，2011；蔡基刚，2012；何烨，2012；朱玲等，2013；鲍明捷，2013；刘衡英，2013；唐霞等，2014；陈柳伊，2014）。在大学英语课程体系内容设计过程中，以内容为依托的语言教学（CBI，Content – based Instructions）理论吸引了学者们的关注。CBI“将语言教学建基于某个学科或某种主题内容教学之上，把语言学习与学科知识学习结合起来，在提高学生学科知识水平和认知能力的同时，促进其语言能力的发展”（袁平华，2006）。CBI 理论（毛亚英等，2013；沈向怡，2013；吕海彬，2013；谢艳红，2014）和 CBI 连续谱理论（陈剑波，叶瑞娟；2013）为大学英语课程体系建设提供了理论依据。

课程体系的设计是一项系统工程，系统论（洪流等，2013）为大学英语课程体系设计提供了理论指导。彭智蓉和吕丽珊（2007）从 MI 理论与信息技术角度探讨选修课程的开发。基于多模态话语理论、多元智力理论，并根据大学英语教学目标，设计出多模态多元化大学英语课程体系（陈俊，2014）。

2. 大学英语课程体系设计方法

课程设计是将课程基本理念转化为课程实践活动的“桥梁”（李永梅，2010）。课程设计是否具有科学性直接关系到教学质量的高低（夏纪梅，孔宪，1999）。徐海铭（2005）对近 30 年中国英语课程设计范式变革的研究揭示了影响课程设计的核心因素——内生变量（学科本身和教师自身素质）和外生变量（政府、社会和市场对教育教学的要求、其他高校变革的压力、受教育者的呼声）；指出只有将外生变量和内生变量结合起来设计的课程改革才是最优化的，才会产生最好的变革效应；并针对目前英语课程改革与宏观教育脱节的现状，提出教育应根据市场和社会的需求对自身作适当的反思甚至调适，将外语教育和宏观教育结合起来。张效珍（2010）认为，课程设计可分为宏观/中观层面、微观层面两类。宏观层面的课程设计是指一个国家、地区和学校对课程进行总体规划，是对组成课程的核心要素（如总的教育目的和目标、学科目标、学科内容、学习过程和教学评估等方面）进行的安排。微观层面课程设计是由任课教师主导的，对某一门课程进行的课程设计和开发，是课堂教学成功的关键。她的研究表明，课程设计应该是宏观层面与微观层面的结合。

在课程设计过程中，需求分析具有重要的意义。需求分析的结果和教学目标的设定对整个课程设计的方向起到决定性的作用，而教学大纲设计则贯穿影响了整个教学实施的过程，决定了教学方法的选择、评估方式和标准的设定以及对整个教学效果的评价（韩焱虹，2005）。本节将重点关注课程设计的过程以及设计过程中的需求分析、教学目标的设定以及教学大纲的设计。

（1）课程设计的过程

要成功设计课程体系，需要对课程设计的过程有一个全面的认识。大学英语课程体系是一个庞杂的系统，其设计过程是一个完整、复杂、系统、多学科交叉的过程（胡织女，2005），学者们（夏纪梅，2003；胡织女，2005；冯新华，2008）认为，课程设计由一系列环节组成，是一环扣一环的程序设计。夏纪梅（2003）认为，课程设计中必须包括的要素有：需求分析、目标设定、大纲设计、教学活动、教学资源、教学方法及评价与反馈方式。课程设计首先要制定计划。课程设计就是计划和策划的过程，是进行设定、计划和安排一套目标群的过程。其中大目标指教育目标（educational goal），是育人的价值导向性目标；小目标指教学目标（intended learning outcomes），为达到育人目标服务的指标。在课程设计的计划与策划的过程中，教育价值观（values）和教育目标（goals）是课程设置的目的和理由，它们来自三个价值取向的参数：学生、社会、学科。课程计划的期望结果和教学实践的真实结果之间有教学内容的安排和教学方法与策略的设计，也就是策划过程。课程的计划与策划过程，见图1－1。

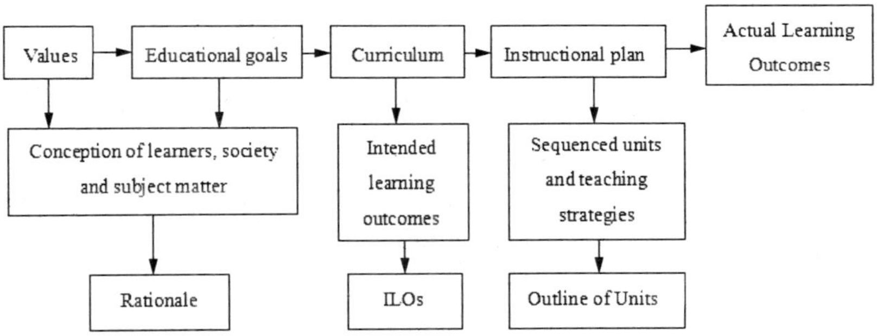

图1－1 课程的计划与策划过程（夏纪梅2003；参照 Posner1994：11 修改）

教学计划是课程的纲领和蓝图，在设计时特别要考虑需求。需求是“指望得到的东西和现有状况之间的差距”（Kemp，1998：21）。无论是课程建设、课程调整或课程更新，目的都是适应需求和需求的变化，努力去完善种种“差距”（夏纪梅，2003：44）。根据需求分析得到的数据，课程设计者要设定出学生所缺乏的、需要的、必须学的并且可以达到的教学目标。按需设定的教学目标有三个作用：为教学设计提供选择教学内容、方法和活动的依据；为评价教学效果提供依据；为学生提供学习的重点和努力的目标。

课程设计重视教学内容、测试和评价的设计。教学内容是课程设计的核心部分。选择和决定课程内容仍以目标和需求为依据。将按需选择的内容根据具体的教学目标和条件等加以合理的、科学的、有效的组织。依据计划、需求、目标和内容进行具体的课程设计，是方法或模式的选择、应用或创造的过程。这个过程，实际上在很大程度上是教材设计、教案设计、语言活动交际任务设计和创作的过程。课程测试是检验课程计划、目标、教学内容、方法、质量的步骤与手段，是教学评估的手段之一，也是课程大纲实施的一部分。评价是课程设计流程系统中最后一个环节。它是检验需求、目标、教学实施和教学管理的手段，应当与设定目标和选择内容与方法同时设计。外语教育评价就是对大纲和课程的各个方面的评价，包括教学内容、教学方法、教材、教学效果、教学活动、教师的教、学生的学等等。需要弄清的是，课程评价和测试/考试都是教学反馈手段，但课程评价是检测课程设计、课程大纲在课堂教学的实施效果以便做出相应的改进，是检测达标的状况。

夏纪梅（2003）认为，一个效果好的语言课程受教师、学生、学校、社会各方面因素的影响。课程设计要考虑这些因素，要设想潜在的阻力，要有足够的数据，要经过有关人员的讨论研究，要制定计划和调整计划。

（2）需求分析

需求分析指通过内省、访谈、观察和问卷等手段研究需求的技术和方法（陈冰冰，2009）。

需求分析是语言课程设计和实施不可或缺的启动步骤，它为制定外语教育政策和设置外语课程提供依据，为外语课程的内容、设计和实施提供依据，为外语教学目的和教学方法的确定提供依据，为现有外语课程的检查和评估提供参考（束定芳，2004：26）。

近年来，国内学者开始对外语目标情景需求或社会需求、学生需求进行探讨。傅政等（2001）、余漳亚（2012）等人的调查表明，大学英语教学与社会的实际需求之间存在差距。刘衡英（2013）认为，社会对英语的需求也呈现多方面、多层次的趋势。因此，要提高学生求职中的竞争力，必须对本校学生的就业动向以及工作中所需要的英语技能有个全面的了解，然后开设相关课程。在学生需求方面 王斌华等（2003）、赵庆红等（2009）、胡学文等（2011）的调查结果表明，大学英语教学没能充分体现和切实满足学生现实的学习需求，其直接后果是大多数学生学习动机的缺乏和学习兴趣的丧失。要最大限度地满足不同层次学生英语学习的不同需求，需要建立多元化和有特色的大学英语课程体系。

尽管国内学者已经意识到需求分析的重要性并开始利用需求分析结果来设

置课程，但“总体来说，我国外语需求分析研究相对偏少，研究成果还没有形成一定的体系和影响力”（陈艳君，刘德军；2011）。

（3）教学目标的设定

在设计一门课程时，设计者必须考虑的一个重要方面就是教学目标体系的构建（谭竹修，2006）。国内专家学者们从需求分析、教学条件分析、国家发展战略、高等教育国际化、高校本身定位以及人才培养目标等视角对教学目标的设定/定位进行探讨。

“教学目标是教学活动过程中师生预期达到的学习结果和标准”（钟启泉，2003：60）。教学目标的确立就是为了适应学生和社会的需求和需求变化，努力去完善存在的种种“差距”。很多研究者（钟启泉，2003；施良方，1996）都认为，对学生、社会及学科发展需求的研究，是制定课程教学目标的基本依据。对这三方面的研究反映了需求分析的主、客观要求。但是“学生、社会和学科对教学目标的确立不是孤立地起作用，而是综合地对教学目标的决策产生影响”（李晓文，王莹；2000：20）。这三者是课程教学目标的依据，任何单一因素的研究及偏向，都不足以构成科学合理的课程教学目标。他们认为，需求分析的过程就需要把学生主、客观需求转换成可行的目标体系。需要认真分析学生的认知、情感需求和影响目标实现的因素，从而建立满足学生、社会和学科发展的课程教学要求和教学目标。而学生、社会和学科的需求是多种多样的，他们的层次也各不相同，所以目标的等级表现就不一样。

王海啸（2004）认为，传统上，人们一直将需求分析看作科学地确定教学目标的前提。Richards（1990）与 Brown（1995）认为，教学目标是一个对语言课程希望实现的结果的一般性陈述。这代表课程设计者根据需求和条件分析所提出的希望实现而且相信能够实现的教学目的。这里的教学目的包含了两个必要条件。一是教学目的必须是课程设计者所希望实现的，在这个方面，课程设计者的希望应该同时反映社会、学习者、教师、教育主管部门对英语教学的需求；二是教学目的必须是课程设计者相信能够实现的。课程设计者的这种信念应该建立在对已有的、近期可能实现的教学条件基础之上。简言之，前者说的是希望做什么，后者说的是能够做什么。因此，王海啸（2004）提出，必须从社会环境、校园环境、学习者状况、教师状况和教学管理状况等五个方面对教学的需求和教学条件加以认真分析，才能形成合理的、可实现、行之有效的教学目标。

（4）教学大纲设计

根据大纲设计理论，制定科学、合理、具有可操作性的教学大纲，首先要明确教学目标，这是制定大纲的基本前提。确定了外语教学目标之后，接下来就应该对外语教学的目的、内容、形式和方法等做出选择，即制定教学大纲（syllabus design）。校本大学英语教学大纲依据国家教学大纲，如《教学指南》设计，内容包括总的教学目标、课程设置、教学方法、教学模式、教学管理和教学评估等。

束定芳和庄智象（1996：157）认为，在外语教学大纲设计中应该遵循以下几个原则：从客观实际出发，尽可能准确地设定课程所要达到的教学目标。教学目标的设定必须充分考虑到学生、教师以及教学管理等各方面的实际情况，综合平衡各方的需求和条件。根据需求分析结果和设定的教学目标选择最恰当的教学内容和教学方法，选择最适合的大纲模式。

要保证一个教学大纲能够被有效地贯彻执行，还必须有一套高质量的具体的课程设计方案。夏纪梅（2003：75）认为，依据计划、需求、目标和内容进行具体的课程设计，是方法或模式的选择、应用或创作的过程。这个过程，实际上在很大程度上是教材设计、教案设计、语言活动交际任务设计和创作的过程。

对以上的文献综述和分析发现，从外语需求的角度对外语课程进行规划的研究相对较少，总体来讲国内高校的英语课程设置没有体现“整体化存在形式”和“动态化发展过程”（杨港，2013）。外语教学过程的各环节均应有需求分析的指导，它在课程设计过程中的作用不容忽视；了解学习者的学习需求和社会对英语的需求能起到反拨教学、调整教学的作用。

（四）大学英语课程体系的实践研究

大学英语课程体系的构建和实施关系到教学目标的实现和人才培养质量的高低。2004 年教育部颁布了《教学要求（试行）》，对大学英语课程的指导思想、目标定位、课程体系、课程设置等提出了指导意见，为当时的大学英语教学改革提供了思路。2007 年根据试行的实际情况对《教学要求》做了相应的修改并正式颁布实施。《教学要求》规定“各高等学校应根据实际情况，按照《教学要求》和本校的大学英语教学目标设计各自的大学英语课程体系，将综合英语类、语言技能类、语言应用类、语言文化类和专业英语类等必修课程和选修课程有机结合”；同时指出“无论是主要基于计算机的课程，还是主要基于课堂教学的课程，其设置都要充分体现个性化，考虑不同起点的学生，既要照顾起点较低的学生，又要为基础较好的学生创造发展空间”。随着《教学要求》的颁布，各高校纷纷设计和实施了自己的大学英语课程体系。大学英语课程设置随之进入了一个重要而又显著的转型期，即由传统的、单纯的“综合英语课程”向多元的“综合、技能、应用、文化、专业类大学英语课程体系/群”的转变（孙倚娜，顾卫星；2009）。随着大学英语教学改革的推进，各校已在不同程度上对大学英语课程设置进行了改革。文献研究表明，大学英语课程体系建设已经逐渐成为大家关注的主要话题（刘立等，2013）。研究者从不同的视角对大学英语课程建设进行探讨和研究，国内大学英语课程体系实践研究有如下类型和特点（表1－2）。

表1－2　大学英语课程体系实践研究类型与特点

类型	特点
各校大学英语课程体系整体设计和构建	各校根据校情，建立多元化、立体化、个性化、国际化、整合式、新型的大学英语课程体系
通用英语课程的设计	针对薄弱技能（如听说、口语、写作等）的课程设计；基于网络计算机的课程设计
选修课程的设计和构建	基于内容教学、通识教育观等理念，设计通识教育类英语课程和 ESP 课程
学术英语课程设计和构建	基于需求分析和内容教学，设计和构建 EAP 课程

以下我们将分析各种类型的课程体系设计和建构及其特点。

1. 大学英语课程体系整体设计和构建

为了体现新时期大学英语教学工具性和人文性的思想，达到培养学生英语综合应用能力、发展自主学习能力和提高综合素质的目的，我国高校大学英语课程在课程结构上是“必修课＋选修课”设置，在课程内容上要求“构建完整的含普通英语/通用英语、专门用途英语及通识教育类英语等三个类别的大学英语课程体系（王守仁等，2011）。”课程体系内容包括语言基础知识和基础技能课程、通识教育类语言文化课程、应用型英语课程、学术英语类课程和学校特色课程等。各个学校按照学期和总学分进行课时和学分分配。由于我国民族和地域差别以及各地经济和教育发展的不平衡，各高校自身的特点不同，英语课程体系有自己的特点。因此，大学英语课程体系正朝着个性化方向发展。在这一发展过程中，不同的学校根据本校的实际情况，设置不同的课程体系。

郝成淼（2013）分析总结了教育部大学英语教学改革部分示范点项目学校及非示范点项目学校的新大学英语课程体系建设情况后认为，近十年新大学英语课程体系建设可归为三种主要形态。一是基本沿袭传统课程体系，即课程名称仍为“大学英语”，性质为必修课程，包括综合英语类和语言技能类模块，内容主要为精读（读写译）、泛读、听力（视听说）课程，在1－4学期开设，16学分左右；这些高校也开设零散的选修课，但未形成体系。二是传统课程体系基础上改革而成的课程体系，即压缩传统课程的学时，增加拓展课程时数，体现为“传统课程＋拓展课程”的形式。拓展课程中有必修课程，也有选修课程，如高级阅读、口译、实用英语写作、英语报刊选读、英美概况、英美社会与文化、跨文化交际、英美文学、商务英语、科技英语阅读与翻译、学术英语等。三是在传统课程体系基础上“革命”而成的课程体系，设置面向非英语专业本科生的必修与选修相结合的完全专门性的英语课程体系，包括读写译、听力、口语等必修课程，以及英语写作、翻译实践、视听说、英美文化、西方文化导论、英语影视欣赏、经贸英语等选修课程。大学英语教育专门性课程体系的构建顺应了世界公共英语教育的主流，符合社会和学生的需要，为大学英语教育与大学英语教师专业化发展提供了一个新的突破口。陈彩霞（2009）分析了大学英语教学改革示范点院校的大学英语课程设置后认为，从结构体系划分可分为“基础课程＋选修课程”二级结构体系和“基础课程＋高级选修课程＋专业英语课程”三级结构体系两类。各校在三级结构体系课程设置中的创新点及特色更为突出。示范点院校大学英语课程设置的特色包括语言教学与人格培育相结合、弘扬民族文化培养大学学生跨文化交际能力、大学英语教学四年不断线和突出培养学生的口语表达能力。郑欢等（2013）认为，“985、211”学校的课程体系为“基础英语＋专门用途英语＋通识英语”，教学目标的重点是提升学生的英美文化素养和人文素质；一般本科院校的大学英语课程体系为“综合英语＋提高阶段英语”，提高四、六级考试通过率仍然是大学英语教学的主要目标。

从文献可以看出，研究者们已经认识到大学英语课程体系的构建必须考虑培养目标、学生层次、知识体系的系统性和学生个性化的发展需要等方面（刘富强等，2007；王玉环等，2012；涂靖，2012；刘立等，2013）。从各校实践中可以看出，各个高校依据《教学要求》，根据本校人才培养目标（张文霞，2009；郑欢等，2013），以学生为本（张乐兴等，2010），以需求分析为基础（朱玲等，2013；陈艳君等，2011；唐霞等，2014；刘燕芹，2010），从“单纯结构框架的改革”转向“课程内容设计的改革”（王哲等，2010：80），改革现有的大学英语课程内容体系，调整基础课程、拓展课程和选修课程的结构和比例，以内容为依托（陈剑波等，2013；沈向怡，2013；谢艳红，2014），或强调通识教育内涵建设（邵华，2014；韩雅君，2010），或强调学术英语内涵建设（刘炜，2013；宋海英，2015），构建了具有多元化（丁仁仑，2009；韩戈玲等，2011；王玉环等，2012；韩红建等，2013；陈俊，2014）、立体化（韩戈玲等，2009；乔小六，2012；李耕砚，2012）、个性化（孙倚娜等，2009；谢德琼，2005；周光明等，2009）、国际化（李亚，2012；毛亚英等，2013；孙建光，2014）、专业化（郭艳玲，2007；杜建慧等，2013）、模块化（郑玉琪，2006；涂靖，2012）、新型的（刘立等，2013）具有本校特色的大学英语课程体系，满足了本校学生个性化的需求，确保了不同起点、不同层次、不同兴趣、不同专业的学生在英语综合应用能力和综合素养方面都得到提升。

王守仁等（2013）提到，不少高校在构建大学英语课程体系时，能够结合教育部推出的人才培养计划，对课程设置进行调整，将学术英语作为重要的组成部分进行开发建设。如南京工程学院作为“卓越计划”试点学校之一，顺应该计划的要求，将大学阶段的英语教学分成英语技能、跨文化、学科英语、专业英语和双语课程等四个模块，其中学科英语模块“主要涉及相关学科学术英语通用规范和基本知识，也包括国际通行的工程师必备知识和技能”（乔小六，2012：72）。唐霞等（2014）根据“卓越医生教育培养计划”要求改革传统教学内容与课程体系，提出了构建含英语先导课程、公共英语基础课程、语言应用技能课程、专业英语课程在内的医学生大学英语整合式课程体系。张文霞（2009）提到，清华大学本着培养拔尖创新型人才的教育理念，加强对学业优秀、特长突出、素质全面的各类特色人才的培养。为了实现该理念中与英语语言能力要求的相关部分，制定了培养综合语言素质、提升语言相关的素质、支撑专业学习、增强国际学术交流能力、培养和提高学生自主学习能力的教学目标，设置了体现教学目标及功能的综合语言技能类、通识教育类（外语相关）、专门用途英语类、学术英语类、院系特色课程、第二课堂等课程模块，达到了大学英语教学服从于学校人才培养的目标并与其有机衔接与结合的目的。

在课程体系建设过程中，陈剑波等（2013）认为，由于我国不同地区、不同类型的高校之间，甚至是同一所高校的不同学生之间英语水平、对英语的要求存在较大的差异，因此，大学英语教学内容和课程类型的选择不应该简单地定位于普通英语、通识教育英语、专门用途英语中的一种抑或是其他单一内容，而应该由各高校根据不同层次、不同阶段、不同类型学生的英语语言能力以及其对教学内容的专业性、针对性、系统性的要求来构建内容多样、结构合理的课程体系。

2. 通用英语课程设计

大学英语基础阶段的通用英语以提高学生英语语言交际能力为目标，强调英语语言共核，课程设置语言知识和语言技能模块，开设听说、读写和翻译等课程，以提高学生的听、说、读、写、译能力。为了解决学生英语水平参差不齐和听力、口语、写作比较薄弱的问题，各校采取了多种方法精心设计课程。郑超（2005）介绍了广东外语外贸大学在“写长法”的基础上摸索出的大学英语写作课程的全程设计。他们设计和改进教学任务，将受学生欢迎的任务串成环环相扣的任务组合，形成四大教学阶段，取得了很好的效果。很多学者充分利用多媒体和网络技术，在通用语言课程体系中开发和建设各种基于计算机和网络的课程，为学生提供良好的语言学习环境与条件。韩淼虹（2005）的研究发现，基于网络的英语实时口语课程相对于传统的课堂口语教学具有学习资源丰富、即时、多样，语言使用环境真实，语言输入系统化、标准化，语言训练全方位、高强度，语言输出准确性和流利性兼顾，以及更强的互动性等优势，为学生进行口语学习提供了一个更新、更好的选择。赵美娟等（2012）、奚俊岚（2008）的研究表明，基于网络教学平台训练听说或基于计算机和课堂的英语多媒体听说教学，既解决了教学资源有限的问题，又可以发展个性化学习和自主式学习。在网络课程设计过程中，研究者们（肖婷，2008；马金超等，2009；马兰，2011）注重网络自主学习和师生互动，关注学生的认知特点，突出自主化设计。马兰（2011）认为，自主化课程设计包括需求分析、目标确定、内容选择、课件开发、教学实施、教学评估六要素。课程设计 - 实施 - 评估各环节相互影响，形成一个动态的、发展的过程。信息技术应用在各个环节。自主化课程设计的设计与实践沿着“信息技术的有效应用和外语教与学的共同发展”两条主线展开，增强了教学实效性。

3. 选修课程的设计和构建

各高校在完成基础阶段的普通英语/通用英语课程教学后进入提高阶段的后续选修课程。选修课程包括语言技能提高类、通识教育类和专门用途英语类三个方向。国内很多院校学者（如周可荣等，2006；余玲丽等，2010；田甜，2009；王文惠等，2008；严秋宜，2009；蔡蔚等，2004；杨洁，2009；吕海彬，2013；沈向怡，2011；覃新宇，2010；陆秀英等，2010；杨玉兰，2010 等）介绍了本校根据学校的办学层次、条件、特色和人才培养目标进行的后续选修课程建设的探索与实践。后续课程使大学英语的课程结构发生深刻变化，同时为那些基础较好的学生提供了提高综合实际应用能力的机会和条件（周可荣等，2006）。

提高阶段选修课程是每个学校根据自己的教育目标、师资队伍、学生需求及其他客观的因素设置的各种类型课程。因此，这些课程最能体现出校本化、多样化和个性化特征。周可荣等（2006）提到，天津大学结合学校的特色确立了整合学习策略的语言类、培养交际能力的跨文化交际类和培养综合应用能力的实用类等三个选修课系列，开设了英美文化、实用英语写作、商务英语、影视欣赏、翻译理论和实践等课程。选修课程体系的建立既满足了学生对外语学习的要求，又为他们提高外语综合能力提供了相应的条件。学生从自己的兴趣特长、认知风格、专业需求、心理特质、人格特征等诸多因素出发，在满足限定的基础水平的前提下选修适合自己的课程，不仅语言水平获得提高，而且在学习语言的过程中获得了一些语言应用技能和比较宽泛的知识。余玲丽等（2010）介绍了宁波大学的大学英语立体选修课程体系建设情况。该校选修课程体系包括预修、通识选修、任意选修、英语专业辅修课程和专业英语、双语课程体系。选修课程体系的五大系列以培养英语综合运用能力为导向、以个性化教学为特征和现代技术及网络课程为技术保障三大特征，增强了人才市场的竞争力，满足我国经济和社会发展的需要。

在选修课程的设计和构建中，通识教育英语类课程受到学者们的关注（如冯新华，2008；邵华，2014；吴鼎民，韩雅君，2010 等）。沈向怡（2013）认为通识教育是大学英语教学内容改革的走向。大学英语是一门培养大学生跨文化交际能力和文化素质的重要课程。以文化内容为依托的大学英语通识课程，以英语为教学语言，可以加深学生对世界文化的认识，又可以巩固学生对本族文化的认同。刘炜（2013）认为，通过开设一些可供选修的通识英语课程，如英美社会与文化、欧美影视与文学欣赏、科学发展与伦理等等，帮助学生通晓国外文化与社会，懂得本专业国际规则，掌握学术交往中的跨文化交流、合作和沟通的技能。培养学生对不同文化的理解和容忍态度，以及本民族认同感，发展他们的科学和人文素养，尤其是批判性思维和创造性思维能力。邵华（2014）认为，大学英语拓展课程和特殊用途英语选修课程是为帮助学生提升综合文化素养、了解世界文化科学知识、培养心智能力而设置的，课程内容应涵盖人文科学、社会科学和自然科学等方面的知识。参照学者李曼丽等关于通识教育课程设计的框架，大学英语拓展课程和特殊用途英语选修课程可涵括中国文化知识、西方文化知识、人文社会学科知识和自然学科知识等四个核心知识模块的课程。戴晖（2009）、张慧军（2008）、司微（2007）对“跨文化交际”“英美文学”“英文电影赏析”等通识英语类课程设计进行了探讨。

随着大学英语教学改革的推进和深化，大学英语教学的重心开始发生转移，ESP 等后续课程越来越得到重视（刘梅，2013）。国内专家学者对 ESP 教学现状进行调查（王蓓蕾，2004；赵军峰，2006；李新等，2006；王守仁等，2011、讨论大学英语基础课程、通识课程与专门用途英语/专业英语课程教学的衔接（叶建敏，2005；罗毅，李红英，2008；殷和素，严启刚，2011）；各校根据实际情况探讨 ESP 课程的设置（王丽群等，2009；马雁，2009；何烨，2012），探讨商务英语课程设计（阮绩智，2009；陈爱民，2005；阮绩智，陶正桔，2007；徐新宇，2009）、外事英语课程设计（张刚，2008）、专业英语课程设计（王斌华，2001）和双语课程设计（张效珍，2010）。目前我国许多大学相继开展了 ESP 教学，并取得了初步的成绩，但其中也存在许多有待思考和解决的问题（鲍明捷，2013）。

在设置专门用途英语课程方面，蔡基刚（2004）指出，要开出适用面较广的、带有共性的 ESP 课程，如科技论文写作、文献阅读与检索等。在兼顾工具性、专业性和人文性的基础上，考虑到各个地区、各个高校之间的差异以及地区、高校内部的差异，刘梅（2013）提出构建基于 ESP 课程体系的中国大学英语教学连续体模型。该模型分五个阶段，每一阶段有不同的培养目标和课程设置，涵盖基础英语（EGP），专业英语（ESP）和通识类英语（EGE）等三大类，着力构建从 EGP 到 ESP/EGE，最后到双语和全英文课程学习的英语学习不断线模式。这个模型遵循语言学习循序渐进的规律，尊重不同学生不同层次的学习需求，以期建立理性的 ESP 课程体系。

鲍明捷（2013）认为，ESP 教学是一个复杂的过程，课程设置不能是静态的，应随着社会对外语人才需求的变化不断调整专业内涵，进行动态的课程调整，始终以服务于培养复合型、应用型人才为总的培养目标，需要协调好大纲所规定的培养语言应用能力与相关专业知识课程之间的关系。

总之，大学英语后续选修课程已经成为大学英语课程体系中不可或缺的组成部分。田甜（2009）认为，大学英语后续课程建设涉及培养目标、学科交叉、学生英语水平、师资建设等多种因素，选修课程体系的构建需要有明确的办学思想和人才培养目标来指导，也需要高校结合自身实际不断探索。

4. 学术英语课程设计

专门用途英语是世界公共英语教育的主流，是社会和学生的需要（郝成淼，2013）。专家们（蔡基刚，2004，2010；蔡基刚等，2010；孙有中等，2011）一致认为它也是我国大学英语教学改革的方向。经过多年的发展，我国的 ESP 研究已从单纯的理论研究阶段发展到理论与实践相结合的阶段，理论研究已从单一宏观介绍性的阐述，发展到对具体教学情况的研究（鲍明捷，2013）。2010 年北京外国语大学创办《中国 ESP 研究》期刊，主要发表有关专门用途英语，包括学术英语的理论与教学实践研究成果。由于不同高校的办学层次、定位、类别、生源等差异较大，学术英语教学在我国发展不平衡。

随着经济全球化和教育国际化的出现，将 EAP 课程作为大学英语教学内容改革方向之一的呼声越来越高。学术英语受到各高校的重视。不少高校在构建大学英语课程体系时，将学术英语作为重要的组成部分进行开发建设，如南京工程学院、上海中医药大学、宁波诺丁汉大学等。很多学者尝试构建以学术英语为导向的大学英语课程体系（刘炜，2013；宋海英，2015 等）。他们认为 EAP 可以为大学生用英语进行专业学习提供语言支撑的英语教学，应成为大学英语教学的主要内容。EAP 分为 EGAP 和 ESAP 两大部分，EGAP 为学术英语系列的英语能力训练课程，即学术听说、学术陈述、学术阅读以及学术写作等课程，为以后学生进行与专业相关的学术英语做好铺垫。ESAP 侧重特定学科的词汇、句法、语篇、体裁和交际策略的教学，可根据学校和专业情况，设置如医学英语、金融英语、法律英语、计算机英语等课程。他们建议，由于我国地区之间和高校之间在生源、师资力量、教学条件和教学水平存在的差异，各校可以根据自身实际情况在各教学阶段采取不同类别的 EAP 课程组合方式，为学生提供多元化的、具有专门性特征的英语课程教学。

蔡基刚（2012）在需求分析的基础上，推出了一个由语言强化课程、学术技能课程和专门用途课程三大块组成的学术英语教学模式。语言强化课程分为分科英语和技能英语两大类。学术技能课程主要由学术书面交流和学术口语交流两门核心课程组成；前者包括文献阅读和论文写作等，后者包括学术听力讲座和学术讨论演讲等。专门用途课程根据不同学校专业特点来设计，如商务英语，法律英语，考试英语（如口译、笔译、托福、托业）等，这些课程是为专门需求服务的。

张玲（2007）认为可以将EAP教学分为三个层次：第一层是基础层，教学内容是“语言+技能”；第二层是核心层，教学内容是“语言+专业”；第三层是质变层，教学内容是“体裁+应用”，构成一个集英语语言、技能、专业知识、文化背景、应用能力学习为一体的开放式、多层次英语教学体系，其中根据大学不同阶段对学习的不同需求，开设“一般学术英语课程、专业学术英语课程和体裁能力运用课程”。韩金龙（2007）认为我国EAP教学的内容应该主要包括“文体、写作、口语交际和学术文化三个部分。文体主要包括学术科技英语的词汇特点和篇章结构特征。学术写作主要指课后作业、试验报告和研究报告的写作，对于高年级的学生和研究生，还可以涉及论文的写作。口语交际旨在提高学生与学术听说能力相关的技能。学术文化的学习旨在帮助学生掌握英语文化中的表达惯例，理解中英学术文化之间的异同，更好地理解双语教材，并能写出符合英文学术规范的作业或文章”。

马武林（2011）认为学术英语课程的开设没有统一的纲要，而且也不需要指导性的纲要。各高校在构建大学英语EAP课程体系时应以需求分析理论为依据，了解社会发展的实际要求，根据自己的师资力量、办学特点和办学需求，提出教学目标，制定课程开设计划。

（五）课程体系研究的主要问题

通过对大学英语课程体系理论、方法和实践研究成果的仔细梳理，可以发现研究成果比较丰硕，表现在对大学英语定位的研究、需求分析实证研究应用于课程设计过程、课程设置研究、课程体系建设尤其是EAP和文化类选修课程的建设研究上，但研究还存在一些问题，主要有：

1. 课程体系研究系统性不强

对学校人才培养目标/模式/方案与课程体系建设有机结合进行针对性、系统性的研究成果较少。多数研究集中在课程体系的某一方面，研究面广，但不深入。

2. 课程体系研究理论性不高

不少研究来自一线的经验性总结，缺乏理论概括和理论提升。

3. 课程体系研究技术性薄弱

在课程体系设计上方法不足，技术路径不明确。“课程设置”缺乏论证过程，未建基于对国家、社会、学科和学生的需求分析实证研究基础上和各个学校的人才培养目标定位上。需求分析实证研究工具和信息源比较单一，研究内容亟待系统化，研究质量有待提高。课程设置比较随意，缺乏凝聚力。课程体系与人才培养目标、课程教学目标和要求的相关性不强，缺乏为学校办学定位和学科专业量身定制的教学目标和课程设置。

第四节 新课程体系研究的意义

通过分析大学英语课程体系的现状以及课程体系研究的主要问题，可以看出现有大学英语课程体系已明显滞后，无法满足社会和学校对学生英语应用能力的更高要求。现行的大学英语课程体系还需要进一步加以改进和调整，以适应新时代的需要。

《教学指南》的研制和颁布表明新一轮的大学英语课程教学改革势在必行。《教学指南》要求大学英语课程应服务于学校的办学目标、院系人才培养的目标和学生个性化发展的需求：“各高校应根据学校类型、层次、生源、办学定位、人才培养目标等，遵循语言教学和学习规律，合理安排相应的教学内容和课时，形成反映本校特色、动态开放、科学合理的大学英语课程体系”。

鉴于相关研究的不足和新形势，我们将采用理论、方法与实践有机结合的方法系统研究新课程体系。通过课程体系的研究，一是解决课程体系现存的问题，二是建设新课程体系。

一、解决课程体系现存的问题

改革大学英语课程体系，把课程体系现存问题作为改革的动力，“把问题转化成研究课题”，构建和实施大学英语新课程体系。

（一）多视角分析要求，定位课程，明晰目标

从国家战略、行业要求、本校培养目标及其培养规格、专业特色、社会和

学生需求、教学条件等多视角分析对大学英语课程的要求，确定本校人才培养目标视野下的大学英语课程定位和教学目标，再将教学目标体现在课程体系中。这样可以解决课程体系与人才培养目标、社会需求、学生需求相脱节的问题。

（二）多渠道采集数据，分析需求，数据驱动

多渠道收集课程体系设计中所需的各种数据信息，包括毕业生的反馈信息、社会用人单位的需求信息、相关学科知识领域的发展信息、在校学生情况、学校及院系的发展重点、教学评估机构的要求，以及相关研究成果等数据，通过相关数据资料的收集、整理与分析来确定课程体系与课程的范围、内容等。

（三）多角度设计体系，建构课程，技术支撑

为了避免顶层设计缺失造成不同课程之间存在知识重复或重叠的现象以及所选择的课程出现“拼盘”或“大杂烩”的现象，在课程体系的设计中首先要解决的问题是课程体系的培养目标，以及为了实现这些目标应选择的课程及其内容的深度与广度问题。课程体系设计绝不仅仅是增加或减少几门课程的问题，除了对课程在培养人才知识、能力和素质等方面的内在联系所形成的关联关系要求外，课程及其内容的选择更要根据学校和学科专业的培养目标从整体上来精心谋划。根据学校的办学定位，在人才培养的学科需求、社会需要和学生发展的具体要求上有所侧重。

二、建设新课程体系

这次新一轮的改革以新课程体系为抓手，以改革促建设，以改革求发展。我们将依据《教学指南》精神，明确教学目标，建设课程内涵，优化课程体系，改进教学方法，推进最新信息技术与课程教学的融合，加强教学管理，实施形成性与终结性结合的评价方式，多方位建设课程体系，培养大学生的英语应用能力，促进大学英语教师的专业化发展。通过大学英语新课程体系建设，实现课程体系转型。

第二章

新课程体系的理论依据

构建科学的、合理的大学英语新课程体系是一个复杂的系统工程，需要理论基础的支撑和政策的指导。新课程体系的理论基础是指那些对大学英语新课程体系的设计和构建起支撑和指导作用的理论，包括哲学、语言学、教育学和系统论等理论；政策依据是指《发展纲要》和《教学指南》对新课程体系的理论指导。

一、新课程体系的理论基础

大学英语课程体系的构建主要是哲学、语言学、教育学和系统论的有机统一。哲学是教育的总的理论基础，对课程体系的构建起到正确的引导方向的作用。“全人”教育观、通识教育观和人本主义教育观等教育哲学理念以学生为中心，尊重学生个性，注重学生的主体发展，其实质是培养全面发展的人。语言学理论揭示语言学习与使用的规律，对课程体系的构建提供直接的指导作用。语言习得理论阐述从输入到吸收再到输出的语言习得过程，语言输入假说是以理解语言为基础的理论，而语言输出假说是以使用语言（production）为基础的理论（吴煜幽，2000）。以内容为依托的语言教学理论将语言学习与学科知识学习相结合，促进了学生的语言能力的发展。教育学理论揭示教育规律，对课程体系的构建提供理论支撑和研究方法。现代课程理论、后现代主义课程理论和折衷主义课程理论为大学英语课程编制、设计和开发过程提供了理论基础和研究方法。建构主义学习理论强调学习环境及各种信息对语言“学”与“用”的支持，为个性化学习和个性化教学提供了设计思想。系统论强调系统的整体功能的发挥对作为系统的课程体系起到协调和整合的作用。

（一）哲学理念及其对大学英语新课程体系构建的指导作用

课程问题是教育的核心问题，因为课程集中体现了教育要求，具体反映了教学内容，同时又决定了教学方法和教学组织形式的选择，而且还是教育质量评估、教学水平评价的重要依据之一（孙宏等，2006）。哲学在课程中的作用等同于用筛子来过滤观念更新，它“是学校课程观的最根本的基础”（施良方，1996：75）。也就是说，哲学是有关教育的最具概括性的理论，它具有本体地位，制约着课程的设计与研究，因此，哲学与课程设计之间的对象关系，是一种整体与局部的关系。离开了哲学，课程设计与研究就会失去了方向（李建平，2011）。一门课程的设计必然反映出一定的教育理念。“全人”教育观、通识教育观、人本主义教育观等教育理念是大学英语新课程体系构建的教育哲学基础。

1. “全人”教育观

“全人”指全面发展的人。人的全面发展是人类千百年来的追求，从古希腊的亚里士多德到19世纪的哲学家和教育家都十分关注人的全面发展，并试图提出培养全面发展的人的教育思想。马克思在吸收和总结前人思想的基础上，创建了全面发展学说。该学说的思想包含：体力和智力的充分自由的发展和运用——人的全面发展也就是脑力劳动与体力劳动得到统一和谐的结合；全面发展自己的一切能力——人的才能和志趣得到充分多方面的发展；个体和社会的协调统一发展——个人的自由全面发展是社会全面发展的前提。一个全面发展的人身上应该显现出这三方面涵义的统一和协调。马克思关于人的全面发展学说科学地为人的发展指明了正确的发展方向，它不仅是我们制定培养目标的理论基础，更是人类整个教育事业追求的最高目标（詹星，2007）。

社会发展的核心是为了人的全面发展，高等教育发展的本质是促进人的全面和谐发展。“全人”教育思想更加注重素质教育，重视学生创新能力的培养，注意学生的个性发展，全面因材施教。大学英语作为一门服务性课程，应该体现“全人”教育的教育思想，为培养全面发展的人才服务。

2. 通识教育观

通识教育是目前我国高等教育整体改革的主要方向，是实现我国高等院校教育目标、提高大学生综合文化素质的有效途径。通识教育既是大学的一种理念，也是一种人才培养模式（韩高军，彭石玉，2008），其目标是培养健全的个人和自由社会中的健全人格的公民，实质是培养“全面发展人”或“全人”（张寿松，2003），可以为大学英语课程体系构建提供理论指导。

通识教育（general education）是相对于专业教育（special education）提出的，专业教育是由学生所学知识的“深度”组成的，而通识教育是本科课程中的“宽度”组成部分（Levine，1978）。通识教育就性质而言，是高等教育的组成部分，是所有大学生都应该接受的非专业教育；就其目的而言，通识教育旨在培养积极参与社会生活的、有社会责任感的、全面发展的社会人和国家的公民；就其内容而言，通识教育是一种广泛的、非专业的、非功利性的基本知识、技能和态度的教育（李曼丽，1999：15 – 18）。将通识教育理念转变成具体可操作的内容，则要通过“课程”这一媒介来实现（刘道玉，2009）。通识教育课程应具有的四个特点（张寿松，2005：45 – 46）：（1）通识性。通识课程需体现非专业性、基础性和适应性。（2）综合性。课程要体现学科发展的相互交叉、渗透和综合，关注科学、技术、社会等不同领域的综合性知识的教育。（3）多样性。包括课程的多样性，如既有综合性和系列性的正式课程，又有讲座、活动、社会服务等非正式课程；课程开设层次的多样性，如有校级、院级、系级之课程；课程分布领域和范围的广泛性。（4）民族性和国际性。课程要重视自己的优秀文化民族传统的教育，同时也要了解和尊重其他国家的文化知识。

外语教育本质上是人文主义的教育（张西平，2008：87），外语教育是通识教育的组成部分。语言学家 W. RIVer 认为（引自韩高军，彭石玉，2008；韩雅君，2010）外语教学具有两大功能：工具功能（instrumenta1）和一体化培养（或称为整体培养）功能（integratIVe）。工具功能指学生按照理解、掌握和运用的程序来学习外语，并通过练习来强化所学的知识，使外语服务于一些特殊目的，比如翻译文学作品、阅读文献以及日常交往等。一体化培养功能就是指外语教学可以通过不同文化的学习，促进学生认知能力的发展，使学生发展和具备一种新的文化意识，从而发展成为具有全球眼光、通融识见、博雅精神和优美情感的人。一体化培养功能就是通识教育在外语教学中的最佳体现。外语教学的教养作用旨在与其他课程一道培养一个和谐发展的人，一个与高度文明相配的人（何凤梅等，2007：253），这与通识教育秉持以学生为本位，充分考虑学生的全面发展的理念完全一致。

大学英语课程从性质上讲是一门易于承担通识教育的课程。《教学指南》指出：大学英语课程“是高等学校人文教育的一部分，兼有工具性和人文性双重性质”。可见，大学英语有跨学科和人文性的特点，其人才培养目标和通识教育观强调的培养全面人才的观点一致。具体而言，大学英语既可以成为通识教育的内容，也可以充当通识教育的手段（李耕砚，2012）。

在建构大学英语课程体系时，应该将大学英语课程体系的设计纳入高校通识教育整体课程体系的设计中，把与大学英语拓展课程和选修课相关的学科门类和知识内容与通识教育整体课程体系融合起来，使大学英语课程体系在内容上和通识教育整体课程体系相互补充、相互增益（邵华，2014）。应该增加大学英语课程的内涵，要兼顾学生语言知识的习得、文化知识和跨学科综合知识的传授和学生综合素质的培养。这就要求大学英语教学内容在语言知识、语言技能为主的基础上增加文化素质、国际文化知识和其他学科知识，大学英语课程设置应从语言型课程为主转向语言型和内容型课程并重，大学英语学习应从“学习英语”为主转向“用英语学习”为主，实现以英语为媒介语言开展通识教育（王哲等，2010；邵华，2014）。

3. 人本主义教育观

以马斯洛、罗杰斯为代表的人本主义教育思想是现代西方教育的一个重要思潮，它强调以学生为中心，突出学生学习的主体地位和作用，促进学生全面发展。作为一种教育思潮，它不仅对西方教育产生了深刻的影响，对我国大学英语课程体系构建也具有借鉴意义。

人本主义教育观认为，教育的作用在于促进学生的内在学习，使自我实现者能以开放的态度对待经验，从自己的角度感知世界，自动实现其固有的优异潜能。内在学习是依靠内在驱动，开发潜能，自我实现式的学习，是一种自觉的、主动的、创造性的学习模式（陈琦等，2009）。他们认为教育不是单纯知识的传授，而是教会学生如何学习，使学习经验富有个人意义，促进学生全面发展（金荷香，2006）。课程的功能就是要为每一个学习者提供有助于个人自由发展的、有内在激励的经验。学习的内容要重视学生主体对知识的建构，要关注学生作为整个的人的发展，包括学生智力和人格的和谐发展；追求个体、自然与社会的和谐发展；要体现人的自然性、社会性与自主性（郑泽宴，2004）。

人本主义教育思想在某些方面也存在偏颇，比如它过分地强调了教育的自由，在提高学生地位的同时却片面地否定了教师的作用等（郑泽宴，2004），但它对我国大学英语课程体系的构建也有一定的启示。

人本主义教育观以“完整的人”的发展为最基本的价值取向。我们知道，每个学生都有自己独立的个性，学生的知识经验相异，兴趣、爱好有差别，对学习关注的重点、所获得的体验也不尽相同。因此，我们要尊重学生个性，注重学生主体发展。学生是课程的主人，要重视调动他们的主观能动性，使他们积极地参与课程学习、主动地获取知识、不断地提高能力、创造性地探索未知的世界，从而在学习课程的过程中使自己得到全面的发展（林健，2011）。同时，我们在构建具体课程和选择学习内容时，应该以学生为中心，突出学生学习的主体地位和作用，在选课管理、学习内容、学习方法上给学生更大的自由选择空间，充分发展学生的个性，培养学生的创新能力。

上述三种教育哲学理念体现了注重素质教育的当代教育思想，为大学英语课程体系构建提供了指导作用。三种教育哲学理念都强调以学生为中心，尊重学生的个性，注重学生主体发展。我们应该把注重学生主体发展的价值体现在课程体系的设计思想上。要将学生的全面发展，即知识的获取、能力的培养和素质的提升作为课程设计的指导思想，一方面要明确每一门课程在人才培养中的贡献；另一方面要清晰每一项能力的培养和素质的提升需要哪些课程的共同作用。由此形成的课程体系才能落实其对学生主体发展的最终价值（林健，2011），最终达到促进学生全面和谐发展的目的。

（二）语言学理论对外语课程体系设计的指导意义

语言学研究语言和语言使用，通过对语言进行描写、分析、解释，揭示语言的本质、特征、属性和功能。语言习得理论研究学习第二或更多种语言的过程中成功与失败因素，从中了解语言的本质、大脑的储存作用、语言的习得过程，它对大学英语课程模块设计和课程选择有直接指导作用。以内容为依托的语言教学理论研究如何将语言学习与学科知识学习相结合，对大学英语课程的内容选择和设计具有指导意义。

1. 语言习得理论

语言习得的过程是“输入—吸收（练习/摄入）—输出”的过程。培养学生的外语应用能力应该保持“输入、练习和输出之间的平衡”（马书红，2001：22；尤其达，2001：40）。这是英国教育家 J. Harmer 在 20 世纪 80 年代初提出的外语教学平衡思想。Krashen（1985：2）提出的语言“输入假说”认为，只要人们接收到足够的可以理解的语言输入，人们就可以习得语言。虽然“输入假说”强调了可理解的语言输入在语言习得中的重要作用，但却“忽视了语言输入和输出间的内在关系”（李红梅，2000：83）。Van Patten（邹为诚，2000：5）对“输入假说”进行了修正并指出，在语言输入与语言习得之间有一个“语言吸收”（intake）阶段，并不是所有的语言输入都能促使“语言习得”发生，语言知识只有被学习者消化吸收才能进入大脑长期记忆，才能起到催化语言习得的作用。Swain（1985：248－249）也对“输入假说”做了补充，提出“输出假说”，认为单凭语言输入不能保证语言的成功习得，语言学习者在接受语言输入的同时应进行语言输出活动，两者交互作用才能确保语言习得的成功发生。Allright（邹为诚，2000：5）也提出，“可理解性输入”必须与“交际”（interaction）相结合，学习者才能获得习得的条件。也就是说，仅有可理解性输入还不足以产生语言习得，语言学习者必须将语言输入与语言输出在一个有意义的环境中组合，语言习得才能真正有效。

语言习得理论为大学英语课程体系的改革和新课程体系的构建提供了直接的指导意义和科学依据，有利于我们正确处理输入、吸收、输出的关系，改变“传统大学英语课程设置和设计重输入、轻输出的倾向，大多数课程设置和设计偏向英语接受能力的培养（庄智象，2004）”的做法。我们在构建大学英语课程体系时，要使语言输入、吸收、输出环环相扣，组成有机整体，平衡发展，比如重视语言学习模块（语言技能类）和语言使用模块（ESP 类）的平衡，以达到学以致用的目的；构建具体课程要考虑语言输入与语言输出的平衡，既要重视开设以视听、阅读为主的课程，为学生提供足够的语言输入，更要重视开设以输出为主的口语和写作类课程，为学生提供足够的语言输出，更有效地培养学生的口头和笔头交流能力。只有在进行大量的、优质的、真实的可理解语言知识材料输入的同时，通过大量的、有效的语言实践活动，才能实现从语言知识到语言能力的转化。

2. 以内容为依托的语言教学理论（CBI 理论）

以内容为依托的语言教学（CBI，Content - based Instructions）理论汲取了二语习得理论、认知科学理论以及有关动机和兴趣等多方面研究所取得的成果，它“将语言教学建基于某个学科或某种主题内容教学之上，把语言学习与学科知识学习结合起来，在提高学生学科知识水平和认知能力的同时，促进其语言能力的发展”（袁平华，2006）。为了解决 CBI 理论在教学内容界定方面分歧的问题，Met 从语言和内容两个维度提出了一个简单的 CBI 连续体。他认为，根据教学中语言和内容的相对比重，可以把外语课程分为语言主导类（language - drⅣen）和内容主导类（content - drⅣen）两种，即在这个连续体两端分别是旨在提高学生语言能力的纯技能型教学和完全讲授专业知识的浸泡式教学，其他课程的内容选择和设计其实就是在这两个极端之间找到语言和内容二者之间恰当比重的组合，以达到同时学习内容和语言的双重目的（Met，2006；转引自陈剑波等，2013）。

Leaver 和 Stryker（1989：269 - 275）认为 CBI 理论是一种真正意义上、全面的外语观；并总结了该理论的四个基本原则：①以学科知识为核心（专业性）；②使用真实的语言材料（真实性）；③学习新信息（目的性）；④课程设置必须符合不同学生群体的需要（针对性）。学科知识通常能挑战学生的认知能力，真实、系统的语言教学材料可以为有效地学习或习得语言提供有意义的语境。CBI 理论关注到学生在认知、语言、心理和情感等多方面的需求及其学术发展、职业需求等，使外语教学有了更强的目的性、针对性，更能引起学生的兴趣，从而取得更好的学习效果（史光孝等，2011；陈剑波等，2013）。

CBI 理论对大学英语课程体系的构建和大学英语教学内容以及课程类型的选择提供了指导作用，解决了学界争论不休的依托通识教育还是依托学生所学的专业为内容的观点问题。在 CBI 理论视角下，大学英语教学内容和课程类型的选择不应该简单地定位于普通英语（EGP）、通识教育英语（EGE）、专门用途英语 ESP（包括学术英语 EAP 和职业英语 EOP）中的一种抑或是其他单一内容，其实 EGP、EGE、ESP 并非相互割裂、毫不相干的内容，而是大学英语教学内容连续谱上的不同阶段。各高校根据不同层次、不同阶段、不同类型学生的英语语言能力以及其对教学内容的专业性、针对性、系统性的要求来综合考虑、灵活设置，以构建一个更加科学、更能够满足社会和学生需求的大学英语课程体系（陈剑波等，2013）。

（三）教育学对外语课程体系设计的指导意义

教育学研究从事教和学的人和揭示教学本质与教学规律。教育的本质是培养和发展人，其规律是教育内部诸因素之间，内部与外部诸事物之间的本质联系（夏纪梅，2003）。课程理论研究课程开发的要素、程序和方法，对大学英语课程体系构架具有重要的贡献。建构主义学习理论研究学习者如何进行意义建构，对大学英语个性化教学具有指导作用。

1. 课程理论

（1）现代课程理论

美国课程论专家泰勒（R. W. Tyler）于 1949 年在他的《课程与教学的基本原理》一书中提出了课程开发的基本程序和方法，后来经过其他理论家和实践者的修改和补充，形成了现代课程论的基本体系。泰勒指出，开发任何一种课程都必须回答 4 个基本问题："①学校应该达到哪些教育目标？②提供哪些教育经验才能实现这些目标？③怎样才能有效组织这些教育经验？④我们怎样才能确定这些目标正在得到实现？”（泰勒，1994：2）这四个问题对课程研究领域产生了广泛的影响，被现代课程理论认为是主导范式，被学界称之为“泰勒原理（Tyler Rationale）”。泰勒原理呈现一种线性关系，涉及“课程编制”的全过程：确定课程目标、选择和组织课程内容、实施课程和评价课程等阶段。

现代课程理论“是一种基于行为科学的课程理论”（钟启泉 2008：50），它把课程看作一种目的，认为课程结构应遵循泰勒原理，强调一个线形、封闭的课程体系。这种线性的现代课程理论根植于经验主义、科技主义与实证主义的课程观，宗旨在于预测与控制课程规划（韩戈玲等，2009）。泰勒原理的主要特征是将目标作为课程开发的基础和核心，具有“系统、完整，简洁明了，易于理解与把握”的特点，为课程开发提供了理性的分析思路（巩建闽等，2011）。

（2）后现代主义课程理论

美国后现代课程理论专家多尔（W. Doll）在他的代表著作《后现代课程观》对课程目标提出了其独特的观点。多尔认为课程目标既不是精确的，也不是预先设定的，而是一般的、生成性的、创造性的，提出了“去中心化”和“边界松散”等观点。多尔认为课程目标带有一定的不确定性，这种不确定性随着课程的进行和教师、学生、课本的合作的具体情境而愈加明显。因为在真实的教育活动中，由于教学现场的丰富性和多变性，会使得原先设定的目标发生改变，导致新的目标的“生成”，从而使得课程目标具有一定的生成性和创造性（余慧颖，2008）。

多尔强调后现代课程的建构性和非线性特点（林如心等，2013）。他认为课程是一种过程——不是传递所（绝对）知道的而是探索所不知道的知识的过程。课程作为过程的作用在于帮助我们调和我们与他人、我们与课本之间的“协商交流”；为达到这一目的，课程应是丰富的（rich）、回归的（recursive）、关联的（relational）和严密的（rigorous）（多尔，2000）。这四种标准被后人称为“4R”多尔原理。

后现代课程理论认为课程是在满足社会种种需求的过程中“生成的，而非预先界定的”（钟启泉，2008：51），并认为课程规划应遵循 4R 多尔原理，从而实现课程的丰富性、回归性、关联性和严密性。基于建构主义和经验主义认识论的后现代主义课程理论强调课程的流动性、随机性、变化性和不确定性，注重学习者的个体体验和自主发展能力。该理论摒弃绝对、整体、统一的标准，倡导多元化课程（韩戈玲等，2011）。

后现代课程论对大学英语课程设置有直接的指导作用。每个高校新建立的大学英语课程体系应具有“适量”不确定性，这种不能预先决定的“适量”需要在教师、学生和社会需求之间不断协调（韩戈玲等，2009）。

（3）折衷主义课程理论

美国课程专家 George J. Posner 提出反思的折衷主义（Eclecticism）课程理论，为美国的现代语言教学奠定了课程理论基础。他认为课程是在一定的社会历史情境中一些人共同合作的产物，需要一系列技术、经济和政治决策，课程开发应该涉及五个要素：学生、教师、学科领域、社会环境和课程专家。各要素之间互动调整，学生和教师都是课程开发的积极参与者（Posner，2005）。

上述三种课程理论各具特色，反映了课程专家们对语言教学认识的不断深化和发展。三种课程理论为大学英语课程编制提供了理论基础，为课程体系的整体框架设计、课程编制的过程、课程目标的确定、教学内容的选择、课程的实施和评价、课程开发中各因素的协调等给予了直接地指导。

2. 建构主义学习理论

建构主义学习理论是学习理论在经历了行为主义、认知主义以后的进一步发展，其核心是研究学习者有关知识意义建构的机制问题。主要代表为皮亚杰、维果茨基、布鲁纳等。

建构主义学习理论认为，学习是学习者主动建构知识的过程，包括对新信息的意义进行建构以及对学习者原有的经验进行改造和重组。也就是说，在学习过程中，学习者利用原有认知结构中的有关经验去“同化”（assimilation）当前学到的新知识，从而赋予新知识以某种意义。如果原有经验不能同化新知识，则要引起“顺应”（accommodation）过程，即改造和重组原有认知结构。学习者通过同化与顺应这两种形式来达到与周围环境的平衡：同化新信息时，学习者处于一种平衡的认知状态；不能同化新信息时，平衡即被破坏，而改造原有认知结构（顺应）的过程就是寻找新的平衡的过程。学习者的认知结构就是通过同化与顺应过程逐步建构起来，并在“平衡——不平衡——新的平衡”的循环中得到不断的丰富、提高和发展。该理论认为，学习是一种能动建构的过程。知识是学习者在一定的情景即社会文化背景下，借助他人的帮助，利用必要的学习资料，通过意义建构的方式获得的。也就是说，获得知识的多少取决于学习者根据自身经验去建构有关知识的意义的能力（何克抗，1997）。该理论还认为，学生都是一个独立且特别的个体，是具有主体性、发展性、完整性、个性化等多种特性的人，教育过程中要尊重学生的个性特点，因材施教，充分调动学生的积极性和主动性。课程设计应关照学生作为人所具有的各种特性来进行设计，设计中要体现以人为本、以生为本的哲学理念，尊重学生的主体性与完整性，为学生的个性化发展创造良好的环境（李永梅，2010）。

建构主义学习理论指导了我国大学英语课程改革和课程体系设计。《教学要求》多次提到课程设置“要充分体现个性化”“考虑不同起点的学生”，教学模式应“朝个性化学习、自主式学习方向发展”，要“确立学生在教学过程中的主体地位”，应“能使学生自主选择适合自己需要的材料进行学习”。“过程性评估”和“终结性评估”也包括学习者的自我检查。这些提法的核心是“个性化学习”（indIVidualized learning）。《教学要求》倡导的个性化学习在不同程度上体现了先进的建构主义理论（胡壮麟，2004）。

为了满足个性化大学英语教学的需要，我们在改革大学英语课程和设计课程体系过程中应充分尊重学生的主体地位、以学生的学为中心，应将学生的需要、学生的兴趣、个性特点、学生已有水平置于首要位置。大学英语个性化教学是为了满足每个独特的个体发展需要，使其个性潜力得到充分、全面、和谐的发展，具体体现如下：

（1）制订个性化教学大纲

不同层次的学校需要根据本校人才培养总体目标和生源情况，确定各自大学英语课程教学目标，制订个性化的《大学英语教学大纲》指导本校的大学英语课程改革和课程体系的构建。

（2）实行分级教学、分类培养

面对学生两极分化现象和多元化需求，大学英语应采取分级教学、分类培养的策略。根据学生英语水平的差异，实行分层次教学，既要照顾起点较低的学生，又要给基础较好的学生以发展空间。考虑学生学科专业不同、英语能力和水平不同、兴趣及爱好不同，可以采取分模块教学，既要保证学生在整个大学期间的英语水平稳步提高，又要有利于学生个性化学习，以满足他们各自专业发展的需要。

（3）开设个性化大学英语选修课程

增加大学英语选修课程的多样性和选择性，使学生能根据自己的语言能力、兴趣、知识结构和专业特点自由选择大学英语课程，帮助学生形成合理的知识结构，全面提升学生的素养，最终使学生成为自由和谐发展的人。

（4）鼓励教学方法多样化

建构主义认为，教师不是知识的传播者，而是促进学生对知识主动探索、主动发现和对所学知识意义主动建构的帮助者和协作者。因此在教学过程中，教师要大胆尝试任务型教学法和以问题探究为中心的教学方法，采用启发式教学、合作式教学、讨论式教学、研究性学习、自主式学习等形式，调动学生的学习积极性，促进学生主动积极和不断建构知识结构。

（5）培养学生自主学习能力

建构主义所要求的学习环境得到了当代最新信息技术成果的强有力支持，这使建构主义理论成为创新大学英语教学模式的指导思想（司显柱等，2013）。因此，我们应该充分利用现代教育技术，特别是计算机网络技术在英语教学中的应用，构建和完善网络化自主式英语学习环境，培养自主学习意识和动机，使学生“要我学”的外在要求内化为“我要学”的内在需求；使学生在教师的引导和帮助下提高自主计划、自我控制和管理学习能力。要为学生提供一个进行自由探索和自主学习的学习环境，鼓励学生选择适合自己需要的材料进行学习，用发现、探索等个性化方法来达到自己的学习目标。要为学生创设一个进行讨论交流、课外兴趣活动等的协作学习环境；学生可以进行协商和辩论等活动，共同完成对所学知识的意义建构。

（6）实施个性化的评估体系

大学英语课程评估要紧密结合课程教学内容和教学实践活动，将过程性评估和终结性评估结合起来，将学习态度、学习方法和学习效果结合起来。过程性评估要采用课堂表现评定、任务完成评定、学习效果自评、平时测验等手段。终结性评估采用期中、期末考试等方式。实践考核，主要是通过各种教学实践活动，设立奖励等级，实践活动的参与和获奖都与学分相联系，让学生通过实践活动检验自己的真实英语水平。同时，通过给学生在教学评价中的“话语权”，进一步增强其参与学习、反思学习的主体意识（熊焕平等，2009）。

总之，在建构主义学习理论的指引下，大学英语个性化教学将针对学生的个性特点，挖掘个体学习潜能，判定学习者的学习倾向，帮助他们找到最能发挥个人的创造性，把个性与社会发展的统一要求转化为每一个学生的主观内在动力（崔学新，2008），为学生个性发展提供更多的发展空间。

（四）系统论对外语课程体系设计的指导意义

系统论是研究系统的一般模式、结构和规律的一门科学（洪流等，2013）。

系统是由若干相关的要素构成的具有某种特定功能的有机整体。这个有机整体也被称之为体系。“体系”和“系统”的中文词义在本质上是一致的（巩建闽，2008）。一个体系组成部分可以有若干小的体系组成，而这一体系本身也可能是某一更大体系中的一部分。系统论认为，系统是现实世界的普遍存在方式，任何一个事物都是一个具有层级性的系统；任何事物都通过相互作用而联系在一起，世界是一个普遍联系的整体（洪流等，2013）。系统论的基本法则是：系统整体功能的发挥要远远大于各部分功能之和。只有系统中各个因素相互作用、相互联系，系统才能有效、有序地运行，发挥其最大效能（吴志华等，2002）。

1968 年美国学者阿克塞尔罗德（Joseph Axelrod）第一个将课程体系看成是一个系统。他认为，课程体系就像一个具有某种相互关联作用的要素构成的系统，虽然每一个要素都有一定的自治性，但要素之间也存在着某种关系，一个要素往往会受到其他要素的制约和影响（Conrad Clifton F，1978；引自巩建闽等，2008）。从系统的视角看课程体系就是“一组相互关联的课程组成的整体”。巩建闽和萧蓓蕾（2008）认为，关联关系是课程之间的基本特征，整体性是高质量课程体系的必然要求。系统对课程之间关联关系的要求表明，并非随意组合的课程都可以构成课程体系。杂乱无序、缺乏必要联系的课程难以构成一个系统，不能发挥出理想的育人功能，只能说是“课程碎片”或“课程大杂烩”。课程体系的关联是指它所包含的课程之间存在着某种相互联系、相互作用、相互依存和相互制约的关系。这种关系主要反映的是这些课程在培养人才知识、能力和素质等方面的内在联系，它像“粘合剂”一样将各门课程有机地粘合成了联系紧密的人才培养整体。整体性是系统科学强调整体大于部分之和的基本原理。系统的整体性要求，课程体系的构建绝不仅仅是增加或减少几门课程的问题，课程及其内容的选择更要根据学校和专业的培养目标从整体上来精心谋划。不同层次和不同类型高校的办学定位不同，在人才培养的学科需求、社会需要和学生发展的具体要求上必然有所侧重。一个设计优良的课程体系还要在培养目标、课程结构与课程功能以及课程实施等几个方面体现出整体的特性。

就大学英语课程来说，课程体系是一个系统，包括课程目标、课程结构、课程内容、课程实施、课程评价等要素。从高等教育的视野来看，大学英语和政治理论、体育等课程构成通识教育课程系统，而通识教育课程与专业课程系统构成高等教育系统。从微观上来说，大学英语课程体系的各组成因素也是独立的子系统，如课程结构系统、课程模块系统、各单独课程系统等，这些独立的课程、课程模块、课程结构构成了课程体系系统。

课程体系构建是大学英语教学改革的重要环节，课程体系的合理性和科学性是实现大学英语课程教学目标的前提，也是实施课程教学、教学管理和教学评估的基础。因此，我们在改革和设计大学英语课程体系时，要根据本校的办学理念和人才培养目标，依据学科需求、社会要求和学生发展需要，优化课程结构，注重知识结构与能力的合理布局，使之向基础化、层次化、结构化、综合化方向发展，构筑最佳课程组合，开设关联课程和选择内容，使大学英语课程对学生整体语言文化素质的提升和发展产生立体效应（涂靖，2012），使课程体系发挥最大效能。

哲学理念、语言学理论、教育学理论和系统论在大学英语课程体系构建过程中起到重要作用。哲学理念为课程体系指引方向，教育学理论为课程体系框架和要素、个性化学习和教学提供指导，语言学理论对学习者语言学习过程和课程内容选择给予支撑，系统论强调课程的关联和整合以及课程的最佳组合效应。上述的理论为大学英语新课程体系的构建提供了理论依据。

二、新课程体系的政策依据

在构建大学英语新课程体系的过程中，《发展纲要》和《教学指南》为新课程体系提供了政策依据。

（一）《发展纲要》精神

《发展纲要》提出，要“培养大批具有国际视野、通晓国际规则、能够参与国际事务和国际竞争的国际化人才”。熟练掌握英语是国际化人才的基本条件，而国际化人才的英语能力主要通过大学英语课程来培养和提高。由此可见，大学英语课程对中国参与全球治理、成为有担当大国和未来发展具有重要意义（王守仁，2016）。因此，大学英语课程应该依据《发展纲要》的精神，参照社会和经济发展的需求，将教学目标定位于服务高等教育国际化，培养具有国际视野、通晓国际规则、具备较强的批判思维能力和较高的人文素质，能参与国际事务和国际竞争的国际化人才、拔尖创新人才。

（二）《教学指南》精神

大学英语课程体系改革和新课程体系的构建是大学英语教学改革的一项重要内容，是“提高大学英语教学质量的一个抓手”（王守仁，2010）。《教学指南》为各高校构建大学英语课程体系提供了指导方针和充分的理论依据。

1. 指导构建校本特色的教学目标

《教学指南》改变过去大一统、笼统的教学目标，提出分层次教学目标：基础目标、提高目标、发展目标。“基础目标”要求降低，好的学校应选择“提高目标”，而“发展目标”就是要培养具有国际竞争力的国际化人才，为高校“双一流”（世界一流大学和一流学科）建设战略服务。各高校可以根据校情制定多元化的教学目标，培养学生的英语应用能力，提高跨文化能力和自主学习能力，提升综合文化素质。

2. 指导设计校本特色的大学英语课程体系

《教学指南》要求大学英语课程应服务于学校的办学目标、院系人才培养的目标和学生个性化发展的需求：“各高校应根据学校类型、层次、生源、办学定位、人才培养目标等，遵循语言教学和学习规律，合理安排相应的教学内容和课时，形成反映本校特色、动态开放、科学合理的大学英语课程体系。”大学英语教学从单一的通用英语向“通用英语＋”型转变。大学英语教学的主要内容可分为通用英语、专门用途英语和跨文化交际三个部分，由此形成相应的三大类课程。专门用途英语是目前大学英语教学的“短板”，各高校因此要加强专门用途英语课程建设，深入开展学术英语教学研究。同时，外语教学要关注培养国际化领导人素质，培养学生的国际视野和跨文化沟通能力（王守仁，2016）。

3. 指导构建“工具性”和“人文性”并存的大学英语课程

《教学指南》再次明确了大学英语课程的定位和性质。大学英语作为高等教育的重要内容，兼具工具性和人文性，因此，设计大学英语课程时也应当充分考虑对学生的文化素质培养和国际文化知识的传授。

总之，我们在构建大学英语课程体系时，应遵照《教学指南》的“个性化”思想，以学生为本，以院系为本，构建适合学生个性发展需要的大学英语课程体系。同时，在构建课程体系时也应该为大学英语教师搭建专业发展的平台。

以上的理论依据和政策依据为大学英语新课程体系的构建提供了理论基础，为大学英语课程体系的架构、课程体系目标的确定、课程结构和内容的设计、课程体系的实施和评价提供了理论指导和借鉴作用，使新课程体系的实践不再盲目和缺乏依据。

第三章

新课程体系的框架模型

《发展纲要》《教育部关于全面提高高等教育质量的若干意见》《国务院办公厅关于深化高等学校创新创业教育改革的实施意见》和《国务院关于印发统筹推进世界一流大学和一流学科建设总体方案的通知》等文件对国际化人才、高等教育的质量、创新型人才和高校的特色办学等提出了更高的期望，为各高校人才培养工作提供了机遇和挑战。课程体系是人才培养质量的关键因素（陈立乾等，2014），构建科学合理的课程体系对高等教育教学质量和人才培养质量起着基础性、方向性和决定性的作用。

作为高等教育重要组成部分的大学英语课程，服务于国家战略需求，即国家改革开放和经济社会发展，也服务于学校办学目标、院系人才培养目标和学生个性化发展需求，即高校特色化办学和学生专业学习、国际交流、继续深造、工作就业；高等教育教学质量的提高要求大学英语课程为高校大学生提供优质外语教育（《教学指南》，2015）。而优质外语教育的实现有赖于构建一个满足国家、社会、学校和个人发展需要的全新的大学英语课程体系。

本章主要探讨大学英语新课程体系的设计原则，设计新课程体系的框架模型和分析流程，为大学英语新课程体系的设计、实施和评价做准备工作。

第一节　设计原则

课程体系是课程的核心所在，是大学教育理念付诸实践和人才培养目标得以实现的桥梁。大学英语课程体系是教学中互相联系的大学英语课程构成的整体（邵华，2014），是由通用英语、专门用途英语和跨文化交际等课程模块组成的课程群，它既体现了课程的工具性，同时也体现了课程的人文性。因此，大学英语课程体系的设计是一个系统工程，应遵循高等教育教学规律，符合国家的教育发展纲要，同时也要为国家、社会、学校和个人发展的需要服务。

立足于本校大学英语课程教学的现状、国家改革开放和经济社会发展需要、学校办学定位和人才培养目标需要、学生个性化发展需求，我校大学英语新课程体系的构建主要遵循科学性、整体性、关联性、多样性和校本性 5 个基本原则：

一、科学性原则

课程体系的“科学”属性是指它要遵循外语教育教学规律，吸收国内外应用语言学和教育学领域的最新研究成果，科学客观地设计课程体系。同时，课程体系的科学性应以“数据”为依据，课程设计要在需求分析、目标分析和条件分析的基础上进行，包括国家战略层面对外语能力的需求、社会对专业人才外语能力的需求、学校特色办学需求、人才培养目标对大学英语课程的要求、本校大学英语课程发展历程、本校教学条件以及学生学习目的和期望、认知水平、语言水平等。根据各种需求，明确课程体系目标，合理构建课程体系。

二、整体性原则

课程体系在人才培养过程中的作用，不是增加或减少几门课程的结果，而是由不同课程体系之间以及课程体系内不同课程之间相互搭配和融合所达到整体优化的结果。因此，在构建大学英语课程体系以及选择课程内容时，需要从整体上精心谋划，做好顶层设计，既考虑课程体系与学校定位和人才培养目标相互联系，也考虑课程体系本身课程目标、课程结构、课程内容、课程实施和课程评价等各环节相互协同，还要考虑课程体系内各课程之间的融会贯通和相辅相成。只有课程体系与各要素之间建立联系并形成整体，才能构建出高质量的课程体系。

三、关联性原则

课程体系是一个具有某种相互关联作用的课程要素构成的系统（巩建闽等，2008）。课程体系的关联是指课程体系内各课程之间存在着某种相互联系、相互作用、相互依存和相互制约的关系。这种关联关系主要反映的是这些课程在培养人才知识、能力和素质等方面的内在联系，它像“粘合剂”一样将各门课程有机地粘合成了联系紧密的人才培养整体。缺少关联关系的随意组合的课程不能构成课程体系，而是“课程碎片”或“课程大杂烩”，不能起到培养人才的作用（巩建闽等，2008）。关联关系在很大程度上反映了课程体系所包含的知识和能力的深度和宽度。我们可以从“前继课程”和“后续课程”的课程开设顺序体验到这种关联关系的存在。高质量的课程体系是一个具有关联关系的课程组合，各课程之间必须有机联系，顺畅衔接。

四、多样性原则

社会的发展需要不同类型的人才，课程体系应具有多样性特点，才能满足社会的多样化与学生的个性化需求。现代社会和职场对人才知识结构的需求、学校学生入学水平、人才培养规格和目标、各学科专业对外语能力的不同需求、学生个性化的发展需要等要求大学英语课程设置多元化，关照不同级别的学生；课程结构体现多层次和多模块；课程内容多样化，把英语基础知识的掌握和应用、英语语言运用技能的培养、实用英语应用能力的培养、英语国家社会文化知识的学习以及专业英语的学习包括在课程体系之内；课程类型多样化，开设必修课、限定选修课、任意选修课、公共选修课等；课程形式多样化，如通过网络教学平台、基于课堂和计算机的多媒体教学模式、微课、慕课、基于课堂和在线网上课程的翻转课堂教学模式等方式授课；课程评价多样化，如终结性评价和形成性评价相结合、课程本身评价和课程体系各环节评价相结合、教学管评价相结合、校内评价和校外社会评价相结合等。

五、校本性原则

课程体系的“校本性”是指在分析本校校情的基础上，针对本校学生群体设计、实施和评价的课程体系。大学英语课程体系应该能反映出学校特色，突出校本性。《教学指南》提出，大学英语课程设置应体现学校的人才培养目标，应结合学校的类型、层次、生源、办学定位等，合理安排相应的教学内容和课时，形成反映本校特色、动态开放、科学合理的大学英语课程体系。因此，我们应该“根据本校自身特点和条件，尤其是人才培养的规格、社会对学生的期待、学生今后发展的方向等来确定大学英语教学侧重的方向与相应的英语能力要求”（束定芳，2016）。

我校是具有鲜明的“三航”（航空、航天、民航）办学特色的研究型大学。

为了满足特殊专业的学习需求，支撑学校“以航空为本，促进特色发展”的办学目标，大学英语课程体系应该包括帮助学生用英语获得专业领域知识、帮助学生提高用英语进行专业领域国际学术交流能力的特殊用途英语系列课程；校本课程的教材也要根据本校的办学特色和学习需求开发和编写。

以我校民航学科专业为例，随着国家民用航空事业的快速发展，我校每年要招收400名左右的飞行员进校学习。飞行技术是“天子骄子”的行业，更是高国际化的行业。飞行技术专业对学生的英语水平和英语能力的要求明显高于其他专业，因为飞行指令的发布按国际惯例的语言是英语。学生要能实现理想飞行梦，必须通过国外航校组织的严格的飞行英语考试（笔试+面试），考试通过了才能出国接受培训。为了使我校飞行技术专业的学生顺利通过国外航校的飞行英语考试，大学英语课程体系必须包含开设适合飞行员特殊用途英语课程。

第二节　框架模型和流程

课程体系的构建是一个系统工程，而框架模型体现系统工程的思想方法，为课程体系的构建和课程设计提供一种技术路径和方法。现代课程理论认为，构建课程体系包括课程目标的确定、课程内容的选择与组织、课程的实施与评价等一系列基本环节，这些环节的有机组合才能构成一个完整的课程体系。构建课程体系的过程也就是课程编制或开发的过程。课程编制是“完成一项课程计划的整个过程，它包括确定课程目标、选择和组织课程内容、实施课程和评价课程等阶段”（施良方，1996：81）。课程设计指课程的实质性结构、课程基本要素的性质，以及这些要素组织形式或安排，主要包括课程编制的前两部分，即课程目标和课程内容这两个部分。课程实施即是把新的课程计划、方案等付诸实践的过程。由于影响到课程的各种因素（学生、社会需求、学校发展等）不断变化，课程编制是个动态的过程，课程的目标到内容选择到实施以及评价是个动态的不断改进的过程。课程编制的具体过程如下图：

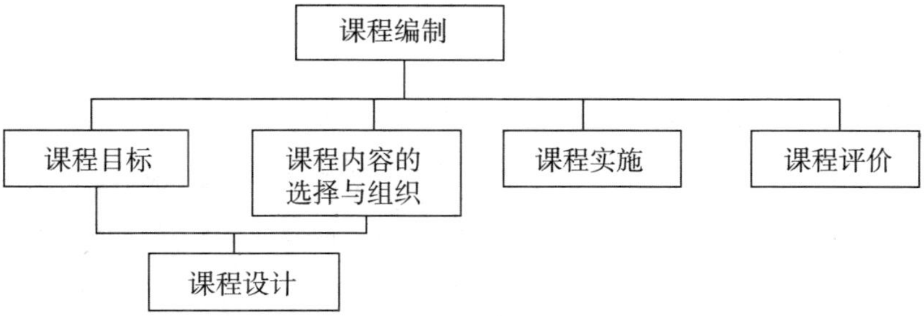

图 3-1 课程编制的过程

大学英语课程体系是各校根据各自的办学定位、生源、人才培养目标等，遵循语言教学和学习规律，有计划、有组织设置的一系列的课程。课程体系的编制应该是依据需求和条件分析的结果以及学校培养目标对英语课程的要求，确定课程体系的目标、结构和内容、实施以及评价。

根据课程体系主要涉及的要素，大学英语新课程体系的框架模型如下图：

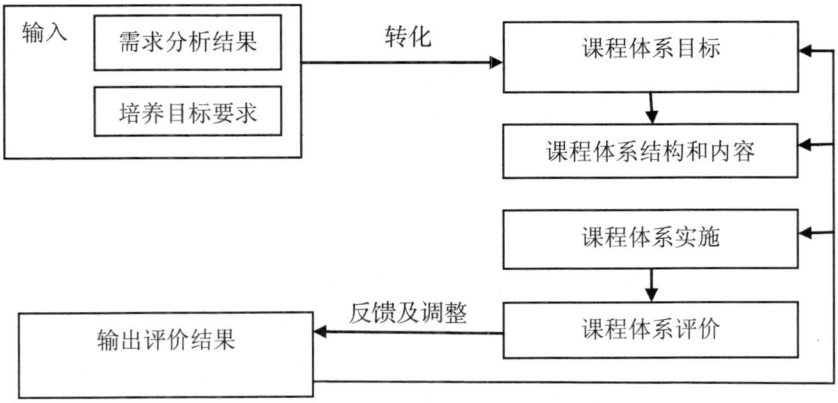

图 3-2 构建大学英语新课程体系的框架模型图

该框架分为两个阶段，第一阶段是前端分析，第二阶段是课程体系的编制。在前端分析阶段，收集社会需求、学科发展要求和学生需求等各种数据，作为课程体系目标的依据；明确培养目标对课程的要求，以便确保这些目标要求在课程中得到体现。在课程体系编制阶段，通过分析需求和条件分析的结果以及人才培养目标对课程的要求，确定课程体系的目标，然后构建课程体系的结构和内容、进行课程体系实施和评价，最后通过反馈回路，根据评价中发现的问题对课程体系进行必要的调整，确保目标、结构和内容、实施和评价之间的相互协调。

大学英语新课程体系构建的步骤如下：

1. 收集需求分析数据

确定课程体系目标主要有三个依据：社会的需求、学科的发展和学生的需求。因此，有必要收集课程体系设计中所需的各种数据，包括社会用人单位的需求、毕业生的反馈、学科领域的发展信息、在校学生情况及其英语需求等数据。只有在对社会、学科和学生需求等方面进行深入研究的基础上，才有可能确定行之有效的课程体系目标。

2. 明确培养目标要求

明确课程体系目标与培养目标的衔接关系。确定课程体系目标需要经历一系列的转化。首先是从国家的教育目的转化为培养目标。我国的教育目的是培养德智体全面发展的学生，为了确保这个目的的贯彻落实，就需要根据各类学校的实际情况予以具体化，即明确培养目标。培养目标是对各级各类学校的具体培养要求，是根据国家的教育目的和自己学校的性质及任务，对培养对象提出的特定要求。培养目标的实现，主要是通过学校所设置的课程而达成的。为了使课程编制工作切实有效，我们必须使培养目标具体化，即要确定课程目标。

因此，有必要明确学校人才培养目标对大学英语课程体系的要求，并将这些要求体现在课程体系目标中。

3. 确定课程体系目标

将对社会、学科和学生的需求分析结果以及培养目标对课程体系的要求转入课程体系目标。将课程体系目标分解为课程体系总目标、课程结构目标和具体的课程目标。课程目标将总目标中关于学科需求、社会需要和学生发展的要求逐级分解和落实为具体课程的知识、能力和素质等培养目标，成为课程教学内容和环节。

4. 构建课程体系内容和结构

课程体系的内容和结构涉及“课程体系的组成成份、课程的联系方式和组织形式”（胡弼成，2004）。课程体系的组成成份，也即课程内容，是实现课程目标的手段。选择课程内容要考虑课程内容与目标的相关性。一般来说，目标和内容之间存在对应关系，但事实上并不是一一对应的关系。为实现某一目标可能需要多种内容的组合，甚至是跨学科内容的组合，同样，一种内容可以同时实现多种目标。课程结构即课程的联系方式和组织形式，主要指课程要素之间的组织、排列形式及配比关系。这些课程要素之间的比例关系形成了课程体系的主体结构框架。

5. 进行课程体系实施和评价

课程实施是指把课程计划付诸实践的过程，它是达到预期的课程目标的基本途径（施良方，1996：128）。课程体系实施和评价，包括课程要素呈现、课程体系实施场，以及作为实施反馈的课程体系评价。课程要素呈现是指实施课程体系所需要的技术、方法、手段、途径等。课程体系实施场是指与课程体系的组成元素发生相互作用而不属于系统的事物，涉及到课程体系与其外部环境之间的关系等。课程评价是指研究课程价值的过程，是由判断课程在改进学生学习方面的价值的那些活动构成的（施良方，1996：149）。“评价”作为课程体系的反馈在运行中起多方面的作用。评价通过提供个体性的最佳指导，对课程体系活动样式及其结构产生重要影响。

大学英语新课程体系的设计、实施和评价将在下面章节一一阐述。

第四章

需求分析

在经济全球化、文化多元化和教育国际化的大背景下，社会用人单位、学科和学习者等各方面对语言能力培养都提出了更高的目标要求，而这一更高的要求需要通过大学英语课程体系来实现。

需求分析，作为语言课程设计和实施不可或缺的启动步骤，为大学英语课程体系构建提供了理论的框架和技术方法。大学英语课程体系的目标定位，是“课程体系构建的立足点”（崔颖，2009：88）。而要确定大学英语课程体系目标就需要对社会、学科和学生进行需求分析。由于社会、学科和学生这三个因素是交互起作用的，对任何单一因素的研究结果都不足以成为课程目标的唯一来源（施良方，1996：102）。因此，构建大学英语课程体系的首要步骤是进行需求分析，了解社会、学科和学生对大学英语课程的需求。

本章在阐述需求分析模型论的基础上，分析社会用人单位需求、学生学习需求和学科需求，并对大学英语新课程体系的构建提出建议。

第一节　需求分析模型

语言教学中的需求分析最初起源于与行业需求相关的专门用途英语课程设计，20 世纪 70 年代起开始得到广泛关注和重视（余卫华，2002）。随着关注点从学习者的语言需求到学习者学习需求的转变，需求分析开始应用于普通英语教学。国内外语言学家从不同的视角对需求的定义和分类以及需求分析的方法途径进行研究。

一、需求的定义和分类

Berwick（1989）认为“需求”是目前的状态和期望的未来状态之间的差距。他把需求分为规定需求和意识需求。规定需求指教育者以别人的学习经历为依据而设定的需求，是规定学习者必须达到的目标；意识需求为学习者本人意识到的需求或愿望。Brindley（1989）认为需求包括客观需求和主观需求。客观需求为学习者的“个人信息”（biographical data），如年龄、性别、国籍、婚姻、教育背景、已修语言课程、目前外语水平、外语学习中的困难以及目前或打算从事的职业；主观需求为学习者语言学习的认知和情感需求，如自信、态度和期望等（引自陈冰冰，2010）。Hutchinson & Water（1987）认为需求可分为目标需求和学习需求。目标需求指的是学生毕业以后真实工作环境对他们的要求，这种需求还被细分为必学的知识（necessities）、欠缺的知识（lacks）和想学的知识（wants）；学习需求则是指学习过程中学习者自身的各种需求，包括学习环境条件、学习者知识、学习者技能和策略及学习者动机等需求。束定芳（2004）认为需求可分为社会需求和个人需求。社会需求是指社会和用人单位对毕业生外语能力的要求；个人需求则是指学生目前的水平与其希望达到水平之间的差距。

虽然上述分类表述不同，但却不难看出它们之间的共性：需求应该包括社会用人单位的目标需求和学习者个人的学习需求。

二、需求分析模型

为使课程设置更加科学合理，Richterich 和 Chancerel 设计了外语课程的需求分析模式，探讨如何满足外语学习者在未来语言使用环境中的交际需求（陈冰冰，2009：127）。目前在需求分析的大框架下，有许多不同的需求分析方法，各种方法的范围和侧重点有所不同（阮绩智，2009）。

经过三十多年的研究与发展，国外外语需求分析模型经历了四个不同的阶段：Munby 的目标情景分析模型（target situation analysis，TSA）（Munby，1978）、Allwright 的目前情景分析模型（present situation analysis，PSA）（Allwright，1982）、Hutchinson & Water 的分析模型（Hutchinson & Water，1987）、Dudley－Evans & St John 的分析模型等（Dudley－Evans & St John，1998）。

1. Munby 的目标情景分析模型。该模型是以语言需求为中心的交际需求处理模式（Communication Needs Processor）。Munby 认为：要确定学习者学什么，必须分析学习者有哪类“交际需求”（communication needs），有哪些“具体的交际目标”，再以此为依据设置课程。此模式将影响交际需求的重要变量考虑在内，并以参数的形式将它们之间的动态关系表现出来。这种系统研究交际需求的方法，并用表格将参数间的动态关系表现出来，为科学化的课程设置提供了宝贵的理论基础（阮绩智，2009）。Munby 的模型主要以学生未来职业情景为导向，按照将来所要求的语言目标，提出的一套可以落实的具体步骤，但是目标情景分析是一个局部的、起始的需求分析器，它只识别目标需求的具体任务和活动，不能提供使学习者信息转化成语言教学大纲的程序（Richards 1984；转引自陈冰冰，2009），有较多局限（陈冰冰，2010）。另外，Munby 的模型考虑了学习者个人的语言需求，却忽视了他们的学习需求，因为学习者的学习态度、学习动机和学习风格等认知和情感变量都有意识地被排斥在需求分析之外（赵庆红等；2009）。

2. Allwright 的目前情景分析模型。该模型是研究学习者目前的语言水平和目标要求之间的差距，并根据实际情况进行有针对性的教学的分析。虽然 Allwright 的模型是对学习过程的导向性分析，但也包含了以目标为导向的目标情景分析，是对它的进一步补充和完善。目前情景分析重点关注学生目前能力、水平和目标需求的距离，不足之处是“忽视学生作为学习主体的个性文化的作用”（陈冰冰 2009：128）。

3. Hutchinson & Water 的目标情景需求与学习需求有机结合的模型。该模型是以学习者为中心的分析法（Learning centered Approaches），主要包括目标需求分析（target needs analysis）和学习需求分析（learning needs analysis）两个方面。他们根据“必学知识”（necessities）、“欠缺的知识”（lacks）和“想学的知识”（wants）描述学习者需求或目标需求。所谓必学知识，就是学习者为将来顺利完成他的工作必须掌握的知识；欠缺的知识是指学习者目前的知识水平与目标水平之间的差距；想学的知识是指学习者结合目标环境而感到要学习的知识（卓新光等，2010）。

目标需求分析主要关注语言运用，学习需求分析关注语言学习。Hutchinson & Waters（1987）指出应该结合学生的目标需求和当前学习需求分析来设置课程、设计教学内容和实施教学方法。他们分别设计了六大组具体问题，用作收集、分析“目标情景需求”和“学习需求”数据的工具，具有较好的操作性。

他们认为需求分析应分两步：首先是分析学习者在目标情景中要做什么；其次是分析学习者应学什么。通过分析学习者的缺陷和未来需求，使他们弥补语言能力上的不足，以便在未来目标情景中使用语言功能（覃新宇，2010；阮绩智，2009）。

4. Dudley Evans 和 St. John 的需求分析模型。Dudley Evans 和 St. John（1998）从目标情景（target situation）、学习情景（learning situation）和现状情景（present situation）三个方面构建其需求分析框架（蔡基刚等，2013）。首先是目标情境分析，从课程规划者的视角出发，宏观分析一个社会或某些行业对教学的需求；其次是学习情境分析，要求课程规划者和教师了解学习者对所学语言的态度、经历和要求对语言学习的影响；再者是现状情境分析，要求了解学习者的现有语言水平、学习障碍和差距（Dudley Evans & St. John，1998）。

Dudley Evans 和 St. John 的需求分析模型“对特定学生群体进行最大量的语言、技能学习的分析，最终得出目标情景和学习环境的相关信息，在很大程度上减少了课程设计与实施的随意性，是迄今为止需求分析最新、最完善的理念”（陈冰冰，2009：129）。该模型包括七个方面（Dudley Evans& St. John 1998：125）：目标情景语言需求信息（language information about target situations）、语言学习需求（language learning needs）、学习者个人信息（personal information about learners）、学习者尚缺的知识与技能（learners' lack）、学习者课程需求（learners' needs from course）、学习者专业背景信息（professional information about learners）和专业交际信息（how to communicate in target situations）。这七项要素使需求分析更加全面；特别是“学习者专业背景信息”对于大学英语教学内容的设计具有重要参考意义，而“专业交际信息”不仅关注目标情景中的静态语言特征，而且关注在目标情景中如何灵活运用语言分析、语篇分析和体裁分析等语言技能知识，为在纯文本教学中增加体裁鉴别、实用交际等有效教学内容提供了依据。但同时，由于需求分析要素较多，显得相对比较复杂（余樟亚，2012）。

国外的需求分析模型为国内的需求分析研究提供了依据。国内专家学者（夏纪梅，孔宪，1999；陈冰冰，2010；王海啸，2004）尝试建立了外语课程需求分析模型。

1. 夏纪梅和孔宪需求分析模型。夏纪梅和孔宪（1999：27）认为，外语课程设计要具有科学性，就须了解情况和分析情况，作情况、学习目的和雇主或职业需要三类分析。该分析模型以语言“交际功能”为原则，着重辨识符合职业需求的目标情景语言所需求的语言功能项和技能项。该模型功能较完备，容易操作，方便转化成语言教学大纲，对外语教学具有重要指导意义，但是它却在一定程度上弱化了学生学习过程需求，如学生对课堂内、外环境的需求等（陈冰冰，2010）。

2. 陈冰冰需求分析模型。陈冰冰（2010）依据束定芳的社会需求和个人需求分类法，构建了“学生个人需求分析”和“社会需求分析”模型。这两个模型分别具有四个分析维度：前者包括学习能力差距、学习者个体愿望、学习过程需求和学习环境需求，后者包括社会需求基本情况、工作中英语使用情况、英语水平自我评价和大学英语教学对社会需求的适应度。该需求分析模型在借鉴国外研究成果的同时努力体现了中国教学的实情（余潼亚，2012）。

3. 王海啸需求分析模型。王海啸（2004）从社会、学生、教师和教学管理者角度提出了基于个性化的大学英语教学大纲设计的需求分析理论框架。

从以上研究可以看出，这些陆续出现的需求分析模式拓宽了收集数据的重点范围；需求分析方法与模型因分析目的的侧重不同而各不相同，新的分析要素随着认识的深入也在不断增加（余潼亚，2012）。目前比较一致的看法是目标需求分析和学习需求分析两种模式的结合（余卫华，2002：20－23）。目标需求代表来自社会的需求，学习需求代表来自学习者的需求（覃新宇，2010）。深入细致的需求分析是外语课程设计和实施教学不可或缺的步骤。对大学英语课程来说，一方面，分析社会对所需人才在英语方面的需求有利于合理确定课程的教学目标，制定科学的教学大纲，培养出适应不同社会需求的人才；另一方面，针对学习者对英语学习需求的分析，则有助于教师认识学习者的需求以及未来的工作情景对学习者语言技能的要求，选择符合现有大学英语教学条件、学习者知识和技能水平及其学习策略和动机等现状的教学方法、教学内容及教学评估等，有效地实现教学目标。如果在课程设置过程中忽视深入细致的需求分析，课程将无法满足社会对人才的迫切需求，致使大学英语教学与市场需求脱节。因此，满足社会需求和学习者需求既是课程设置的出发点，也是课程设置的目标，因而需求分析在构建大学英语课程体系中不容忽视（覃新宇，2010）。

第二节 需求分析实例

需求分析指通过内省、访谈、观察和问卷等手段研究需求的技术和方法（陈冰冰，2009）。需求分析属于实证调查与研究（余卫华，2002），包括需求调查、资料收集及分析（胡织女，2005）。需求分析的关键就是要找出学习者现有的语言能力和知识水平与社会和他们自身所期望达到的程度之间的距离（阮绩智，2009）。

需求分析是课程设计的始终（胡织女，2005）。一个课程最终的目的是要满足社会和学生个人的需要。任何语言课程目的以及内容的确定和教学方法的采用都要以社会和学生需求作为依据（Schutz & Derwing，1981；Dubin & Olshtain，1986；Nunan，1991；转引自刘衡英，2013）。

本节将进行社会、学生和学科需求分析，其中社会用人单位和学生的需求分析以我校（南京航空航天大学）为例；数据来源于学生处、教务处和外国语学院。

一、社会用人单位需求分析

众所周知，教育的服务对象是社会，人才的培养应根据社会需求的变化而进行不断的调整（胡学文等，2011）。为了更好地了解社会用人单位对我校毕业生的知识、能力和素质的要求和外语需求，为大学英语课程定位和课程体系构建提供真实可靠的依据，我们调查了我校毕业生近几年的毕业去向、社会用人单位对毕业生的知识、能力、素质以及外语应用能力的需求、用人单位招聘岗位时对外语应用能力的需求、用人单位对我校毕业生的反馈以及我校毕业生的反馈等。

（一）毕业生去向分析

我校是一所具有国防科技特色的重点大学，除了为我国的国防科技事业培养人才，还为其他各行业的国民经济建设输送人才。我校毕业生就业充分，近几年来一次就业率稳定在95%左右，年终就业率接近100%，毕业生主要就业于国防科技工业为主体、民航和世界500强企业为两翼的“一体两翼”主体就业市场。我们调查了我校2009－2015年间本科毕业生的毕业去向（表4－1）、就业行业（表4－2）以及主体就业市场（表4－3）的情况。

表4－1　2009－2015届本科毕业生毕业去向对比

年度	毕业生人数	就业		出国升学		待就业	
		人数	就业率	人数	出国升学率	人数	待就业率
2009	4369	3081	70.52%	1253	28.68%	35	0.80%
2010	4168	2853	68.45%	1299	31.17%	16	0.38%
2011	3920	2554	65.15%	1359	34.67%	7	0.18%
2012	4056	2638	65.04%	1414	34.86%	4	0.10%
2013	4222	2577	61.04%	1639	38.82%	6	0.14%
2014	4452	2758	61.96%	1674	37.60%	20	0.44%
2015	4513	2621	58.08%	1881	41.68%	11	0.24%

纵观七年本科毕业生去向的各项数据，就业率数据在逐年降低，出国升学率稳步增长。

表4－2　2009－2015届本科毕业生主要就业行业对比

年度	教育单位（学校）	科研设计单位	机关及其他事业单位	国有企业	三资/大中型民营企业	部队
2009	0.52%	4.58%	3.36%	29.07%	19.94%	4.53%
2010	0.34%	4.58%	3.72%	29.58%	18.93%	4.22%
2011	0.41%	3.16%	3.12%	29.08%	18.59%	4.49%
2012	0.72%	3.85%	4.22%	25.00%	24.91%	2.84%
2013	0.54%	3.08%	2.68%	28.26%	20.87%	3.13%
2014	0.34%	2.81%	2.85%	31.63%	16.83%	未计
2015	0.45%	3.39%	2.30%	26.10%	21.54%	未计

从表4－2本科生主要就业行业可知，我校毕业生入职较多的是国有企业和以股份制为主的其他企业。

表 4－3　2009－2015 届本科毕业生主体就业市场统计表

【比率＝本行业就业人数/总就业人数（不含出国留学）】

年度	国防科技工业系统【人数及比率】	民航系统【人数及比率】	世界 500 强【人数及比率】
2009	798【25.90%】	651【21.13%】	162【5.26%】
2010	722【25.31%】	628【22.01%】	195【6.83%】
2011	599【23.45%】	652【25.53%】	579【22.67%】
2012	630【23.88%】	745【28.24%】	660【25.02%】
2013	637【24.72%】	674【26.15%】	647【25.11%】
2014	676【24.51%】	722【26.18%】	544【19.72%】
2015	633【24.15%】	720【27.47%】	568【21.67%】

从表 4－3 可以看出，本科生主体就业市场比率相对趋近平衡。从 2011 届开始，本科生前往世界 500 强就业比率迅速提升。

通过调查分析 2009－2015 年这七年我校本科毕业生的毕业去向，我们不难看出以下四个明显特点。

1. 从表 4－1、表 4－2 和表 4－3 可知，我校本科毕业生的去向分为两大类。第一类是继续深造，包括升学和出国留学；第二类直接就业。作为“航空、航天、民航”三航特色的学校，我校毕业生入职航空航天等国防科技工业系统和民航系统的毕业生较多，同时，前往世界 500 强就业比率迅速提升。

2. 每年本科生毕业后选择继续深造的人数不断增加。出国升学率保持稳定的增长趋势，表明越来越多的本科生完成大学学习后，不满足已掌握的知识结构，选择向高层次深造；选择继续深造的学生中有越来越多的学生是出国深造，显示出我校本科毕业生国际视野的逐渐打开。

3. 每年约 2/3 本科生毕业后直接在企事业单位就业，以国有企业和以股份制为主的其他企业居多。就业的行业范围比较宽泛，有机关、科研院所、高校等事业单位，国企、三资及其他企业，还有部队等单位。

4. 我校毕业生的就业单位具有专业化、层次高的特点。

以上毕业去向的四个特点使我们认识到人才培养的多样化、专业化、学术化，为我们设置多元化的大学英语课程体系提供了必要的可靠参考依据。

（二）社会用人单位对毕业生的知识/能力/素质以及外语应用能力的需求分析

由于大学生学习的最终目的是为了走向用人单位，为用人单位服务。因此，我们应该分析社会用人单位对大学毕业生的要求，尤其是外语应用能力的要求。通过调查，了解社会用人单位对毕业生知识、能力、素质的具体要求，为大学英语教学改革和新课程体系构建提供建设性的意见。

为了了解社会用人单位对我校毕业生的实时需求，我们以入校招聘2013届毕业生的用人单位作为研究对象，时间跨度从2012年9月至2013年5月，前后共9个月，回收有效问卷359份。调查对象涉及航空航天系统、船舶、兵器、核工业、电子系统、民航系统、一般国有大中型企业、外企、合资企业、民营、私企、学校、科研等事业单位以及各级国家机关，单位性质基本符合我校毕业生的就业流向。

问卷调查主要包含六个部分：（1）用人单位对毕业生的知识/能力/素质需求；（2）各行业对毕业生的外语应用能力的需求；（3）用人单位筛选简历时看重外语能力的比率；（4）各行业用人单位在招聘环节使用英语能力测试的比率；（5）各行业用人单位对毕业生持有职业资格证书或技能证书的看法；（6）我校毕业生的反馈。以下是调查结果分析。

1. 用人单位对毕业生的知识/能力/素质需求

从表4－4可以看出，在用人单位看重的毕业生知识方面，“专业基础知识”和“专业知识”在排序中始终位列前两位，说明扎实的专业基础对获得就业机遇的重要决定性作用；其次为“外语应用能力”“计算机应用能力”“社会人文知识”和“跨学科相关专业知识”，其中对“计算机应用能力”的重视程度在逐年提高，“社会人文知识”和“跨学科相关专业知识”也是用人单位在笔试和面试交流中经常涉及的考察范畴。

就毕业生基本能力一项，用人单位最为重视的是思维能力、创新能力、学习能力，其中创新能力的重视度比前一届上升，可以看出随着社会需求发展，用人单位越来越需要具有创新能力人才的加入。表达能力、实践能力、承压能力和决策能力是用人单位看中的综合能力，这几项能力实际上决定着毕业生进入单位后的发展。

在毕业生“品质素质”选项中，用人单位最关注的是团队精神、敬业精神、竞争进取和心理素质。随着工作任务的增加和单位企业化的发展，国防单位、航天和民航单位也更加看重毕业生的竞争进取精神。各行各业对心理素质一项的重视程度相对比较平均，这也是高校毕业生应当具备的品质素质。用人单位其次注重的是服务意识、责任意识、个性特征和职业道德。

表 4－4 2013 年用人单位看重毕业生的知识/能力/素质（按“汇总”结果降序排列）

知识		基本能力		品质素质	
项目	百分比	项目	百分比	项目	百分比
专业基础知识	36.38	思维能力	24.52	团队精神	23.07
专业知识	27.11	创新能力	16.17	敬业精神	19.93
外语应用能力	8.85	学习能力	15.44	竞争进取	16.07
计算机应用能力	8.16	表达能力	9.26	心理素质	11.22
社会人文知识	7.33	实践能力	6.90	服务意识	8.89
跨学科相关专业知识	7.05	承压能力	6.45	责任意识	7.63
现代科技基础知识	3.87	决策能力	5.54	个性特征	5.57
政治理论知识	1.24	专业技能	4.45	职业道德	3.59
		环境适应	4.00	诚信意识	2.16
		组织能力	3.91	情操修养	1.89
		观察能力	2.18		
		人际理解	1.18		

2. 各行业对毕业生的外语应用能力的需求

总体来讲，社会用人单位比较看重外语应用能力，但不同行业对外语能力的要求存在差异。从行业看，外企/合资企业、民航和一般国有大中型企业对毕业生的外语应用能力较为看重。

表 4－5 2013 年各行业看重毕业生的外语应用能力

项目	航空	航天	民航	船舶/兵器/核工业/电子	外企/合资企业	民营/私企	一般国有大中型企业	学校科研院所等事业单位	汇总
外语应用能力	6.56%	3.37%	17.39%	8.67%	17.46%	5.11%	16.22%	3.57%	8.85%

3. 用人单位筛选简历时看重外语能力的比率

用人单位对外语能力的重视从他们筛选简历以及校园招聘笔试面试中也可以看出。在毕业生简历筛选过程中，用人单位最为注重的因素是所学专业、毕业院校、学习成绩、科研经验，其次是学历层次、社会实践、生源地区和外语能力，再次是计算机水平、获奖情况、学生干部和健康情况等。从各行业用人单位筛选简历时看重外语能力的比率（表4－6）可以看出，外企和合资企业对外语能力的关注度在各行业中排名第一（11.23%），同样较为关注的还有民航（9.37%）和学校科研院所等事业单位（9.30%）。

表4－6 2013年各行业用人单位筛选简历时看重外语能力的比率

项目	航空	航天	民航	船舶/兵器/核工业/电子	外企/合资企业	民营/私企	一般国有大中型企业	学校科研院所等事业单位	汇总
外语能力	5.63%	1.97%	9.37%	3.25%	11.23%	3.27%	4.17%	9.30%	5.23%

4. 各行业用人单位在招聘环节使用英语能力测试的比率

在2013年度的校园招聘中，各行业采用的招聘形式综合度都有所提高。除面谈和专业知识笔试两种常规招聘形式外，也常会选择“英语能力测试”“心理测试”等更多样化的形式综合筛选人才。各行业用人单位在招聘环节使用英语能力测试的比率见表4－7。

表4－7 2013年各行业用人单位在招聘环节使用英语能力测试的比率

项目	航空	航天	民航	船舶/兵器/核工业/电子	外企/合资企业	民营/私企	一般国有大中型企业	学校科研院所等事业单位	汇总
英语能力测试	7.58%	6.25%	22.22%	8.22%	32.14%	10.45%	5.56%	21.43%	12.53%

5. 各行业用人单位对毕业生持有职业资格证书或技能证书的看法

对于毕业生持有职业资格证书或技能证书的看法（表4－8），大多数用人单位选择“宁缺毋滥”，其比例高于其他几项，而“大可不必”比例的减少，说明用人单位对毕业生是否持有与专业或应聘岗位对口证书还具有较高的关注度。分行业看，对相关证书最看重的是航空和学校科研院所等事业单位，对证书较为无所谓的是外企/合资企业，而更多的民航及一般国有大中型企业选择了“宁缺毋滥”，他们建议，大学生在校期间可根据自己的个人发展规划和职业意向有计划有选择的考取相应证书，切实有效的提高就业竞争力和个人含金量。

表 4-8　2013 年各行业用人单位对毕业生持有职业资格证书或技能证书的看法

项目	航空	航天	民航	船舶/兵器/核工业/电子	外企/合资企业	民营/私企	一般国有大中型企业	学校科研院所等事业单位	汇总
宁缺毋滥	49.21%	23.40%	27.59%	23.77%	19.21%	22.37%	21.57%	16.28%	23.07%
多多益善	34.92%	22.70%	20.69%	17.94%	21.67%	19.30%	19.61%	13.95%	19.93%
可有可无	12.70%	20.57%	20.69%	17.04%	15.76%	13.60%	17.65%	11.63%	16.07%
大可不必	10.00%	8.51%	10.34%	11.21%	11.82%	11.84%	11.76%	13.95%	11.22%

6. 用人单位对我校毕业生的反馈

从 2013 年度社会用人单位反馈的数据来看，他们对我校毕业生职业素质评价很高或较高，在整体满意度上超过了前两年的数据。在毕业生知识/能力/素质的评价方面，用人单位对我校毕业生知识水平最满意的是“专业基础知识”，满意度达到了 99.12%，同样满意度较高的还有“专业知识”，满意度为 96.48%，显示我校近年的专业建设工作卓有成效。用人单位其次满意的项目为“计算机应用能力”94.69%、“现代科技基础知识”92.60%、“政治理论知识”90.69%。2013 年度调查中满意度在 90% 以下的项目为“外语应用能力”“跨学科相关专业知识”和“社会人文知识”，虽然以上项目的满意率都较去年有所升高，但是根据用人单位对毕业生知识水平的重视度来看，我校毕业生在以上项目的知识水平还有待培养和提高。在基本能力方面，单位对我校毕业生最满意的是“专业技能”“学习能力”“思维能力”和“观察能力”，其次为“实践能力”“人际理解”和“表达能力”；我校毕业生满意度不达90%的基本能力项目还有“创新能力”“组织能力”和“决策能力”，用人单位建议学生通过校内外实习实践、项目经历等形式来锻炼以上能力。用人单位对我校毕业生品质素质最满意的是诚信意识、职业道德、责任意识、竞争意识，其次为团队精神、敬业精神、情操修养，最后为心理素质、服务意识和个性特征。

表4-9 用人单位对我校毕业生知识/能力/素质的评价（根据“优良度”降序排列）

知识		基本能力		素质	
项目	优良率（满意度）	项目	优良率（满意度）	项目	优良率（满意度）
专业基础知识	99.12%	专业技能	98.24%	诚信意识	96.74%
专业知识	96.48%	学习能力	97.95%	职业道德	96.17%
计算机应用能力	94.69%	思维能力	94.46%	责任意识	95.88%
现代科技基础知识	92.60%	观察能力	92.40%	竞争意识	95.86%
政治理论知识	90.69%	承压能力	91.81%	团队精神	95.29%
外语应用能力	89.64%	环境适应	91.52%	敬业精神	95.27%
跨学科相关专业知识	86.35%	实践能力	91.20%	情操修养	92.56%
社会人文知识	82.60%	人际理解	90.32%	心理素质	91.15%
		表达能力	90.00%	服务意识	91.12%
		创新能力	89.47%	个性特征	90.80%
		组织能力	87.68%		
		决策能力	87.61%		

在外语应用能力方面（见表4-10），从不同行业单位的评价结果看，满意度相比之下偏低的是航空系统、外企/合资企业和民航系统单位，结合之前数据中以上单位对毕业生外语应用能力的重视度，我们应该更详细地了解这些单位对外语的需求，着力提升毕业生的外语应用能力。

表 4-10 各行业用人单位对我校毕业生外语能力满意度评价结果统计

满意率统计（非常满意+比较满意）	航空	航天	民航	船舶/兵器/核工业/电子	外企/合资企业	民营/私企	一般国有大中型企业	学校科研院所等事业单位
外语应用能力	85.53%	92.31%	87.50%	91.30%	86.67%	88.52%	95.45%	100%

从2013年度社会用人单位对我校毕业生的需求结果可以看出，用人单位对毕业生的综合素质能力提出了更高的要求。首先用人单位对毕业生的专业、学习成绩提出了更高的要求，并把这些作为评判毕业生的首要标准；对毕业生的实习经历和实践能力提出了明确的要求；对学生基本能力和素质有了更高的要求，用人单位关注表达能力、沟通能力、服务意识这些非专业素质。其次在外语能力方面，用人单位认为我校毕业生在听、说、写、译方面和他们的要求存在着一定差距，他们表示毕业生仅仅拿到英语四级证书是不够的，应该更加关注英语的实际应用能力。

（三）用人单位外语应用能力需求访谈

为了更全面地了解用人单位招聘时对毕业生的外语应用能力需求，我们访谈了入校招聘的25家国防科技工业单位和国有大中型企业。之所以选择这些单位是因为他们是我校毕业生比较稳定的主体就业市场。

1. 用人单位招聘时对毕业生的外语应用能力的要求

谈到对外语能力的需求时，各单位认为由于涉外交流和工作项目的增加，对外语应用能力的需求也逐渐增加。他们要求毕业生更加注重实际交流能力，特别提到要提高学生语言运用的意识。具体对听说读写译技能的要求，14家（56%）被访谈单位表示对英语有要求。要求最强烈的是阅读和翻译，有11家（44%）明确要求能将英语作为获取信息的能力，能够阅读或查阅和翻译外文原版资料。对听、说、写技能各有2家（8%）有要求。印象较深的某集团公司要求本科生要具备一定的听力水平，要求能在没有翻译的情况下听懂学术报告，而对研究生的口语、听力、写作提出了更高要求，鼓励在国外杂志上发表高层次的国际论文，并制定出了相关的奖励政策。

2. 用人单位对ESP类课程的需求

当谈到对ESP类（如科技英语、商务英语、法律英语等以及学术英语）课程的需求时，有12家（48%）有科技英语的要求，1家（4%）对法律英语有要求，1家（4%）对学术英语有要求。这些单位特别希望学校开设科技英语课程；希望学生在校能够涉猎科技英语，工作后结合自己的工作岗位，再进一步提高。某飞机设计研究所对科技英语有较高要求，到单位后毕业生有科技英语的脱产学习。某飞机工业（集团）有限公司甚至希望英语专业（国际贸易方向）学生也能掌握科技英语。

3. 用人单位对毕业生的四、六级考试成绩要求

我们对25家单位的访谈也印证了各行业用人单位的看法。所有单位对四级证书有要求，英语六级证书依具体岗位而定，拥有六级更加具有竞争力，在同等条件下会优先考虑。口语证书对特定岗位（如涉及国外合作、对外贸易岗位等）有要求。

此外，在和用人单位交流时，多家单位希望毕业生的人文素质也要加强，知识面能够得到拓宽。

（四）我校毕业生的反馈

为了了解我校已经就业的毕业生对社会用人单位需求的看法、对学校人才培养及课程设置的看法，我们对毕业生进行了问卷调查和访谈。

本调查数据来自两个方面，一是我校自编网络版《毕业生调查问卷》，有867名2013届毕业生和1289名2014届毕业生有效参与了调查。其中，2013届毕业生中有655名男生和213名女生，分别占总数的75.3%和20.7%，2014届毕业生中有858名男生和431名女生，分别占总数的66.6%和33.4%。2013届中理工科学生占85.8%，文科学生占14.2%；2014届学生中理工科占83.5%，文科学生占16.5%。二是我们分别访谈了部分2013届和2014届毕业生。

1. 认为用人单位对知识/能力/素质重视的因素

从表4－11可以看出，超过一半的学生认为用人单位最看重学生具备专业知识和专业基础知识，这和我们对用人单位的调查结果是吻合的。学生认为用人单位最为看重的两个能力要素是学习能力和专业技能，与用人单位调查结果一致。总体而言，用人单位对我校学生的能力素质要求更加偏向于“硬件”方面。在用人单位看重的品质素质上，两届学生的看法与用人单位基本一致，他们均认为团队精神、责任意识、竞争进取和敬业精神是最重要的品质素质，稍有不同的是，用人单位认为责任意识比团队精神更为重要。

表 4－11 毕业生认为用人单位重视的因素

知识		基本能力		品质素质	
项目	百分比	项目	百分比	项目	百分比
专业基础知识	60.7	学习能力	63.3	团队精神	71.9
专业知识	60.6	专业技能	42.1	责任意识	60.8
外语应用能力	56.5	实践能力	33.4	竞争进取	25.8
社会人文知识	35.3	思维能力	34.7	敬业精神	39.0
跨学科相关专业知识	24.3	观察能力	8.9	诚信意识	28.5
计算机应用能力	28.3	表达能力	33.6	职业道德	23.6
现代科技基础知识	19.2	创新能力	17.6	服务意识	10.3
政治理论知识	19.9	人际理解	25.8	个性特征	9.9
		组织能力	10.1	心理素质	23.0
		环境适应	13.3	情操修养	4.5
		承压能力	11.3		
		决策能力	4.6		

2. 对学校人才培养的反馈

一半以上 2013 届毕业生对我校人才培养提出了应该在动手能力上有所加强，其次为沟通能力和团队合作能力、专业知识学习等等。这和用人单位对人才的要求也是较为一致的。

表 4－12 毕业生对人才培养的反馈

项目	百分比
动手能力培养	56.9
沟通能力	52.8
团队合作精神	47.6
专业知识学习	42.0
外语能力	29.6
科研能力培养	26.8
人文知识学习	20.2
基础理论学习	16.0

3. 对学校课程设置的反馈

纵观各个学院，一院、三院、四院、五院、六院和七院的学生认为其专业的课程设置非常合理和比较合理的比率高于全校平均水平。除九院外，其他文科学院对其课程设置的满意度都很低，表示非常合理和比较合理的比率仅为40%左右。

表4-13 各学院毕业生对其所学专业的课程设置的反馈

学院	非常合理	比较合理	比较不合理	非常不合理	优良率
工科	7.1	70.8	18.4	3.7	77.9
理科	2.8	61.1	22.2	13.9	63.9
文科	7.9	39.0	48.6	4.5	46.9

二、学生需求分析

学生需求分析指在课程设计和实施的过程中，设计人员和教师对学生的主观信息（如学习者的学习态度、学习偏爱、需求与期望）与客观信息（如外语学习者的个人学习情况、学习目的和目前的外语水平）数据进行收集和分析，从而确定学生学什么和如何学的问题。因此，学生需求分析对大学英语课程体系构建具有重要意义。一般而言，学生需求分析可以在课程前、课程中和课程后三个不同阶段进行。课程前的需求分析用于设置课程，课程中的需求分析旨在改进课程，主要是对教学内容和方法进行微调，课程后的需求分析则是通过课程后学生的信息反馈为进一步合理设置课程提供依据（阮绩智，2009）。对学生进行阶段性需求分析，了解他们学习过程中需求状况的动态变化规律，使不同阶段的教学设计都能满足学习者不同阶段的需求，并依照其变化规律建立起一个科学的课程体系（李养龙等，2011）。

为了给大学英语课程体系的构建提供依据，我们做了不同阶段的需求调查，包括新生问卷调查、大学一年级和二年级学生的课程需求调查、学术英语专项调查、国际课程专项调查。调查目的是要了解：（1）新生的学习目的和对大学英语课程的期待；（2）学生对现存大学英语课程体系的评价；（3）对大学英语分阶段课程的评价和需求；（4）学生对国际课程的外语需求。

（一）新生问卷调查

为了了解新生的英语学习基本情况、学习目的和对课程的期待等信息，我校每年在新生分级考试时进行英语问卷调查。本研究选用的数据来自 2013 级的新生。调查采用问卷形式，采用的题型是多项选择，问题的编制主要参考了国内外有关外语教学研究调查方面的著作和论文。共回收到有效问卷 3815 份。下面我们根据调查结果进行分析。

1. 学生基本情况

我校是以工科为主的综合性大学，男生的数量多于女生。从问卷中可知，男生 2850 人，占 74.70%，女生 965 人，占 25.30%。优质生源是人才培养的第一环节，生源质量直接影响着人才培养的质量。我校非常重视生源质量。近几年来，我校在扩大生源基地数量的同时也不断加强生源基地内涵建设，推进高等教育和高中教育的衔接工作。我校本科录取分数线连续多年保持在较高水平，生源质量稳步提升。这从表 4－14 新生的中学类型也可以得到佐证。

表 4－14　学生的中学类型（N＝3815）

你毕业于以下哪类学校？	国家级示范性中学	省重点中学	地市重点高中	一般高中	其他
	394 10.33%	1568 41.10%	1217 31.90%	579 15.18%	57 1.49%

从上表可知，我校 80% 以上的学生来自重点中学，其中 50% 以上的学生来自国家级和省重点中学，生源质量较好。

2. 学生的当前英语水平

学生的当前英语水平，主要包括学生对英语水平的客观评价（高考成绩）和自我评价、中学英语学习兴趣、英语学习过程中学习投入程度等。这几个问题主要了解学生中学的英语学习情况。中学与大学的英语教学是一个有机的整体（倪传斌，1998），了解这些情况，更有利于我们有针对性地设置课程和进行大学英语教学。

表 4-15 学生对英语水平的客观评价（N=3815）

	90-100	80-89	70-79	69 分以下	其他
按百分制折算，你的高考英语成绩在哪个分数段？	694 18.19%	1936 50.75%	890 23.33%	236 6.18%	57 1.5%

学生对英语水平的客观评价主要通过高考英语成绩来显示。因为各省英语成绩表达不一样，我们要求学生换算成百分制，然后看自己的成绩在哪个分数段。从表 4-15 可知，我校学生的高考英语成绩总体不错，折算后 80 分以上的学生将近 70%，而在其他项里的学生大部分是不用参加高考的保送生。

表 4-16 学生对英语水平的自我评价（N=3815）

	很好	较好	一般	较差	其他
按照高中毕业的标准衡量，你认为自己的英语水平如何？	343 8.99%	1797 47.10%	1340 35.13%	270 7.08%	65 1.70%

从表 4-16 可知，学生自我评价很好和较好的达 56%。如果以表 4-15 高考成绩分数段为参考，自我评价中选择较好特别是很好的学生明显减少、而选择一般的学生增多。一方面可能是学生比较谦虚，另一方面可能是英语好的标准也许包括口语、听力等高考英语中没有出现的项目。

表 4-17 中学阶段学习英语的兴趣（N=3815）

	很高	较高	一般	没有兴趣	其他
中学时你学习英语的兴趣如何？	874 22.90%	1626 42.62%	1152 30.20%	106 2.78%	57 1.5%

兴趣是最好的老师，如果学生对英语学习感兴趣，那么学习可以收到事半功倍的效果。从表 4-17 可知，超过一半（约 65%）的学生在中学期间对英语学习感兴趣，大概 30% 的学生表示对英语学习兴趣一般。这些数据告诉我们，要继续保持他们学习英语的积极性，同时还要调动兴趣一般的学生学习英语的

积极性。

表 4－18　中学学习英语投入时间（N＝3815）

	少于 6 小时	6－11 小时	12－17 小时	多于 17 小时	其他
中学时你每周用于学习英语的时间大约有多少？	409 10.72%	1209 31.69%	1397 36.62%	735 19.27%	65 1.70%

为了了解学生英语学习的努力程度，问卷中设计了每周用于学习英语时间的问题。大多数学生学习英语的时间在 6 小时以上，也就是除了英语课以外，学生还会抽出时间学习英语。50% 左右的学生平均每天学习 2 小时以上，可以说，这部分学生英语学习是比较努力的。

3. 英语学习动机

学习动机在英语学习中是非常重要的因素。学习外语的动机主要有融入型动机和工具型动机两种。融入型学习动机指学习外语的目的是更好地了解和吸收目的语国家的文化等，而工具型学习动机是指学习外语有非常具体的一些目标，是为了通过考试、找到一份好工作等等。考虑到新生对英语学习了解不多，本问卷设计的是工具型学习动机。

表 4－19　学习英语的动机（N＝3815）

	考研	出国留学	以后找个好工作	其他
你觉得大学里为什么要学习英语？	833 21.84%	752 19.70%	1160 30.41%	1070 28.05%

从表 4－19 可以看出，70% 以上的学生英语学习目的比较明确，有长期目标，学习英语是为了继续深造，如考研和出国留学，或者是找到一份好工作。其他选项里的部分学生认为学习英语是为了通过考试、与外国人交流等等。

4. 学生对大学英语学习的期待和愿望

对刚进入大学的新生来说，一切都是新鲜和陌生的。他们对大学的学习和生活充满了期待。对大学里的很多课程也充满期待。因此，在新生正式上课前，我们有必要了解新生对大学英语课程的期待和愿望。

（1）对大学英语课程的期待

表 4-20 对大学英语了解程度（N=3815）

	十分了解	基本了解	了解一些	不了解	其他
你对大学英语是否了解？	98 2.57%	890 23.33%	2427 63.62%	335 8.78%	65 1.70%

从表 4-20 可知，绝大多数新生对大学英语课程了解不多，只有 26% 的新生选择十分了解和基本了解大学英语课程。数据表明，很有必要给新生开设大学英语导学课程。

表 4-21 对大学英语课程重要性的看法（N=3815）

	更重要	同样重要	不太重要	不知道	其他
相对于大学里的其他科目，你认为大学英语课的地位如何？	906 23.75%	2680 70.25%	131 3.43%	24 0.63%	74 1.94%

从表 4-21 可以看出，绝大多数学生认为大学英语课程很重要，70% 左右的学生认为和其他课程一样重要，有近 24% 的学生认为比其他课程更重要。数据表明，我校新生非常重视大学英语课程。

表 4-22 对英语成绩的要求（N=3815）

	在班里名列前茅	在班里不好也不坏	考试能及格就行	无所谓
你对自己在大学里的英语成绩要求如何？	2622 68.73%	997 26.13%	131 3.43%	65 1.70%

当问到学生对大学里大学英语课程的成绩要求时，68.73% 的学生希望自己的英语成绩在班里名列前茅，说明这部分学生的英语学习积极性非常高。有 26.13% 的学生持中庸态度，认为在班里不好也不坏。约 5% 的学生表示对英语成绩无所谓或考试及格就行。

（2）对大学英语学习方法和技能的需求

表4－23　大学英语学习技能需求（N＝3815）

在大学英语学习中，你最想提高下面哪一项技能？	阅读	听说	写作	翻译	其他
	466 12.22%	2647 69.38%	237 6.21%	383 10.04%	82 2.15%

表4－23显示，在最想提高的各项英语技能中，近70%的学生选择了听说技能，远远多于阅读（12.22%）、翻译（10.04%）和写作（6.21%）。这一调查结果表明，随着我国经济的发展和对外交流的扩大，学生们都意识到了听说技能的重要性，希望提高听说能力，是自己具备直接与外国人交流的能力，能够参与对外交流活动。这结果也表明，听说技能是学生们在中学时的弱项，所以也希望在大学可以提高听说能力。

表4－24　对英语学习障碍的看法（N＝3815）

你认为大学里学习英语最大的障碍是什么？	英语学习方法策略缺失	对英语学习模式转变不适应	学习目标不明确，缺乏学习动力	不知道	其他
	874 22.91%	1315 34.47%	1054 27.63%	123 3.22%	449 11.77%

从表4－24可以看出，有34.47%的学生认为大学里学习英语最大的障碍是不适应大学英语学习模式。对于大多数外省的学生，尤其是边远地区的学生，由于他们中学的英语学习模式比较简单，他们担心大学英语的学习模式。有27.63%的学生认为最大的障碍是学习目标不明确，缺乏学习动力，有22.91%的学生认为最大的障碍是英语学习方法策略缺失。这些数据为大学英语课程导学内容提供了参考。值得注意的是，有3.22%的学生不清楚会碰到什么障碍，还有11.77%的学生认为最大的障碍是单词或语法或听说读写译的某项技能。

表 4－25 大学英语学习策略（N＝3815）

	自己摸索	请教老师或同学	图书馆查阅相关书籍	求助网络等媒介	其他
当你在大学英语学习中遇到困难时最可能采用哪种方法?	319 8.35%	1936 50.75%	719 18.85%	735 19.27%	106 2.78%

表 4－25 显示，有 50.75% 的学生在学习上遇到困难时会求助于老师或同学，有 19.27% 的学生选择求助于网络等媒介，18.85% 的学生会到图书馆查阅相关书籍，还有 8.35% 的学生将会自己摸索。这些数据表明，大多数学生在遇到困难时会自己想办法解决，说明学习能力比较强。

（3）课外学习实践安排

课外学习是学生学习英语不可分割的一个部分。因此，加强对学生课外学习的了解，指导他们如何进行课外学习就显得非常重要。请看表 4－26。

表 4－26 课外时间安排（N＝3815）

	参加学校组织的语言实践活动	阅读英语读物	看英语电影电视节目	参加英语培训	校园网外语资源学习	其他
课外时间你将参与何种活动来提高英语水平?（可多选）	1822 47.77%	913 23.93%	1180 30.92%	311 8.15%	352 9.23%	464 12.15%

调查结果显示，47.77% 选择参加学校组织的语言实践活动，包括英语角、各种竞赛和讲座等。有不少同学选择看英语电影电视节目（30.92%）和阅读英语读物（23.93%），可以了解英语国家的文化知识，提高自己的听说能力和阅读能力。有 9.23% 的同学选择通过校园网的外语资源提高自己的英语水平。我校校园网外语资源丰富，包括提高各种技能的资源，如英语电影、电视节目、英语小说和报刊、英语网站、各类英语课程、各种英语教科书、试题库等，对学生提高英语水平有帮助。多数学生不了解丰富的网络资源，这有待于我们在课程导学中给学生指导和引导。另外，有 8.15% 的学生希望参加英语培训班提高英语水平，这部分学生包括准备出国留学的学生，他们希望参加托福和雅思培训班取得较好的托福和雅思成绩。

从新生问卷中可知，我校生源质量较好，80% 以上的学生来自重点中学，学生的高考英语成绩总体不错，折算成百分制后有 70% 的学生达 80 分以上。大多数学生在中学期间对英语学习比较感兴趣（约 65%）；英语学习比较努力，50% 左右的学生平均每天学习英语 2 小时以上；学生的学习能力较强，遇到问题可以自行解决或找老师同学帮忙。

调查发现，70% 以上的学生英语学习目的明确，对大学英语课程充满期待：近 70% 的学生希望自己的英语成绩在班里名列前茅；近 70% 的学生希望提高听说技能，能够与外国人直接交流；约 50% 的学生愿意参加学校组织的各种语言实践活动来提高自己的英语水平。这些学生“对自己将来事业的目标情景有一定的认识，并能将学习与未来的需求联系起来”（王志茹，2003）。

从调查中还发现，约 74% 的学生不是很了解大学英语课程，他们担心不适应大学英语教学模式，对大学英语学习方法和策略有需求，所以有必要对大学新生开设大学英语导学课程或系列讲座，介绍大学英语教育的目的内容、教学模式、学习方法和策略，加强对学生课外学习的指导和引导，更新学习观念，让学生树立为自己学习负责的学习态度，提高自主学习能力。通过导学课程或系列讲座，帮助新生尽快适应大学英语的学习，实现从中学生到大学生的顺利转变。

（二）大学一年级、二年级学生问卷调查

为了了解我校学生对大学英语课程设置和教学内容的需求和评价，我们在学年即将结束之时随机选择了 20 个高起点班（二级起点和三级起点）的大一学生和大二学生进行问卷调查。其中大一学生 438 人，大二学生 407 人。有工科（含航空、航天、民航、自动化、机械、材料、信息技术等专业）学生 716 人、理科（理学院）学生 67 人，文科（经管、艺术、人文等专业）学生 64 人。三级起点班 573 人（大一 322 人，大二 251 人）、二级起点班 269 人（大一 115 人，大二 153 人）、一级起点班跳级进入二级 3 人（大一 1 人，大二 2 人）。共回收有效问卷 845 份。调查采用问卷形式，采用的题型是多项选择，问题的编制主要参考了国内外有关外语教学研究调查方面的著作和论文。调研内容包括：（1）基本英语需求；（2）对大学英语课程设置的反馈；（3）对大学英语分阶段课程反馈和需求；（4）对教材和教学内容的反馈；（5）对大学英语课程改革需求。下面我们根据调查结果进行分析。

1. 基本英语需求

从表 4 - 27 可以看出，在基本英语需求方面，大一学生和大二学生的选择基本一致。选择满足以后学习和工作的需要的最多，高达 64.50%，说明大多数学生学习英语有比较长远的目的。其次是满足用英语获取信息以适应时代发展的需要、满足自身素质的需要和满足在课程考试中取得好成绩。在其他选项，有学生举例说，提高英语综合水平、提高交际能力（尤其是口语）、与外国人交流、看电影、日常英文阅读、满足出国留学/求学需要。

表 4 - 27 非英语专业学生的基本英语需求（N = 845）

	满足自身素质的需要	满足以后学习/工作的需要	满足用英语获取信息以适应时代发展的需要	满足在课程考试中取得好成绩	其他
作为非英语专业学生，你的基本英语需求是什么？（可多选）	200 （100 + 100） 23.67%	545 （265 + 280） 64.50%	264 （134 + 130） 31.24%	88 （40 + 48） 10.41%	20 （6 + 14） 2.37%

2. 对大学英语课程设置的反馈

调研时我校大学英语课程设置为：大一二级起点和三级起点学生处于大学英语基础阶段，学习综合英语课程Ⅲ级和Ⅵ级、视听说课程Ⅲ级和Ⅵ级；大二学生已进入后续选修课程，二级起点学生学习高级阅读和高级视听说课程，三级起点学生修完高级阅读和高级视听说课程，学习分方向课程，如外贸英语、科技英语、文学与文化等课程。对比表 4 - 28 和 4 - 30 可以发现，在对目前大学英语课程设置方面，大二学生对课程的喜欢程度高于大一学生。这可能是因为大一学生还在学习基础阶段的英语课程，没有接触到后续选修课程。

就大二学生而言，有 42.99% 表示喜欢目前的大学英语课程设置，他们认为大学英语课程能拓宽知识面（21.62%）、内容有趣（15.72%）、能指导英语学习（11.55%）、对以后学习和工作有用（9.83%）。有 36.11% 的学生表示不喜欢，他们把不喜欢大学英语课程设置的主要原因归结为“内容枯燥（33.42%）”和“广度不够（16.46%）”。

表 4－28 对目前大学英语课程设置的看法（N＝407）

	很喜欢	比较喜欢	不确定	不太喜欢	很不喜欢	其他
你对目前大学英语课程设置看法如何？	20 4.91%	155 38.08%	83 20.39%	134 32.92%	13 3.19%	2 0.49%

表 4－29 对目前大学英语课程设置喜欢或不喜欢的原因（N＝407）

如果上题选 A/B，请问喜欢的原因？（多选）	能拓宽知识面	内容有趣	能指导英语学习	对以后学习和工作有用	教师水平高	教学方法好	其他
	88 21.62%	64 15.72%	47 11.55%	40 9.83%	8 1.97%	6 1.47%	3 0.74%
如果上题选 C/D，请问不喜欢的原因？（多选）	理论性太强	广度不够	内容枯燥	与将来学习和工作无关	教师水平低	教学方法差	其他
	27 6.63%	67 16.46%	136 33.42%	28 6.88%	11 2.70%	24 5.90%	4 0.98%

对于大一学生来说，对目前大学英语课程设置表示喜欢（占 34.25%）和不喜欢（占 34.93%）的比例几乎等同，他们喜欢课程设置是因为大学英语课程能指导英语学习（18.72%）、能拓宽知识面（16.89%）、内容有趣（11.64%）、对以后学习和工作有用（10.27%）；他们不喜欢大学英语课程设置的主要原因是“内容枯燥（32.65%）”和“广度不够（15.98%）”。

表 4－30 对目前大学英语课程设置的看法（N＝438）

	很喜欢	比较喜欢	不确定	不太喜欢	很不喜欢	其他
你对目前大学英语课程设置看法如何？	12 2.74%	138 31.51%	117 26.71%	137 31.28%	16 3.65%	18 4.11%

表 4-31 对目前大学英语课程设置喜欢或不喜欢的原因（N=438）

如果上题选A/B，请问喜欢的原因？（多选）	能拓宽知识面	内容有趣	能指导英语学习	对以后学习和工作有用	教师水平高	教学方法好	其他
	74 16.89%	51 11.64%	82 18.72%	45 10.27%	9 2.05%	5 1.14%	3 0.68%
如果上题选C/D，请问不喜欢的原因？（多选）	理论性太强	广度不够	内容枯燥	与将来学习和工作无关	教师水平低	教学方法差	其他
	41 9.36%	70 15.98%	143 32.65%	40 9.13%	17 3.88%	30 6.85%	7 1.60%

对比大一学生和大二学生对当前大学英语课程设置的态度可以发现，他们的观点基本相同：喜欢大学英语课程设置的主要原因是能拓宽知识面和指导英语学习，不喜欢大学英语课程设置的主要原因是内容枯燥和广度不够。同时，我们发现，教师水平的高低不影响学生对大学英语课程设置的态度，但是教师教学方法差却是部分学生不喜欢课程设置的原因。在其他选项中，表示不喜欢目前课程设置的学生提到“教学时间太短”和“不实用，无法提高英语水平”等原因。

为了进一步了解学生对大学英语课程设置的态度，我们对学生进行大学英语基础阶段综合英语课程和视听说课程满意度调查。从表 4-32、4-33 可以看出，大一学生对综合英语课程和视听说课程满意度（70.78%，60.27%）高于大二学生（60.19%，56.26%）；综合英语课程满意度（70.78%，60.19%）高于视听说课程（60.27%，56.26%）。

表 4-32 大二学生综合英语及视听说课程的满意度（N=407）

	很满意	满意	不确定	不满意	很不满意	其他
你对大学英语基础阶段的综合英语课程满意吗?	73 17.93%	172 42.26%	50 12.29%	93 22.85%	19 4.67%	0 0%
	很满意	满意	不确定	不满意	很不满意	其他
你对大学英语基础阶段的视听说课程满意吗?	73 17.93%	156 38.33%	50 12.29%	90 22.11%	18 4.42%	20 4.91%

表 4-33 大一学生综合英语及视听说课程的满意度（N=438）

	很满意	满意	不确定	不满意	很不满意	其他
你对大学英语基础阶段的综合英语课程满意吗?	109 24.89%	201 45.89%	44 10.05%	62 14.16%	19 4.34%	3 0.68%
	很满意	满意	不确定	不满意	很不满意	其他
你对大学英语基础阶段的视听说课程满意吗?	87 19.86%	177 40.41%	51 11.64%	73 16.67%	34 7.76%	16 3.65%

当问及学校提供的备选课程是否能满足选课需求时，表示能基本满足需求的大一大二学生约占1/3，约2/3的学生认为基础英语1-4级必修课所占比例太大，备选课程太少，目前学校提供的课程不能满足选课需求。

表 4-34 对学校提供的备选课程的看法（N=407）

	基本满足	备选课程太少	基础英语1-4级必修课所占比例太大	“后续选修课程”所占比例太大	其他
学校提供的备选课程能满足你的选课需求吗?	154 37.84%	135 33.17%	111 27.27%	5 1.23%	1 0.25%

表 4－35 对学校提供的备选课程的看法（N＝438）

学校提供的备选课程能满足你的选课需求吗?	基本满足	备选课程太少	基础英语1－4级必修课所占比例太大	“后续选修课程”所占比例太大	其他
	144 32.88%	186 42.47%	100 22.83%	4 0.91%	4 0.91%

3. 对大学英语后续选修课程的需求与反馈

从上表可以看出，大部分学生认为我校基础英语 1－4 级必修课所占比例太大，他们希望能进入后续选修课程学习。问卷调查结果也证实，大一 72.6%、大二 84.52% 的学生都认为有必要开设后续选修课程。大二学生通过学习后续选修课程证明这些课程的必要性，而大一学生还有 13.01% 的学生表示不确定，有 14.38% 的学生认为不必要。

表 4－36 对大学英语后续选修课程的认识（N＝407）

你认为大学英语课程有必要开设“后续选修课程”吗?	很有必要	有必要	不确定	不必要	根本不必要
	73 17.94%	271 66.58%	35 8.60%	25 6.14%	3 0.74%

表 4－37 对大学英语后续选修课程的认识（N＝438）

你认为大学英语课程有必要开设“后续选修课程”吗?	很有必要	有必要	不确定	不必要	根本不必要
	95 21.69%	223 50.91%	57 13.01%	42 9.59%	21 4.79%

大部分学生认为开设大学英语后续选修课程是有必要的，而且选择课程时，他们更多地会依据兴趣（66.04%）、将来的职业需要（17.87%）、知识结构（11.95%），考虑课程难易的学生不多（占 7.93%），还有小部分学生举例说，他们会考虑“课程实用性”“任课教师”等因素。

表 4 – 38　选择"后续选修课程"的依据（N =845）

选择"后续选修课程"时，你依据哪些因素？（可多选）	兴趣	知识结构	课程难易	将来的职业需要
	558（270 +288） 66.04%	101（55 +46） 11.95%	67（33 +34） 7.93%	151（63 +88） 17.87%

在对大学英语后续选修课程需求方面，大一和大二学生表现出多样性和个性化的倾向。四个选项的频数分布呈现明显的分散态势，大二学生依次为开设"语言文化类（38.57%）""语言技能提高类（27.27%）""语言应用类（23.59%）"和"学术英语类（18.92%）"课程；大一学生的排序为开设"语言技能提高类（38.58%）""语言文化类（27.85%）""语言应用类（21%）"和"学术英语类（20.09%）"课程。

表 4 – 39　对大学英语后续选修课程的需求（N =407）

如果你有机会修读"后续选修课程"，你最想选哪类课程？（可多选）	语言技能提高类	语言文化类	语言应用类	学术英语类	其他
	111 27.27%	157 38.57%	96 23.59%	77 18.92%	3 0.74%

表 4 – 40　对大学英语后续选修课程的需求（N =438）

如果你有机会修读"后续选修课程"，你最想选哪类课程？（可多选）	语言技能提高类	语言文化类	语言应用类	学术英语类	其他
	169 38.58%	122 27.85%	92 21%	88 20.09%	4 0.91%

在选修课程选择方面，大一和大二学生的首要选项不同。大二学生更多选择语言文化类课程，而大一学生更多选择语言技能提高类课程。如此选择的原因可能是更多大二学生已经接触语言文化类课程，而大一学生中的三级起点班学生只能选择语言技能提高类课程，或许他们受到课程设置的影响。

在开设 ESP 类课程作为专业英语课程的过渡的问题上，大二学生的需求更强一些，有 54.05% 的大二学生认为有必要开设，有 48.86 的大一学生认为有必要。而在不确定和不必要的选项中，大一学生比例显然高出大二学生。这也许是因为大二学生感受更深，所以需求多一些。

表 4-41　对开设 ESP 类课程作为专业英语课程的过渡的看法（N=407）

你认为你所学的专业有必要先开设 ESP 类课程作为专业英语课程的过渡吗?	很有必要	有必要	不确定	不必要	根本不必要
	25 6.14%	195 47.91%	138 33.91%	43 10.57%	5 1.23%

表 4-42　对开设 ESP 类课程作为专业英语课程的过渡的看法（N=438）

你认为你所学的专业有必要先开设 ESP 类课程作为专业英语课程的过渡吗?	很有必要	有必要	不确定	不必要	根本不必要
	40 9.13%	174 39.73%	165 37.67%	47 10.73%	11 2.51%

在谈到后续选修课程存在的问题时，大部分大二学生（60.20%）和大一学生（63.01%）首选都是“选不到自己想选的课程”，大二学生的其他选项依次是“选不到自己想选的老师”（14.74%）、“不清楚选课要求和操作流程”（11.3%）和“集中时间选课，找不到可用的电脑”（7.62%），而大一学生的选项是“不清楚选课要求和操作流程”（13.7%）、“选不到自己想选的老师”（12.1%）和“集中时间选课，找不到可用的电脑”（10.96%）。调查表明，大二学生选课更看重课程和教师；大一学生不清楚选课要求和操作流程也是有道理的，因为大一二级起点学生还没有经历选课；因为我校非计算机专业的大一学生不允许带电脑，可能会有更多的学生“集中时间选课，找不到可用的电脑”。

表 4－43 对目前修读“后续选修课程”存在问题的看法（N＝407）

	不清楚选课要求和操作流程	集中时间选课，找不到可用的电脑	选不到自己想选的课程	选不到自己想选的老师	其他
你认为目前修读“后续选修课程”存在的最大问题是什么？	46 11.30%	31 7.62%	245 60.20%	60 14.74%	25 6.14%

表 4－44 对目前修读“后续选修课程”存在问题的看法（N＝438）

	不清楚选课要求和操作流程	集中时间选课，找不到可用的电脑	选不到自己想选的课程	选不到自己想选的老师	其他
你认为目前修读“后续选修课程”存在的最大问题是什么？	60 13.70%	48 10.96%	276 63.01%	53 12.10%	1 0.22%

4. 对教材和教学内容的反馈与需求

我校大一学生综合英语课程使用《大学英语（全新版）》和《新视野大学英语》，视听说课程使用《新时代交互英语》；大二学生使用《阅读大观》《走遍美国》《科技英语翻译》教材和自编讲义《文学与文化》《外贸函电》等。

调查结果显示，大一学生对教材的满意度为满意度 50.69%，不满意度为 20.09，表示不确定的比例为 26.71%，大二学生的满意度为 49.87%，不满意度为 17.93%，不确定为 29.48%。对比表 4－45 和 4－46，可以看出，大一和大二学生对教材的满意度几乎相同，约一半的学生对教材满意。

表 4－45 对目前大学英语所使用教材的看法（N＝438）

	很满意	满意	不确定	不满意	很不满意	其他
你对目前大学英语所使用的教材是否满意？	38 8.68%	184 42.01%	117 26.71%	81 18.49%	7 1.60%	11 2.51%

表 4-46 对目前大学英语所使用教材的看法（N=407）

	很满意	满意	不确定	不满意	很不满意	其他
你对目前大学英语所使用的教材是否满意?	27 6.63%	176 43.24%	120 29.48%	64 15.72%	9 2.21%	11 2.70%

当问及教材深度时，有71.46%的大一学生认为适中，然后依次为说不清（10.73%）、太浅（9.59%）和太深（6.16%）。问到教材广度时，63.70%的学生认为适中，16.21%的学生认为太窄，10.05%的学生说不清，6.62%的学生认为太宽。关于教材的趣味性，学生的选项分散，选得最多的是说不清，占31.28%，认为生动、深入浅出和认为枯燥、深奥费解持平，各占29.91%。对于教材的实用性，有43.38%的学生选择理论联系实际，28.54%的学生说不清，21.92%的学生认为理论脱离实际。这些数据说明，大一学生对教材的深度、广度和实用性比较满意，而对教材的趣味性持不同意见。

表 4-47 对目前大学英语所用教材的看法（N=438）

教材深度	适中	太深	太浅	说不清	其他
	313（71.46%）	27（6.16%）	42（9.59%）	47（10.73%）	9（2.05%）
教材广度	适中	太宽	太窄	说不清	其他
	279（63.70%）	29（6.62%）	71（16.21%）	44（10.05%）	15（3.42%）
教材趣味性	生动、深入浅出	枯燥、深奥费解	说不清	其他	
	131（29.91%）	131（29.91%）	137（31.28%）	39（8.90%）	
教材实用性	理论联系实际	理论脱离实际	说不清	其他	
	190（43.38%）	96（21.92%）	125（28.54%）	27（6.16%）	

大二学生对教材深度的选项依次是适中（67.81%）、说不清（14.74%）、太浅（10.32%）和太深（4.91%）。对教材广度，有60.93%的学生认为适中，17.69%的学生认为太窄，11.06%的学生说不清，5.41%的学生认为太宽。在教材趣味性方面，36.61%的学生认为枯燥、深奥费解，32.92%的学生认为生动、深入浅出，28.01%的学生说不清。对于教材实用性，40.54%的学生选择理论

联系实际，31.45%的学生说不清，22.11%的学生认为理论脱离实际。总的说来，学生对教材深度和教材广度比较满意，其次是教材实用性。而不是很满意的是教材趣味性。

表4-48 对目前大学英语所用教材的看法（N=407）

教材深度	适中	太深	太浅	说不清	其他
	276（67.81%）	20（4.91%）	42（10.32%）	60（14.74%）	9（2.21%）
教材广度	适中	太宽	太窄	说不清	其他
	248（60.93%）	22（5.41%）	72（17.69%）	45（11.06%）	20（4.91%）
教材趣味性	生动、深入浅出	枯燥、深奥费解	说不清	其他	
	134（32.92%）	149（36.61%）	114（28.01%）	10（2.46%）	
教材实用性	理论联系实际	理论脱离实际	说不清	其他	
	165（40.54%）	90（22.11%）	128（31.45%）	24（5.90%）	

比较大一学生和大二学生的选择，可以发现，在教材深度、教材广度和教材实用性方面，他们的观点基本一致。在教材趣味性方面，大一学生意见分散，说不清的占多数，而对大二学生而言，更多的学生选择枯燥、深奥费解。这些数据表明，我们的教材在趣味性方面不能满足学生的需求。

4. 对大学英语课程改革的需求

在大学英语课程需要改革方面，53.88%的大一学生和52.58%的大二学生不约而同地选择了培养模式。此外，大一学生认为需要改革的方面依次是课程设置（39.04%）、教学方法（35.39%）、教材（15.53%）和评估方式（15.30%），大二学生的观点是教学方法（42.01%）、课程设置（38.33%）、评估方式（20.88%）和教材（20.64%），在其他选项，有学生认为需要改革的是师资力量、教学时间等。问卷数据表明，我校大一大二学生认为大学英语课程最需要改革的是培养模式、课程设置和教学方法。

表 4-49 对现行大学英语课程需要改革方面的看法（N=407）

你认为我校现行大学英语课程教学需要做哪些方面的变革（可多选）?	培养模式	课程设置	教材	教学方法	评估方式	其他
	214 52.58%	156 38.33%	84 20.64%	171 42.01%	85 20.88%	1 0.25%

表 4-50 对现行大学英语课程需要改革方面的看法（N=438）

你认为我校现行大学英语课程教学需要做哪些方面的变革（可多选）?	培养模式	课程设置	教材	教学方法	评估方式	其他
	236 53.88%	171 39.04%	68 15.53%	155 35.39%	67 15.30%	9 2.05%

（三）暑期国际课程班学生访谈

为落实学校人才培养“国际化”战略，我校于2013年起开始组织开设暑期国际课程，邀请欧美教师来校授课。国际课程分为七月上中旬和八月中下旬两个阶段。2013年开设了19门，2014年开设了48门暑期国际课程。

为了了解暑期国际课程对学生的外语需求，我们访谈了7名参加2013年暑期国际课程的各个学院学生和15名参加2014年暑期国际课程的各个学院学生，访谈内容包括：（1）英语听力——是否能听懂全英语授课；（2）专业英语能力——是否理解专业词汇和句型结构；（3）交流能力——是否能与外籍教师沟通交流；（4）跨文化交际能力——是否与外籍教师之间存在文化差异。访谈结果如下：

1. 所有访谈的学生都表示，自己的英语听力得到了提高。刚开始上课时很多学生不习惯外籍教师授课，不会记笔记，听课抓不住重点和要点。外籍教师及时调整讲课方式，将讲课内容制成课件，刻意放缓语速。到课程结束时，学生已经渐渐适应英文环境。

2. 很多学生，尤其是低年级学生，还没有接触专业英语，专业方面的词汇量太少，不熟悉句子和语篇结构，造成阅读速度慢，在课程讲授过程中，跟不上课程的内容。有些同学甚至中途放弃了这门课程的学习。

3. 很多学生表示，虽然自己的英语交流能力有所提高，但由于英语水平偏弱，英语口头表达能力较差，不能和外籍教师顺畅、流利地交流，不能参与课程内容的讨论，师生间的互动显得冷淡。

4. 外籍教师的很多教学习惯与国内教师不同，学生不太适应。由于师生沟通不畅，再加上文化差异等因素，使授课质量受到限制。

访谈结果告诉我们，学生的学术英语能力比较薄弱。为适应高等教育国际化的挑战，开设学术英语课程是非常必要的。

三、学科发展的需求分析

为了确定课程目标，我们需要对学科发展进行需求分析。施良方（1996：102）认为，对学科的研究主要取决于学科功能和学科专家的建议。虽然大学英语不是一门学科（蔡基刚，2012），但是大学英语归属于外语教学/教育学科。下面我们分析外语教学/教育学科的功能和学科专家对大学英语课程的教育性质和教育目标的建议。

（一）外语教学/教育的学科功能

与确定课程目标联系最密切的是学科功能方面的信息。学科功能包括两个方面：一是这门学科本身的特殊功能，二是这门学科所能起到的一般的教育功能（施良方，1996：102）。

根据英国语言学家 W. River 的观点（引自韩高军，彭石玉，2008），外语教学具有两大功能：工具功能和一体化培养功能。工具功能指学生按照理解、掌握和运用的程序来学习外语，并通过练习来强化所学的知识，使外语服务于一些特殊目的。如翻译文学作品、阅读文献以及日常交往等。外语教学的一体化培养功能是指外语教学可以通过不同文化的学习，使学生浸淫其中，从而促进学生认知能力的发展，使学生发展和具备一种新的文化意识。据此，大学英语课程具有工具功能和一体化培养功能。工具功能是大学英语课程本身的特殊功能，能够体现本课程存在的自身价值；而一体化培养功能是大学英语课程和其他课程共有的一般的教育功能，具体来说，就是大学英语课程的人文功能，是通识教育的组成部分。因此从学科功能角度分析，大学英语课程应兼具“工具性”和“人文性”。

（二）对大学英语课程教育性质和教育目标的建议

纵观大学英语课程的发展历程，可以看到大学英语是随着外语教学/教育学科的发展和要求而发展的。1985 年前学科发展比较滞后，英语教学观念单一，教学条件简陋。课程以英语语言知识和技能为核心，偏重训练语言的基本技能，例如阅读技能。1985年以后，人们发现，要掌握一门语言，仅靠学习基本技能是不够的。目的语的文化背景和学生的知识背景都会影响学生学习的效果。大学英语课程开始注重培养学生的文化素质。90年代末期，随着国外语言教学重点从“教”转向“学”，国内的外语教学也把研究的重点集中在学生上，开始重视学生的需求等。很多高校依照学生的需求对课程进行改革，将课程设计为“通用英语”或“专用英语”或“通用英语与专用英语相结合”的模式。然而，学科专家对大学英语教学应重视工具性还是人文性、内容驱动还是语言驱动、采用专门用途英语特别是学术英语还是通用英语争论不休。专家们对大学英语教育性质（属性定位）的认定依然存在分歧，而对大学英语教育性质的认定直接影响着对大学英语教育目标的构想与表述，自然会对新大学英语课程体系建设产生影响（郝成淼，2013）。

研制《教学指南》的专家们经过调研、论证，最后综合大部分学科专家意见，确定了“大学英语课程兼有工具性和人文性的性质”，提出了分层次教学目标：基础目标、提高目标、发展目标。“基础目标”要求降低，好的学校应选择“提高目标”，而“发展目标”就是要培养具有国际竞争力的国际化人才，为高校“双一流”（世界一流大学和一流学科）建设战略服务；明确规定大学英语教学的主要内容可分为通用英语、专门用途英语和跨文化交际三个部分，由此形成相应的三大类课程，各校根据校情构建校本特色的大学英语课程体系。

《教学指南》对大学英语教育性质和大学英语教学目标的规定，代表了大多数学科专家的意见，对大学英语课程体系目标的确定和大学英语新课程体系的构建提供了依据。

四、结论与建议

（一）结论

通过调查和分析社会用人单位对我校毕业生在知识/能力/素质和外语能力等方面的需求，我校新生、大学一年级和二年级高起点学生和暑期国际班学生对大学英语课程学习的需求，以及学科发展的需求，我们得出以下社会、学生和学科需求结论。

1. 社会用人单位需求结论

本次社会需求调查首先调查分析了我校2009－2015年本科毕业生的毕业去

向；然后调查了共300多家入校招聘的用人单位，回收有效问卷359份；访谈25家国防科技工业单位和国有大中型企业等用人单位；对我校毕业生进行了问卷调查和访谈，有867名2013届毕业生和1289名2014届毕业生有效参与了调查。综合以上的分析，可以得出如下结论：

（1）我校有大概2/3的毕业生入职航空航天等国防科技工业系统、民航系统、世界500强企业等单位，1/3的毕业生升学和出国，继续深造。我校学生毕业去向特点要求学校培养的人才需具备多样化、专业化和学术化的特点。

（2）用人单位非常重视毕业生的知识、能力和素质。在知识方面，用人单位看重专业基础知识、专业知识、外语应用能力、计算机应用能力、社会人文知识和跨学科相关专业知识；在能力方面，用人单位关注思维能力、创新能力、学习能力，对毕业生的实习经历和实践能力提出了明确的要求；在素质方面，用人单位要求毕业生具有团队精神、敬业精神和竞争进取的态度，他们也很关注毕业生的心理素质、服务意识和责任意识。可以看出，随着社会发展，用人单位对毕业生的要求越来越高，要求毕业生具有较高的综合素质，不仅有扎实的专业基础和宽广的知识面，还要有创新能力和较强的动手能力。

（3）用人单位重视毕业生的外语能力，他们在筛选简历时，把外语能力当作要素进行考虑；在校园招聘环节，也常会选择“英语能力测试”；几乎所有招聘单位都要求学生具有大学英语四级考试证书，并表示在同等条件下会优先考虑拥有六级证书和口语证书等的毕业生。这些说明英语测试和四六级考试证书仍然是用人单位用来衡量毕业生英语水平的主要标尺。

（4）用人单位对外语能力有较强烈的需求。不同行业对英语的需求不同，大部分单位的基本需求是阅读和翻译能力，要求能阅读、查阅和翻译本专业外文原版资料，有些国防科技工业单位要求学科专业英语水平，有涉外项目单位要求交流能力等等。这些不同行业对外语的需求表明，随着经济的发展和国际交流的增加，用人单位对毕业生的外语能力的需求呈现多样化和专业化趋势，对毕业生的外语水平提出较高要求，要求他们上岗后就能用外语承担起与自己专业相关的工作。

（5）从用人单位对我校毕业生的反馈可以看出，“外语应用能力”“社会人文知识”和“跨学科相关专业知识”等还有待培养和提高。在外语能力方面，用人单位指出，我校毕业生在听、说、写、译方面和他们的要求存在着一定差距，他们表示毕业生仅仅拿到英语四级证书是不够的，应该更加关注英语的实际应用能力。

2. 学生需求结论

我们对学生进行了不同阶段的需求调查分析，包括对2013级3815名新生的问卷调查、对845名大学一年级和二年级高起点学生的课程需求调查、对22名2013年和2014年参加国际课程学生的英语需求访谈。综合以上的分析，可以得出如下结论：

（1）从新生问卷中可知，我校生源质量较好，80%以上的学生来自重点中学，学生的高考英语成绩总体不错，折算成百分制后有70%的学生达80分以上。大多数学生在中学期间对英语学习比较感兴趣（约65%）；英语学习比较努力，50%左右的学生平均每天学习英语2小时以上；学生的学习能力较强，遇到问题可以自行解决或找老师、同学帮忙。

（2）70%以上的学生英语学习目的明确，有较长远的目标，学习英语是为了升学和就业。近70%的学生希望提高听说技能，能够与外国人直接交流；说明这些新生“对自己将来事业的目标情景有一定的认识，并能将学习与未来的需求联系起来”（王志茹，2003）。

（3）约74%的学生不是很了解大学英语课程，他们担心不适应大学英语教学模式，对大学英语学习方法和策略有需求。这些说明新生对大学英语课程充满期待，迫切希望能有导学课程指导他们学习大学英语。

（4）在大学英语课程设置方面，大二学生对课程的喜欢程度高于大一学生，可能是大二学生接触到更多的后续选修课程的缘故。有42.99%大二学生表示喜欢目前的大学英语课程设置，主要原因是能拓宽知识面（21.62%）和内容有趣（15.72%），有36.11%的学生把不喜欢大学英语课程设置的主要原因归结为“内容枯燥（33.42%）”和“广度不够（16.46%）”。34.25%的大一学生表示喜欢课程设置是因为课程能指导英语学习（18.72%）和能拓宽知识面（16.89%），34.93%的学生不喜欢课程设置的主要原因是“内容枯燥（32.65%）”和“广度不够（15.98%）”。数据表明学生对能拓宽知识面、内容有趣和指导英语学习的课程有需求；内容枯燥、广度不够和教师教学方法差的课程不受学生欢迎。

（5）在大学英语后续选修课程需求方面，大一和大二学生表现出多样化和个性化的倾向。四个选项的频数分布呈现明显的分散态势，大二学生依次为开设“语言文化类（38.57%）”“语言技能提高类（27.27%）”“语言应用类

（23.59%）”和“学术英语类（18.92%）”课程；大一学生的排序为开设“语言技能提高类（38.58%）”“语言文化类（27.85%）”“语言应用类（21%）”和“学术英语类（20.09%）”课程。这些数据反映了学生由于学习目标、兴趣爱好、专业需求、学习经历等方面的不同而选择有所不同。学生多样化和个性化的需求也需要有多样化和个性化的课程设置才能满足。

（6）在目前学校提供的备选课程方面，只有1/3学生表示基本满足，约2/3的学生认为基础英语1－4级必修课所占比例太大，备选课程太少。有72.6%的大一学生和84.52%的大二学生认为有必要开设后续选修课程。有54.05%的大二学生和48.86%的大一学生认为有必要开设ESP类课程作为专业英语课程的过渡。在后续选修课程方面，60.20%的大二学生和63.01%的大一学生表示“选不到自己想选的课程”。这些数据表明，一方面学生认为1－4级基础英语开设的时间过长，对开设后续选修课程有强烈的需求，另一方面学生认为目前的后续选修课程不能满足他们的需求。

（7）在教材和教学内容方面，约一半的学生对教材表示满意；总体上看，学生对教材深度和教材广度比较满意，有71.46%的大一学生和67.81%的大二学生认为深度适中，63.70%的大一学生和60.93%的大二认为广度适中；对于教材实用性，有43.38%的大一学生和40.54%的大二学生认为教材能理论联系实际；学生对教材的趣味性看法呈分散状态，大一学生选“说不清”的最多，占31.28%，认为“生动、深入浅出”和“枯燥、深奥费解”的观点持平，各占29.91%，大二学生中36.61%认为“枯燥、深奥费解”，32.92%的学生认为“生动、深入浅出”，28.01%认为“说不清”。这些数据表明，我们的教材的教学内容比较枯燥、深奥费解，尚不能满足学生的需求。

（8）在大学英语课程改革方面，我校大一大二学生认为大学英语课程最需要改革的是培养模式（53.88%，52.58%）、课程设置（39.04%，38.33%）和教学方法（35.39%，42.01%）。这些数据反映了我校大学英语课程在培养模式和课程设置方面不能满足学生的需求，同时，教师的教学方法还存在问题。

（9）从2013年和2014年参加暑期国际班学生的访谈中可知，大多数学生不了解和不适应外籍教师的很多教学习惯；专业方面的英语词汇量太少，不熟悉专业英语的句子和语篇结构；英语水平偏弱，英语口头表达能力较差，课堂互动较少；不了解欧美等国的文化，师生沟通不畅，授课质量受到限制。访谈结果表明，学生的听说能力、学术英语能力和跨文化交际能力都有待提高。

3. 学科发展需求结论

从外语教学/教育学科功能和学科专家对大学英语课程教育性质认定的建议两个视角分析学科发展的需求。外语教学的工具功能和一体化培养功能表明大学英语课程的工具性和人文性的功能，而学科专家“论战”的结果也证明了大学英语兼有工具性和人文性的课程性质，而且很多专家建议大学英语应该凸显其应有的人文教育功能，提高对人才培养的贡献率，以实现其课程价值的最大化。

学科发展需求的分析理清了人们对大学英语教育性质的认定，对大学英语课程体系目标和大学英语课程教育目标的确定以及大学英语新课程体系的构建将产生重要的影响。

（二）对今后大学英语课程体系改革的建议

鉴于本次社会用人单位需求和学生学习需求调查的结论，我们认为大学英语课程体系改革今后应在以下几个方面进一步探索。

1. 制定符合本校校情的大学英语课程教学目标和培养模式。大学英语课程教学应根据学校的目标定位、服务对象、人才培养层次、学生生源质量制定相应的培养方案和教学目标，应该结合我校学生毕业走向和特定的社会需求层面，进行多层次的外语能力的培养。

2. 构建多元化、多层次和个性化的大学英语课程体系，满足社会和学生的多样化需求。从我们的需求调查中可以看出，社会对外语的需求是多方面、多层次的，不同的行业对外语的需求不一样；大学生的英语学习需求也是多样化、个性化的，不同专业对英语的要求不一样。因此，建议大学英语课程继续实行分级教学、加强分类指导，课程设置模块化、层次化和个性化，开设通用英语类课程、通识英语类课程和专门用途英语类课程，并可尝试为各学科专业量身定制一些个性化、基础性的专业课程，使大学英语课程体现工具性、人文性和专业性，在培养学生语言应用技能、学以致用能力的同时，培养学生的综合文化素质。

3. 适当压缩通用英语类基础课程学分，增加学术英语和学科专业英语等后续选修课程的比例。我校生源质量好，大多数学生在中学期间打下了较扎实的英语基础，进入大学后经过1－2学期的通用英语类课程学习，即可选修通识英语类课程和ESP类课程。为满足毕业后升学和出国留学的学生以及参加暑期国际班学习的学生的需求，建议开设学术英语系列课程。在设计大学英语课程体系时，应该考虑社会用人单位对各专业人才的英语需求，增加学科专业英语课程，将专业知识与英语语言表达有机融合，使学生能够掌握与本专业相关的英语知识并在实际工作中应用。

4. 根据学生和社会用人单位需求，将入学教育、人文素养教育和实践教学引入大学英语教学环节。新生调查问卷表明，大部分学生不了解大学英语课程，因此有必要开设大学英语导学课程或系列讲座，介绍大学英语教育的目的内容、教学模式、学习方法和策略，加强对学生课内外英语学习的指导和引导。社会用人单位调查表明，他们除了重视专业基础、工具性知识外，还非常看重一些非专业素质，如团队精神、心理素质、诚信意识等，表达能力、沟通能力、服务意识等是用人单位和毕业生共同认为的我校学生的“软肋”，需要我们有意识地加强培养，而目前学校的课程体系没有专门培养这些素质的课程，作为学校一门通识课程，大学英语课程应该和其他通识课程一起肩负人文素养教育的重任。此外，学生的英语应用能力和学以致用的能力也是用人单位看重的，大学英语课程应该重视实践教学，开展各种各样的实践教学活动，使学生的英语技能和英语实际应用能力得到锻炼和提高。

5. 教材和教学内容的选择应该具有时代性、专业性、实用性和趣味性。大学英语课程尤其是后续选修课程应该根据学生和社会需求选用教材，加强教学内容和学生的语言能力、专业学科、未来工作需求、兴趣爱好和社会发展相联系。

6. 加强师资队伍培养，开设为学生所需、社会所求的选修课程。需求分析表明，社会用人单位多样化、专业化需求和学生出国深造的学术化需求需要多元化、多层次、专业化和学术化的课程设置来支撑，而各类课程的开设离不开大学英语教师队伍。为此，建议加大大学英语师资队伍的培养力度，开出能满足学生和社会需求的高质量后续选修课程。

要重视教师队伍的建设。在教学活动中，从教学内容的选择、教材编写和更新，到讲授、答疑、练习、实习、毕业论文指导等全部教学环节的具体实施，教师都起着主导作用。教师的劳动，直接关系到课程的教学质量和培养出来的人才质量的高低。搞好课程建设必须拥有一支政治坚定、业务精良、学风严谨、结构合理的高水平师资队伍。

社会需求分析显示，社会对人才的需求呈现出多层次、多规格、多样化的特点，对人才的英语应用能力要求越来越高，而目前的大学英语课程设置缺乏以社会需求为导向，与学生未来的实际工作需要存在差距，大部分学生虽然有多年的英语学习经历，但他们的语言知识仅停留在书本层面上，英语实际应用能力难以满足市场和社会的需求。学生调查结果显示，大学生的英语学习需求具有多元化、多层次的特点，呈分散态势分布。而我校目前的大学英语课程培养模式比较单一、课程针对性不强，远不能满足学生的英语学习需求。

鉴于目前状况，改革大学英语课程体系，设置多元化课程，增加专业化、学术化和实用型课程的比例，培养学生的英语应用能力已迫在眉睫。

第五章

人才培养目标的转化

高校人才培养目标与课程体系是高等教育人才培养过程中不可缺少的重要因素。培养目标是构成课程体系的前提与基础，课程体系是实现培养目标的重要载体与手段（陈立乾等，2014）。在明确培养目标定位后，为了实现培养目标而制定的课程体系目标和课程目标，主要通过实施课程这一中介来实现人才培养的目标。人才培养目标如何在课程中体现出来，这就需要先把人才培养目标转化为课程体系目标和课程目标，从而才能通过课程实现其人才培养的目的。

本章主要分析高校人才培养目标的要素以及我校的人才培养目标，探讨人才培养目标转化为课程体系目标的方法，使我校人才培养目标与大学英语课程对接。

第一节　高校人才培养目标的要素分析

高校的人才培养目标是一个具有多层次、多结构的体系（俞桂红等，2014；袁竹，2011）。

从纵向延伸的层次体系来说，培养目标体系包含了国家层次、学校层次和专业层次，从横向构成内容的角度，培养目标包含知识、能力和素质三方面要素，即人才培养的规格标准（张秋慧等，2012）。

从纵向延伸来说，国家层次培养目标是宏观性的培养目标，是根据国家的教育目的、教育方针规定人才的基本规格要求和质量标准。学校层次培养目标是中观性的培养目标，是国家层次培养目标的进一步具体化。专业层次培养目标是微观性的培养目标，它既要依据国家层次的培养目标的基本规格要求和质量标准，又要依据学校层次的培养目标的一般规格要求和质量标准，以及专业性质等做进一步的具体规定（杨志坚，2004）。

国家层次的培养目标主要通过《中华人民共和国高等教育法》（1998）来规定，即“高等教育必须贯彻国家的教育方针，为社会主义现代化建设服务，与生产劳动相结合，使受教育者成为德智体美全面发展的社会主义事业建设者和接班人。高等教育的任务是培养具有创新精神和实践能力的高级专门人才，发展科学技术文化，促进社会主义现代化建设”。《中华人民共和国高等教育法》第十六条对专科教育、本科教育和硕士研究生教育三个层次的人才培养目标做了明确规定，其中本科教育“应当使学生比较系统地掌握本科学、专业必需的基础理论、基本知识，掌握本专业必要的基本技能、方法和相关知识，具有从事本专业实际工作和科学研究工作的能力。”从高等教育法的规定中可以看出，国家对高等教育人才培养目标要求呈现出全面性、专业性、实践性和创新性四个特点；其中全面性侧重于“人的全面发展”，是“做人”的教育，专业性侧重于人的社会性方面，是“做事”的教育（张秋慧等，2012）。这四个特点是本科教育所培养的人才必须达到的最基本标准。

学校层次的培养目标应该与我国的社会和经济发展的要求联系起来。各高校要根据自身的性质、层次及定位制订培养目标，定义人才培养规格标准，尤其要突出特色。

专业层次的培养目标是在学校人才培养目标定位的基础上，通过社会用人单位调查、学生调查、专业学科性分析等环节确定专业人才培养目标。专业人才培养目标既要反映学校在人才培养方面的总体要求和共同标准，也要体现各专业方向不同的需求。

从横向内容来说，人才培养目标构成人才培养的规格和标准，即人才的知识、能力和素质结构。知识是对客观事物和客观规律认识的积累，是高层次系统化的信息。一般来说，知识包括专业知识、自然科学知识、人文社会科学知识、工具知识（外语知识、计算机知识）等。能力是在掌握了一定知识的基础上经过培养训练和实践锻炼形成的。大学生应当具备的能力有学习能力、创新能力、适应能力、实践能力、交流能力。素质是把从外在获得的知识、技能内化于人的身心，升华形成稳定的品质和素养（刘迎春等，2004）。素质的内涵包括：思想品德素质、心理素质、身体素质、业务/专业素质等。

知识、能力和素质三者之间的关系是交互的。知识是能力和素质的载体。知识为能力的发展提供基础；掌握知识的速度与质量依赖于能力的高低。知识的积累是素质形成和提高的基础。能力是知识的外显形式，素质则是知识的内化表现，这两者的发展有助于促进知识的发展。

教育理论界也有学者认为，知识、能力、素质是“倒品字”结构，知识处于底层，能力和素质平行处于上层并有部分交叉。知识、能力、素质关系结构如下图所示（胡大白，2009）。

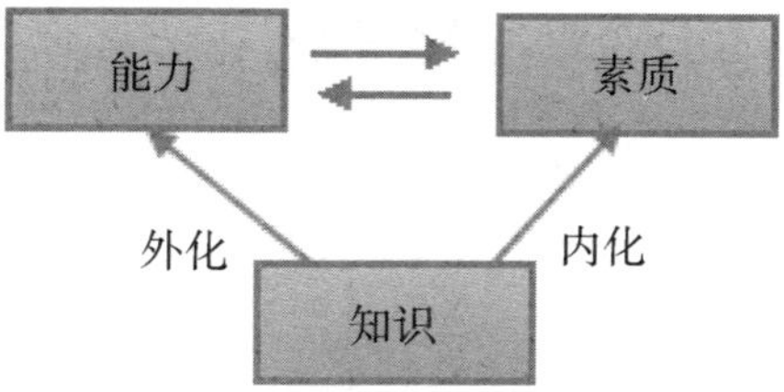

图 5-1 知识、能力、素质关系图

第二节 本校人才培养目标的分解细化

人才培养目标是学校在准确定位的基础上确定的人才培养规格和标准（李静，2006）。人才培养规格是人才培养目标的具体化，即对人才应具备的知识、能力和素质提出具体要求，是检验人才培养质量的重要标准（俞桂红等，2014）。我校根据国家规定的人才培养规格要求和质量标准，结合自身的性质、任务和特点，制订人才培养目标。制定可行的人才培养规格，逐层分解细化落实。人才培养规格细化后，我校把知识、能力和素质的要求落实到人才培养方案和学校的课程平台和模块中，各学科专业根据专业人才培养目标将这些规格要求落实到课程体系，并与具体课程和教学环节一一对应起来。具体操作步骤如下：

一、确定学校人才培养目标

人才培养目标的合理定位是保证人才培养质量的前提。人才培养目标的确定既要考虑社会对人才需求的共性，又要考虑学校自身的发展传统、个性与定位（李静，2006）。我校是一所以工为主，理工结合，工、理、管、经、文、艺术等多学科协调发展，具有“航空、航天、民航”（简称“三航”）特色的研究型大学，学校“以育人为本，促进人才辈出；以学术为本，促进学术繁荣；以航空为本，促进特色发展”的办学理念为指导，根据社会发展的需要和自身的特点，借鉴古今中外教育大家的智慧和国内外一流大学人才培养的思想和实践，在广泛调查研究的基础上，提出了“高素质公民和未来开拓者”的人才培养目标。培养“高素质公民”是学校的基本使命，着力培养有正义感、有责任心、有胸怀、有追求、有学识、有体魄的学生，为学生的事业发展奠定坚实基础。培养“未来开拓者”是学校的理想追求，着力提升学生的责任意识、系统知识、创新精神、实践能力、国际视野和综合素质，使学生成为未来航空、航天、民航等领域的领军人才。

二、细化人才培养规格

要实现上述人才培养总目标和具体目标，就必须对人才培养规格进行具体地分解和细化，明确提出我校毕业生的知识、能力和素质要求。如知识要求分解细化为专业知识、跨学科相关专业知识、工具性知识（外语和计算机）、自然科学知识与人文社会科学知识等；能力要求可以分解细化为专业应用能力和关键能力，专业应用能力包括专业基础和应用能力；素质要求为思想品德、身心素质、责任感、国际视野等综合素质。具体要求如表 5 – 1 所示：

表 5 – 1　人才培养规格细化标准

规格要求	分解细化	应达到的程度
知识要求	专业知识 跨学科相关专业知识 外语应用能力 计算机应用能力 自然科学知识 人文社会科学知识	掌握本学科的理论和知识。 了解相关学科的基本理论和基本知识。 掌握外语知识和技能以及综合应用能力。 掌握网络应用技术。 了解数学、物理、化学等自然科学方面的最新发展趋势。 了解哲学、历史、政治、心理学等任务社会科学方面的知识。
能力要求	专业应用能力 关键能力	掌握本专业的基本技能和应用能力。 具有学习创新能力、批判性思维能力、交流合作能力、实践能力、适应能力等。
素质要求	综合素质	树立正确的世界观、价值观和人生观；具有良好的思想品德、公民责任感、诚信意识、身心素质；具有国际视野及对多元文化的理解力；具有良好的职业道德和技能。

三、人才培养规格标准与课程对应

知识、能力和素质要求细化后，需要落实到相应的课程和教学环节中，以便进行评估检查。按照人才培养的知识、能力和素质要求，我校构建了通识教育、学科基础、专业教育、学科拓展和实践能力培养等五个课程平台和相应的模块（见表5－2）。学科基础和专业教育课程培养学生在某个学科与专业领域内所掌握知识的深度以及从事专业活动所必备的专业能力，满足行业专业的需要；实践能力培养平台着重培养学生的动手能力和应用能力；学科拓展平台主要拓展学生的知识面；通识教育课程培养学生所掌握知识面的宽度、提高学生的综合素养。这些课程平台和模块体现了学校对学生作为高素质公民和未来开拓者应具有的各方面知识、能力和素质的培养。这些课程平台和模块和细化的人才培养规格要求相对应（见表5－3）。

表5－2　人才培养方案中的课程平台和模块

课程平台	课程模块	
通识教育	思想政治类	国防军事类
	自然科学类	体育健康类
	计算机类	文化素质类
	外国语言类	
学科基础	学科理论基础类	学科技术基础类
专业教育	专业核心类	专业方向类
学科拓展	跨门类类	跨学科类
	跨专业类	公选课类
实践能力培养	军事训练类	专业实践类
	工程训练类	毕业设计（论文）类
	社会实践类	学科竞赛类
	校企实习类	创新创业类
	其他实践类	

表 5-3 人才培养规格要求与课程平台和模块对应表

规格要求	细化内容与标准	对应的课程平台和模块
知识要求	专业知识	学科基础平台、专业教育平台
	跨学科相关专业知识	学科拓展平台
	外语应用能力	通识教育平台中的外国语言类
	计算机应用能力	通识教育平台中的计算机类
	自然科学知识	通识教育平台中的自然科学类
	人文社会科学知识	通识教育平台中的文化素质类、思想政治类
能力要求	专业应用能力	学科基础平台、专业教育平台
	学习创新能力	贯穿各课程学习中，与专业教育平台相结合
	批判性思维能力	贯穿各课程学习中，与专业教育平台相结合
	交流合作能力	贯穿各课程学习中，与专业教育平台相结合
	实践能力	贯穿课程学习中，与实践能力培养平台相结合
	适应能力	贯穿各课程学习中，与专业教育平台相结合
素质要求	世界观、价值观和人生观	贯穿各课程学习中，与通识教育平台相结合
	思想品德、公民责任感、诚信意识、身心素质	贯穿各课程学习中，与通识教育平台相结合
	国际视野及对多元文化的理解力	贯穿各课程学习中，与通识教育平台外国语言类相结合
	职业道德和技能	学科基础平台、专业教育平台、实践能力培养平台

建立培养规格与课程平台和模块的对应关系显得非常重要，一方面可以落实哪些课程和教学环节对人才培养整体目标的贡献，即对知识、能力和素质的贡献，从而使人才培养过程不偏离培养目标；另一方面可以明晰每一项知识的获取、能力的培养和素质的提升需要哪些课程的共同作用。

第三节　本校人才培养目标与大学英语课程的对接

要实现人才培养目标和大学英语课程的对接，需要将培养目标转化为大学英语课程体系目标和课程目标。而实现培养目标的转化需要了解本校大学英语课程的发展状况，并结合新形势对大学英语新课程体系提出新的要求。

一、本校大学英语课程的发展状况

我国大学英语课程为求发展进行过多次的课程教学改革。我校大学英语课程始终紧跟全国改革步伐，多年来一直根据国家及行业对人才培养规格的要求，坚持“问题驱动”，把前进中遇到的问题作为改革的动力，“把问题转化成研究课题”。1991 年至 2013 年期间，我校大学英语课程共进行了三轮次改革。每一轮改革都针对当时特定的主要矛盾，解决了当时存在的问题；每一轮改革都积累了大量的经验，为后续大学英语课程发展提供了保障。

（一）第一轮课程改革（1991－1998）年

1991 年，针对我校 CET－4 通过率低的问题、教师人手不足与日益扩大的学生数量之间的矛盾、教学的高要求和师资素质之间的矛盾、教学内容含量大与课堂教学课时紧之间的矛盾，我校进行了第一轮大学英语课程改革——“建立科学的大学英语教学模式”。改革的目标是“遵照教学大纲的要求，根据课程的自身特点，从本校的实际情况出发，对影响课程教学的各方面因素进行分析研究，提出一个完整的设想，制定出一个全面的教学规划和实施方案，从而最大限度地克服种种矛盾，使教学得到优化组合，让有限的教学资源产生最大的教学成果和效益（吴鼎民；1996：33）”。主要改革措施有：

1. 整体规划课程，丰富教学内容

在教学大纲的指导下，根据校情，我校明确大学英语课程教学目标是通过英语教学培养学生运用英语交际的能力；大学英语课程教学内容包括：传授语言知识、训练语言技能、发展语言交际能力、提高学生的文化素质和加强学生的思维能力。我校对大学英语课程进行了整体规划，在精读、泛读、听力三门课的基础上，在后期教学中增设测试课。此外，还增加了讲座课，定期举办英语学习方法介绍、语言学基础知识介绍、文化背景知识介绍等专题讲座，旨在提高学生学习兴趣，增强学生语言、文化修养，弥补课堂教学的缺陷。规划后的五门课型课程基本上涵盖了上述的教学目标和教学内容，课程设置见表5－4。

表5－4 第一轮改革后的课程

课程名称	课程性质	教学主要内容	教学主要目标	开课时间
精读	以语言知识为主，兼顾语言技能	词汇、语法、语篇、翻译、写作	掌握语言知识	第1–4学期
泛读	以语言技能为主，兼顾语言知识	阅读的微技能	掌握各种阅读技能	第1–4学期
听力	以语言技能为主，兼顾语言知识	听力微技能，功能意念，语音知识	掌握各种听力技能	第1–4学期
测试	以语言综合能力为主，兼顾模考训练	听、读、写、译	归纳总结各项知识，综合运用各项技能	第4学期
专题讲座	语言文化知识，学习方法，应试策略	学习方法，文化背景知识	提高学习兴趣，增强文化修养，通过CET–4通过率	定期举行

2. 组合各种资源，发挥群体力量

根据课型的性质和要求，我校实行大、中、小班相结合的排课方法；精读课采用小班授课，听力课、泛读课和测试课以中班授课，专题讲座为大班授课。这种组合大大减少了课时量，缓解了教师人手不足的困难。为了解决教学的高要求和师资素质之间的矛盾，我校对教师进行合理的“布阵”。在全教研室中先抽出几名骨干教师作为“带头羊”，形成实力较为平均的若干教学小组。由骨干教师“组阁”，形成教学方阵。这种教学组合有利于扩大骨干和核心教师的影响面，加强优秀教师辐射作用，发挥群体力量。此外，我们发挥本校外语电台的作用，使电台的节目紧扣课程进度，拓宽课程内容，巩固课堂所学；同时，开展多种形式课外英语活动和营造校园学习气氛，解决了教学内容含量大与课堂教学课时紧之间的矛盾。

3. 整体把握教学态势，明确教学质量责任

根据大学英语课程学生数多、教学时间长、课型有限、教学目标清楚的特点，我校要求教学步调整齐统一，即做到统一教学内容、统一教学步调。为把握教学的整体态势，防止出现全局或局部的偏差，教研室定期举行“诊断性”检测，为下一步教学提供反馈信息，及时纠偏。此外，在对各门课程明确规定教学内容、对各种课型教师配备通盘安排的基础上，明确教学质量的责任者，

科学公正地评价教师的教学实绩。

通过第一轮课程改革，我校 CET－4 通过率保持在 95%－99%，在省内和航空院校居于领先。为此，江苏省教委曾专门发文（苏教教 1995 年 19 号）“关于转发南京航空航天大学《分级教学抓实效三年迈出三大步》的通知”对我校大学英语课程的改革予以充分的肯定。原航空部人教司 1995 年召集所属 7 所高校来我校召开现场会，推广南航大学英语教学模式。1995 年我校大学英语课程被评为江苏省一类优秀课程。1997 年课程改革成果“建立一个科学的大学英语教学模式”获江苏省教学成果二等奖。

（二）第二轮课程改革（1998－2003）年

第一轮课程改革全面提高了 CET－4 的通过率，然而，很多学生的英语应用水平却没有提高。因此，针对第一轮改革课程设置统一、所有学生同一规格、较强“应试教育”倾向而忽略学生个体差异和学习潜能的问题，以及高校扩招后新生两极分化较大的问题，我校进行了第二轮大学英语课程教学改革——“建立大学英语分级、分类素质教育培养模式”。改革的目标是“按照语言学和教育学理论，结合学校定位与特色，以大学英语分级教学与分类培养为突破口，全面改造课程设置，在继续保持较高的 CET－4/6 通过率的前提下，提高学生英语的应用能力和全面素质”。主要改革措施有：

1. 改变培养模式，实行分级教学、分类培养

改革前的课程设置强调了统一，所有的学生都按照同一种规格培养，因而忽视了学生的能力倾向、兴趣取向和个性特征，也忽视了社会对人才外语能力要求的多样性。为此，新的培养模式在分级教学的同时考虑到了分类培养的问题。

针对学生两极分化严重的状况，我校按照新生入学实际水平划分学生的不同学习起点，设定不同的要求。对入学新生进行分级考试，并结合其高考成绩，将他们分成不同的起点班（一、二、三级），制定不同的教学目标，开设不同的课型，使用不同的教材，采用不同的方法，进行个性化教学。对提前通过 CET－4 的学生均要求修读后续高级课程和分方向选修课程。对高起点学生实行部分课程免修，避免了教师和学生双方的重复劳动。分级教学照顾到了各层次学生的需求，使优秀学生得到精英式的培养，也保证了低起点的学生达到教学大纲的基本要求，适应了大众化教育的变化。分类培养在完成四级要求后进行，主要体现在分方向课程的设置上。根据学生的潜质加以分类，给学生一定限度的

选修自由，有利于人才多样化的培养，也有利于学生的个性发展。分类培养模式增加了课程门类，也给教师选课提供了一定的自由度，有利于教师拓宽业务范围，发挥教师的专长。

实行分级教学，不同水平的学生都能找到合适的位置，还能依据个人学习情况提前升级和跳级；实行分类培养，注重学生个性发展和教师特长的发挥。

2. 全面改造课程设置，更新教学内容

改革后的课程从过去的四个级别（大学英语 1 –4 级）三种课型（精读、泛读、听力）变成六个级别九种课程（见表 5 –5），即在原先课程的基础上增加了三门旨在增强学生语言水平、提高英语表达能力的后续课程：高级阅读、口语、高级视听说；增加了三种发展学生个性的分方向选修课程：科技翻译、外贸阅读与函电、英美文学与文化。我校对教学内容进行更新，编写了一套融语言、文化和多学科知识为一体的教材“阅读大观”，在教学实施过程中将大学英语教学中的“三套车”——语言教学、文化教学、素质教育有机地结合起来（吴鼎民，2005；吴鼎民等，2010）；同时，编写了三门分方向选修课程的讲义；更新了的教学内容，拓宽了学生的视野，提高了学生的全面素质。

表 5 –5　第二轮改革后的课程设置

总程名称	学时	学分	课程性质	课程内容	备注
大学英语（1）级	56	4.0	必修	精读、泛读、听力	课型1–3
大学英语（2）级	72	4.0	必修	精读、泛读、听力	课型1–3
大学英语（3）级	72	4.0	必修	精读、泛读、听力	课型1–3
大学英语（4）级	64	4.5	必修	精读、泛读、听力	课型1–3
高级阅读（Ⅰ）	32	2.0	提前通过4级者必修	相当于5级难度	课型4
影视口语	32	2.0	提前通过4级者必修	相当于5级难度	课型5
高级阅读（Ⅱ）	32	2.0	提前通过4级者必修	相当于6级难度	课型4
高级视、听、说	32	2.0	完成必修学分后修	相当于6级难度	课型6
科技翻译	32	2.0	方向（1）选修		课型7
外贸阅读及函电	32	2.0	方向（2）选修		课型8
文学与文化	32	2.0	方向（3）选修		课型9

3. 改变学分管理办法，引进竞争机制

学生在入学时进入不同级别学习，对高起点学生实行免修学分50%奖励。通过CET－4不再是教学的终点，在总课时不变的情况下，起点越高的学生所修课程级别越高；提前通过CET－4时间越早，学习后续课程的门类就越多。对低起点的学生，允许部分学习努力的学生通过竞争后来居上。新的学分管理办法和后续课程的吸引力，激发了学生内在学习动力，促使学生尽快完成课程基本要求，鼓励学生向更高目标奋斗。

第二轮课程改革使40%学生提前1－3个学期进入后续高级课程学习。课程改革成果“大学英语分级、分类、素质培养模式”于2001年获江苏省教学成果一等奖，新增的“大学英语四级后续分方向系列课程”于2002年被评为江苏省二类优秀课程。

（三）第三轮课程改革（2003－2013年）

第二轮课程改革建立了新的培养模式，明确了教学目标，改造了课程设置，丰富了教学内容，改变了教学组合和学分管理，解决了当时存在的诸多问题。但是尚待解决的问题仍然很多，比如学生的语言应用和交际能力还非常薄弱，无法满足社会对创新人才的外语要求。因此，2003年，针对我校教师紧缺、教学手段落后、学生学习被动和交流能力差的问题，我校申报了教育部大学英语教学改革试点项目，进行了第三轮大学英课程语教学改革——“建立培养创新人才的大学英语个性化教学体系”。改革的目标是“着眼于国际经济一体化、科技进步和社会经济发展对创新人才的知识、素质和能力的要求，以《大学英语课程教学要求》精神和学生成才与未来发展为导向，以提高学生综合素质、英语应用能力和自主学习能力为目标，充分利用网络多媒体等现代教育技术，建立培养创新人才的大学英语个性化教学体系，改革教学内容与课程体系、教学模式与方法手段、教学评价制度，实现大学英语课程整体优化，提高大学英语教育教学质量”。主要改革措施有：

1. 整合课程体系，促进个性化教学

为了提高学生英语综合应用能力，我校在教学组织上实施分阶段、分层次和分模块教学，课程分模块组成若干不同的课程菜单，给不同程度的学生一定的选课自由度，使尖子学生能优质优教，做到人才培养规格的多样化。

根据本校教学大纲，大学英语课程分为基础阶段、提高阶段和应用阶段，基础阶段培养语言知识、语言技能、学习方法与策略；提高阶段提高综合语言技能和学习中外文化知识；应用阶段学习专门用途英语和提高语言综合应用能力。大学英语分三个层次进行教学，基础阶段教学要求达到大学英语的“一般要求”，提高阶段的教学达到“较高要求”，应用阶段的教学达到“更高要求”。大学英语课程在原有模块的基础上增加专业英语课程和第二课堂活动两个课程模块。整合后的课程体系包括五大课程模块：1—4级基础课程模块、四级后续提高课程模块、分方向课程模块、专业英语课程模块和第二课堂活动模块；其中1－4级课程模块对应基础阶段，四级后续提高课程模块对应提高阶段，分方向课程模块对应更高阶段。多模块的课程体系赋予了学生更多的学习机会（如选修、辅修课程）。

构建了新课程体系后，我校对基础模块的课程进行改造，将原来1－4级的“精读”和“泛听”课程设置改为“综合英语”和“视听说”课程，分别授予学分。同时，调整教学重点，加大“听说”比例；综合英语课程教师不再将阅读能力的培养当成主要任务，而是在培养学生读、写、译能力的同时，运用提问、话题讨论、专题演讲等方式激发学生，有效提高口头表达能力；视听说课程增加在计算机网络上的自主学习内容，课堂面授重点培养学生的表达能力和发展语言交际能力。此外，我校还定期举办学习方法与策略、中西文化对比和考试技巧与策略三个系列的专题讲座，充实教学内容，培养学生学习方法与策略，为学生后续选修课程奠定扎实的英语基础。第二模块和第三模块为后续选修课程，主要开设语言技能提高课程，提高学生的语言综合技能；开设文学与文化类课程，增强跨文化交际意识和能力；增加具有科技和行业特点的专门用途英语，如科技英语和外贸英语，为学生学习专业英语（双语/全英语教学）打好基础。第四模块为专业英语模块；结合学生所学专业，专门为经管、工商、国际贸易、民航业务类学生开设，培养他们的英语应用能力。第五模块为第二课堂活动和自主学习模块，主要是营造英语氛围，通过各种课外活动，拓展教学内容。改造后的课程设置见表5－6。

表5－6　第三轮改革后的课程设置

模块	开设课程	周学时/学分	主要教学内容	教学方式
大学英语1－4级课程（一般要求） （二级起点学生免修1级，三级起点学生免修1、2级）	综合英语1 视听说1	2/2 2/2	1. 综合英语（读写译）（含语音、语法、词汇） 2. 视听说（听说技能训练） 3. 网络课程 4. 专题讲座（学习方法、文化专题、考试辅导等）网络＋课堂面授	网络＋小班面授 定期举办（网络播放录像）
	综合英语2 视听说2	2/2 2/2		
	综合英语3 视听说3	2/2 2/2		
	综合英语4 视听说4	2/2 2/2		
四级后续语言技能提高类课程（较高要求）	高级英语	2/2	侧重读、写、译综合技能的训练	面授与网络相结合
	高级听说	2/2	中高级听、说技能训练	
分方向课程（更高要求）	科技英语翻译	2/2	科技英语特点与翻译技巧	面授与网络相结合
	外贸英语	2/2	外贸口语与函电	
	文学与文化	2/2	文学欣赏与文化解读	
专业辅助类英语课程（ESP）	工商听说	3/3	与经济管理学院、民航飞行学院专业相关的课程，内容含工商、外贸、民航等	面授与网络相结合
	外贸阅读与写作	4/4		
	外贸英语口译	2/2		
	民航英语口语 民航情景英语	2/2 2/2		
第二课堂活动与自主学习 （面向各层次学生）	学校电台、电视台节目	纳入形成性评估	1. 学生自办节目（英语访谈、答疑、文娱节目等） 2. 与课程相关听力	在教师指导下，学生自主管理
	英语晨读		当周上课单词、课文朗读	
	各种竞赛活动		语法、词汇、听力、背诵、默写、演讲比赛等	
	英语艺术节与英语角		英语歌曲、戏剧；口语练习	

2. 实施新教学模式，培养自主学习能力

我校利用校园网等现代教育技术，自主开发了一个功能较为齐全的大学英语网络教学平台，含有各种网络课程资源、网络教学管理系统、约课系统、选课系统、考试系统等，立体化的教学环境和丰富的信息化资源为个性化教学提供了保障条件。

我校依托大学英语网络教学平台，改变单一的以教师为中心的教学模式，采用教师指导下的机房网络自主学习、自主的机房网络学习、完全自主的网络学习与课堂教学相结合的新教学模式。课堂教学充分利用多媒体网络技术，使用辅教课件，重视启发与互动；网络教学充分利用网络教学平台、助学课件和在线测试系统，强调个性化和自主性。为了使课堂教学与学生网络自主学习的有机衔接，我校尝试“动态约课”机制，使学生完成网络学习后可以根据自己的学习进度、学习风格，选择课堂面授时间、地点和班级。“动态约课”机制解决了国内网络自主学习与课堂面授脱节的问题，使学生在个性化的学习中，掌握学习策略，学会自主管理，提高自主学习能力。

课堂面授和网络自主学习相结合的新教学模式发挥了教师的主导作用，也体现了学生认知主体作用。学习形式丰富多样，内容灵活，满足了不同层次、不同学习风格学生的学习要求，培养了学生英语综合应用能力和自主学习能力。此类教学模式培养出来的学生，适应信息时代和知识经济的需要，具有创新人才的基本素质。

3. 完善评估手段，提高教学效率

我校实施的新教学模式强调课前上网自主学习、课堂技能训练、课后上网练习和课外参加活动，因此，对学生的评估不再以期末成绩作为单一的标准，而是实行过程性评估与终结性评估相结合的方式，把期末成绩作为终结性评估，把学生网络学习记录、课堂表现和课外活动的情况纳入过程性评估。

此外，我校对不同起点的学生要求不同，形成性评估与终结性评估所占比例不同。对不同课程评估方式有区别，高起点学生形成性评估包含小组作品、课程论文等。新的评估方式激发了学生的积极性，提高了学生英语应用能力；学生制作了大量的英语作品，自编了电子小报，并将课程论文做成了论文集。

通过改革评估手段，扭转了应试教育倾向，促使学生重视学习过程，彰显个性化学习，提高了英语的教学效率。

第三轮建立培养创新人才的大学英语个性化教学体系的课程改革，使教师和学生得到双向提高，还解决了师生比偏高的问题，提高了教学效率。2004 年我校大学英语课程再次被评为江苏省一类优秀课程，2007 年我校被教育部确定为全国大学英语教学改革示范点，2008 年我校大学英语课程被评为国家级精品课程，2009 年改革成果“推进基于计算机网络的大学英语个性化教学提高学生可持续发展能力”获江苏省高等教育教学成果奖二等奖。

虽然三轮课程教学改革解决了我校大学英语课程存在的许多问题，但是，随着我国社会、经济和文化的发展，大学英语课程仍然显示出不少新问题。我校大学英语课程面临社会对学生英语要求拔高、社会用人单位对毕业生的多样化要求、学校人才培养目标规格的提升、学生的个性化需求、学校压缩英语学分和推行弹性学分等新形势，面对教学目标与社会需求及学生需求脱节、大学英语课程对人才培养目标贡献缺失、课程之间的衔接和关联性不强而导致不同课程之间出现内容重复或知识脱节、高中英语与大学英语以及大学英语和学科专业脱节等新问题，都亟须新一轮大学英语课程教学改革去解决。

二、本校人才培养目标对大学英语课程的要求

作为学校人才培养方案中通识课程重要组成部分的大学英语课程，与学校的人才培养目标休戚相关。“高素质公民和未来开拓者”的知识、能力和素质的获得需要一些相应完善的大学英语课程去支撑。我校人才培养目标对大学英语课程的要求是：

（一）语言能力：英语语言能力（听、说、读、写、译）、英语应用能力（支撑专业学习）

（二）国际视野：跨文化交际能力（相关的文化知识和对多元文化的理解）、学术英语能力（增强国际学术交流能力）

（三）综合素质：人文素养（人文修养和道德情操）

因此，我校大学英语课程将按照学校人才培养目标的要求进行新一轮的课程改革。新一轮课程改革将借鉴过去的成功经验与做法，既要继承课程发展的优势，保持校本特色，又要对课程提出与时代发展相称的目标和要求，不断挑战自我、不断改革创新、主动适应社会经济发展需要，在保留原有传统的基础上进行突破和超越。为此，我校新一轮的课程改革拟从课程体系建设入手，新构建的大学英语课程体系应该考虑以下几点：

（一）要符合社会经济发展对人才的语言能力的要求；

（二）要符合《大学英语教学指南》的规定和要求；

（三）要符合英语学习的客观规律；

（四）要符合本校人才培养目标和专业学科发展的规划；

（五）要有助于教师的专业化发展和学生的学业及专业发展的规划。

第六章

新课程体系目标的确定

构建大学英语课程体系的关键点是确定课程体系目标，因为目标既是课程体系构建的基本依据，也是课程之间相互关联、形成整体的主线。确定课程体系目标，一方面可以明确课程体系与社会、学生、学科需求以及人才培养目标的衔接关系，另一方面有助于课程体系内容的选择和组织，并为课程体系实施与评价提供依据。

本章首先分析课程体系目标的概念，然后讨论大学英语课程体系目标的来源，最后探讨大学英语课程体系多元化目标的确定。

第一节　课程体系目标的概念

课程体系是在一定的教育价值理念指导下，将课程的各个构成要素加以排列组合，使各个课程要素在动态过程中统一指向课程体系目标实现的系统（崔颖，2009：88）。课程体系目标是一个具有多层次、多结构的系统，它可以分解为课程体系总目标、课程结构目标和具体的课程目标（如图6－1）（巩建闽等，2008）。

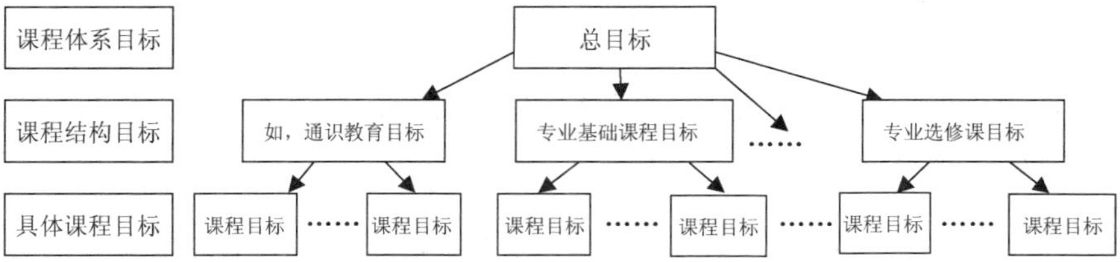

图6－1　课程目标层次分解示意图（引自巩建闽等，2008）

课程体系总目标是某一学科专业或课程人才培养的设计和蓝图，它与学校的人才培养目标相一致，体现国家的教育目的、教育方针所规定人才的基本规格要求和质量标准，反映社会需求、学生发展需求和学科发展需求，其知识、能力和素质培养的目标将分解为课程结构目标和具体课程的目标。课程结构目标和具体课程的目标应该体现课程体系总目标的要求。

课程结构是指课程体系中各种课程类型及具体科目的组织、搭配所形成的合理关系与恰当比例，是由各类课程构成的有机的、完整的统一体（引自巩建闽等，2008）。课程结构目标是课程体系中课程组织状态的目标。不同的结构状态可以达到不同的结构目标。课程结构目标是一种过渡性目标，是由课程体系总目标导向课程目标的过渡（胡弼成，2004）。

课程目标是教育内容和教育实践活动最直接、最重要和最具体的目标，它必须服从和服务于课程体系和课程结构目标，并决定着总目标的实现。作为总目标实现的载体，课程目标将总目标中反映社会需求、学生发展需求和学科发展需求的要求逐级分解和落实为具体课程的知识、能力和素质等培养目标，成为课程教学内容和环节。明确的课程目标，既体现课程体系总目标的要求，又对课程内容的选择和组织、课程的实施和评价具有指导意义。

第二节　大学英语课程体系目标的来源

我校大学英语课程体系目标是在运用现代主义课程观泰勒理论的基础上适当采用后现代主义课程观多尔的不确定原理来确定的。

泰勒在 1949 年出版的《课程与教学的基本原理》一书中认为，课程来源于“对学生的研究”“对当代社会生活的研究”和“学科专家的建议”三个方面。这三方面的研究结果产生了一般性的教育目标。泰勒建议用教育哲学（办学宗旨）和学习理论（学习心理学）作为两个筛子，对提议的目标进行过滤，经过筛选后的目标做课程目标。泰勒确定目标过程见图 6－2（施良方，1996：13）。

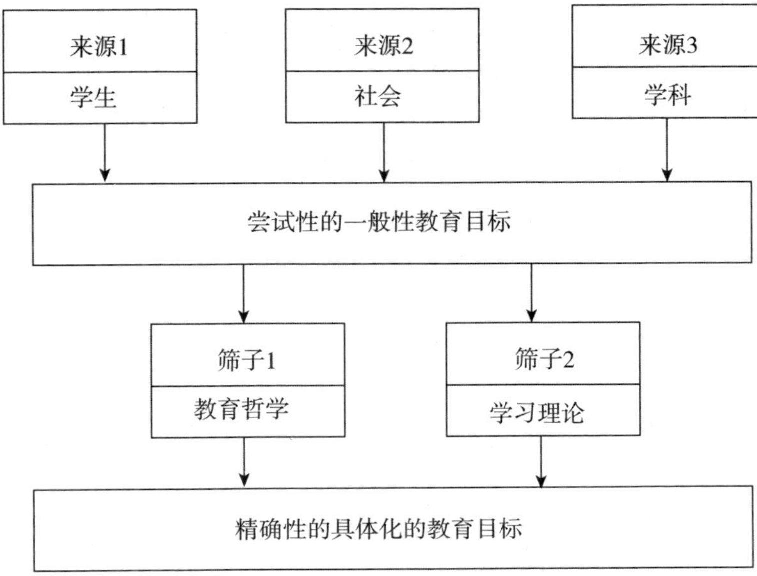

图6-2 泰勒课程目标的分析确定过程（转引自施良方，1996：14）

泰勒的目标模式成为传统教育实践中普遍应用的典型的目标—手段的课程设计模式。然而美国后现代主义课程理论专家多尔在他的著作《后现代课程观》中对课程目标提出了其独特的观点。多尔反对目标模式所指出的目标的固定性，认为课程目标既不是精确的，也不是预先设定的，而是一般的、生成性的、创造性的，提出了“去中心化”和“边界松散”等观点。但是多尔并没有说不需要课程目标，他本人还是很重视目标作用的，只是这种课程目标带有一定的不确定性，这种不确定性随着课程的进行和教师、学生、课本的合作的具体情境而愈加明确。因为在真实的教育活动中，由于教学现场的丰富性和多变性，会使得原先设定的目标发生改变，导致新的目标的“生成”，从而使得课程目标具有一定的生成性和创造性（余慧颖，2008）。

以上两种课程目标理论各有优点，“并非对立，在操作上可以融合并合理渗透”（周学恒，战菊；2016）。泰勒原理强调目标是预先设定的，忽视了真实教育活动中的丰富多变性，而多尔的不确定原理强调的目标动态性正好弥补了这一缺陷。因此，课程体系目标的确立应是两者的合理渗透，也就是在泰勒理论的基础上适当采用多尔的不确定原理，即设立相对固定的课程目标。

将泰勒和多尔的课程目标理论运用到大学英语课程体系目标的确定上，本文作者认为，大学英语课程体系目标的来源除了固定的对社会、学生和学科的需求分析研究结果外，还应结合国家、社会和学校等新形势，考虑国家发展战略、高等教育国际化和体现学校定位的人才培养目标的需要。因此，我校大学英语课程体系目标来源于国家发展战略需要、高等教育国际化需要、社会的需求、学生的需求、学科发展的需求以及学校人才培养目标的需要。大学英语课程体系来源（见图6－3）主要来自以下六方面。

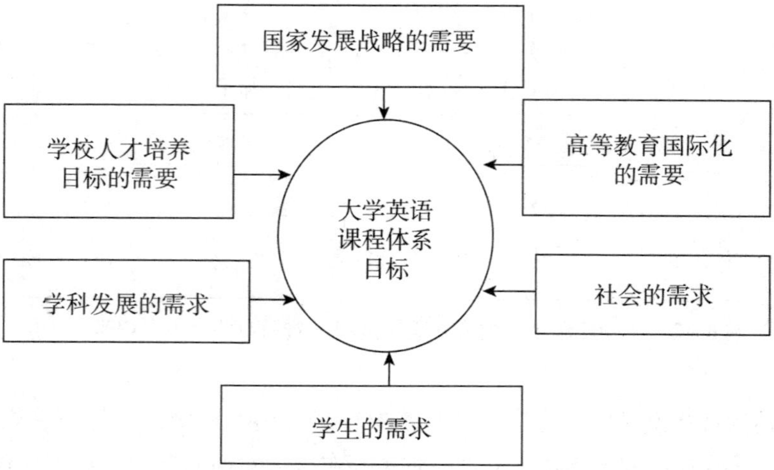

图6－3　大学英语课程体系目标的来源

一、国家发展战略的需要

在全球化的背景下，世界政治、经济、文化交流日益密切，国际竞争日益激烈，各国在交际中竞争，在竞争中交际。国际间竞争的核心在高素质人才，在外语语言能力。高素质人才是一个国家经济和社会发展最重要的战略资源，是决定一个国家兴衰存亡的关键。而外语语言能力的高低不仅直接制约着人们社会活动的范围，而且直接影响着一个国家在国际竞争中的地位（蒋磊，1999）。我国要“走出去”（沈骑，2015），转向“国际型国家”（李宇明，2010），需要高水平的外语语言能力。外语语言能力是国家软实力的组成部分，也是硬实力的构成要素（赵世举，2015）。因此，大学生只有具备良好的外语语言能力才能参与国际交流和提升自身竞争力（周学恒，战菊；2016）。大学英语课程是国家外语战略规划和高等教育的主要组成部分（刘贵芹，2012），与国家对外改革开放的政治、经济需求紧密相关。大学英语的教学和改革，既是适应全球化发展的必然趋势，也是抢占国际化人才制高点、增强学生国际竞争力、与欧美发达国家国际化人才需求与培养的同存共进。

为了顺应中国和平崛起、中国文化走出去的要求，我们需要了解世界，外语学习便是有效途径，是开启通向外部世界之门的钥匙。因此，大学英语课程体系目标必须指向国家和社会的发展需要，以通用英语、专门用途英语和跨文化交际三大类课程为载体，发展学生的语言交际能力，培养学生的英语应用能力，帮助学生树立世界眼光，拓展国际视野，培养跨文化交际能力。学生通过学习和使用英语，可以直接了解国际前沿的科技发展、管理经验和思想理念，学习和了解世界优秀的文化和文明，同时也有助于增强国家语言实力，传播中国文化，促进我国与其他国家人们的交往，提升国家软实力（王守仁，2016）。

二、高等教育国际化的需要

随着世界各国在经济、文化、科技等领域交流日益频繁，国际化人才的需求和培养已是世界各国在全球一体化趋势下的必然取向。我国也不例外，对国际化人才的需求量越来越大，培养高素质国际化人才成为高等教育的主要目标，掌握外语这一跨文化交流最有效的语言工具成为新时代国际化人才应该具备的基本素质。2010 年出台的《发展纲要》提出了国家人才培养战略：“培养大批具有国际视野、通晓国际规则、能够参与国际事务和国际竞争的国际化人才”，这为大学英语教学改革尤其是课程体系改革指明了方向。“国际化”是今后我国高等教育发展的一个重要方向（束定芳，2011）。培养大学生的跨文化交际能力是高等教育的目标和要求（文秋芳，2012）。

国际化人才培养必然首先要解决语言沟通和国际间深层次的文化认知交流问题。大学英语课程是我国高等教育的有机组成部分，在培养具有全球意识和国际视野的国际化人才的过程中起着不可或缺的作用。束定芳（2011）认为：中国大学英语应该定位在为高等教育国际化服务。大学英语教学为高等教育国际化服务主要体现在提供国际化课程的师资、提供部分英语讲授的国际化课程、帮助学生适应英语授课和英语学术交流的需求三个方面。乔小六（2012）认为，大学英语的教学目标服务于各个专业的国际化人才培养，完全符合“卓越计划”精神，而“帮助学生适应英语授课、英语学术交流的需求”应该是现阶段大学英语教学的重点和着力点。大学英语为高等教育国际化服务目标的提出，是“在各校大力开展国际化课程体系建设的背景下各专业院系对大学生的英语的特殊需求”（蔡基刚，2012），“要求公共英语教学部能够提供多类型多层次的外语课程，各个院系在制定国际化人才培养方案时应该积极主动和公共英语教学部合作”（赖铮，2010）。王守仁和王海啸（2011）对高校大学英语教学现状调研后指出，英语水平高一些的985工程和211工程的高校学生，需要提供《课程要求》设定的“较高要求”或“更高要求”的英语教学，特别是要围绕国际化人才培养，研究大学英语教学与高校教育国际化的结合点，充分发挥语言教学的优势，积极为教育国际化进程（尤其是国际化人才培养）提供支持和服务，以适应教育国际化进程的需要，为学生应对全球化的挑战做好准备。

高等教育国际化背景下培养具有跨文化交际能力的国际化人才是社会的需要。熟练掌握英语是国际化人才的基本条件，而国际化人才的英语能力主要通过大学英语课程来培养和提高（王守仁，2016）。大学英语教育在国际化人才外语知识的构建、外语交流能力的提高、综合文化素质的提升上负有重要的责任。因此，提高国际化人才的英语能力是大学英语课程体系的目标。

三、社会的需求

高等教育的三大职能是人才培养、科学研究和为社会服务。高校培养出来的人才最终需要面向社会，满足社会发展的需求。作为人才培养媒介的课程体系和课程应体现社会发展的需求，符合社会发展的需要。实际上，课程体系不是一个封闭的系统，它时时刻刻与社会各方面紧密相关。课程体系应面向社会生活进行全方位开放，随时接受来自社会的各种变化，全面地分析社会各种因素对课程体系目标产生的影响，使在课程体系下培养的人才具有主动的社会适应性，通过课程的设置满足社会的发展（崔颖，2009）。

从社会用人单位对我校毕业生的需求可以看出，随着社会的发展，用人单位对毕业生的要求越来越高，要求他们具有较高的综合素质，具体表现在不仅有较高的专业能力和宽广的知识面，还要有创新能力和较强的动手能力。就外语而言，调查揭示了用人单位需要较强的英语应用能力，能用英语开展工作。同时，调查显示出用人单位的需求是多方面、多层次的，不同的行业对外语的需求不一样。因此，大学英语课程体系目标应该结合我校学生多样化、专业化和学术化的毕业去向特点和特定的社会需求层面，制订多元化目标，构建多模块的课程体系，对学生进行多层次的外语能力培养。

四、学生的需求

课程的一个基本职能就是要促进学生身心发展（施良方，1996：99）。课程体系应体现“以人的发展为根本”的核心思想，在建构课程体系时，将“全人发展”理念整合到课程体系中。

要将学生的全面发展，即知识的获取、能力的培养和素质的提升作为课程体系设计的思想，一方面要明确每一门课程在人才培养中的贡献；另一方面要清晰每一项能力的培养和素质的提升需要哪些课程的共同作用，由此形成的课程体系才能落实其对学生主体发展的思想（林健，2011）。大学英语课程在人才培养过程中的作用是可以帮助学生“树立世界眼光，培养国际意识，提高人文素养，并为知识创新、潜能发挥和全面发展提供一个基本工具”（《教学指南》，2015）。因此，我们要从学生的现实需求确认存在的差距，发现大学英语教育教学上的需要，从而揭示出大学英语课程体系目标，并针对学生身心发展要求，开设各种课程，开发他们的潜能，满足他们发展的需要。

就我校学生需求分析来看，学生对大学英语课程的需求呈现多样化和个性化的特点。就新生群体而论，英语水平整体提高，但“呈两极分化之势，学生需求的差异性比以前增大”（文秋芳，2012：284）。我校大部分学生是来自各省成绩优秀的尖子生，但也有不少基础薄弱的民族生和艺术生，还有专业性强的飞行学员。他们专业不一样，对英语的需求也不相同。从新生调查可知，新生对英语学习热情较高，对大学英语课程充满期待，但调查反映出绝大多数学生并不是很了解大学英语课程，他们对大学英语课程的学习方法和策略有需求，所以有必要开设导学课程或系列讲座，帮助他们尽快适应大学英语课程。对经过一年或两年学习的大一大二学生来说，他们对课程的需求是多样的，尤其是在选修课程需求方面，语言文化类、语言技能类、语言应用类、学术英语类的课程都受到学生的欢迎。同时，大一大二学生对课程改革的要求是坚定的。对他们的调查反映了我校大学英语课程在培养模式、课程设置、教材教法、教学管理等方面还存在问题，不能满足他们的需求。这些都需要我们在课程体系改革中给予关注和改进。

对参加国际课程学生的调查表明，学生在高级听说能力、学术英语能力和跨文化交际能力都有强烈的需求。从调查可以看出，“英语作为接受国际化高等教育资源和开展学术交流的基本工具，已成为参加国际化课程班的学生发自内心的动机和强烈的需求”（夏纪梅，2014）。

以上学生调查结果显示，我校大学生的英语学习需求具有多样化、多层次的特点，呈分散态势分布，不同专业的学生对英语的要求不一样。而目前我校大学英语课程针对性不强，远不能满足学生的英语学习需求，因此，亟须设定多元化的课程体系目标，设置多层次的课程体系，开设多样化的课程，以满足学生的需要。

五、学科发展的需求

学校课程是要传递通过其他社会经验难以获得的知识。而学科是知识的最主要的支柱（施良方，1996：102）。课程体系是学校为学生设计的知识结构（蒋磊，1999），是前人依据学科建设和教育规律逐步建立和完善的，具有一定的稳定性。随着科技的发展，知识的不断更新，各学科之间的相互渗透，学科知识体系的内涵和功能也发生变化。因此，课程体系应体现学科知识发展的前沿方向，不仅应包括前人累积的知识，还应反映学科知识发展状况。根据学科发展的逻辑选择对学生有发展价值和使用价值的知识体系，使课程体系始终处在动态建设之中，既具有系统性和稳定性，又具有发展性和前瞻性（崔颖，2009）。

学科的发展有自身的规律，但是任何一个学科或课程只有最大限度地满足国家战略需求，才能获得更大的发展（蔡基刚，2013：15）。大学英语是一门具有国际跨文化交流工具的特殊本质特征的课程（束定芳，2011），应该适应国家和社会发展的需要，才能促进课程的发展。

因此，从学科发展的角度看，大学英语课程应该明确其学科功能，实现工具性和人文性的有机统一，凸显支撑学生专业学习和交流的工具功能、提升国际化水平的跨文化教育功能和提高综合素质的人文教育功能。

六、学校人才培养目标的需要

课程体系的设计与构建是大学人才培养目标实现的一项关键任务（林健，2011）。从确立人才培养目标到培养出符合培养目标的人才之间，要经历一个完整的教育实践过程，其中课程体系是这一实践过程的主要载体（田冰雪等，2013）。课程体系反映培养目标的具体要求。要实现培养目标，必须构建一个与之相对应的课程体系。

大学英语课程的使命是服务于高校人才培养工作。只有紧紧围绕服务高校人才培养这根主线，大学英语的发展才不会偏离正确的方向。大学英语课程服务于学校人才培养目标，大学英语课程体系目标应该融入学校学科专业的人才培养目标中，使语言综合应用能力和培养更具针对性和明晰性（郑欢等，2013），增强大学英语课程服务人才培养的针对性（洪流等，2013）。

作为我校人才培养方案中通识课程的一个重要组成部分，大学英语课程与学校的人才培养目标休戚相关。为了使大学英语课程体系为学校人才培养总目标服务，与各学科专业的人才培养目标深度融合，大学英语课程体系目标必然由“面向语言转为面向人才”（郑欢等，2013）。语言综合运用能力的培养必然要视人才培养目标定位而有所为和有所不为，其课程体系、教学模式要凸显专业特色（郑欢等，2013）。因此，大学英语课程一方面培养学生的语言能力和语言应用能力，提高学生的语言交际能力和支撑专业学习能力；另一方面培养学生的国际意识和跨文化交际能力，提高人文素养，满足学生专业学习、国际交流、继续深造、工作就业等方面的需要。

从以上分析可以发现，国家发展战略、高等教育国际化、社会、学生、学科发展以及学校人才培养目标对大学英语课程体系都有需求；而且这些需求是多层次和多样化的，由此可以揭示大学英语课程体系目标应该是多元化的。只有设立多元化的课程体系目标，才能满足这些多样化的需求。

第三节　大学英语课程体系多元化目标的确定

从上节可知，通过对国家发展战略、高等教育国际化及学校人才培养目标的需要，社会、学生、学科发展的需求研究得出的课程体系多元化的结果与《教学指南》的精神相吻合。《教学指南》提出的多元教学目标为我校大学英语课程体系目标的确定提供了依据。

一、大学英语课程定位和性质

（一）大学英语课程定位

《教学指南》指出，大学外语教育是我国高等教育的重要组成部分，对于促进大学生知识、能力和综合素质的协调发展具有重要意义。大学英语作为大学外语教育的最主要内容，是大多数非英语专业学生在本科教育阶段必修的公共基础课程，在人才培养方面具有不可替代的重要作用。

根据《教学指南》对大学英语课程的定位要求，结合我校校情，我校大学英语课程定位应该与国家战略、高等教育国际化、社会发展、学生发展、学科发展以及学校人才培养目标相适应。大学英语课程应该服务于国家和社会政治、经济和文化发展的需要，服务于学校的人才培养和学科专业建设需要，服务于学生的个性化发展需要，同时，符合大学英语教师专业发展的需要。

（二）大学英语课程性质

《教学指南》指出，大学英语课程兼具工具性和人文性。工具性体现在通用英语和专门用途英语上。人文性是进行跨文化教育，发展跨文化交际能力，提高学生的综合素质。依据《教学指南》精神，联系学校总体发展及特色，我校将强化语言对专业学习和国际交流的支撑作用，凸显专门用途英语。考虑到“工具性的一部分是专业性”（王守仁，2013），我们将专业性从工具性里单列出来。因此，我校大学英语课程具有工具性、专业性和人文性的性质。作为国际交往和科技文化交流的语言，大学英语的工具性是培养学生“实现个人生活需求和进行社会交往的语言能力”（余渭深，2016：29）。大学英语的专业性主要落实到专门用途英语中，即“重点培养围绕学业、学科研究和创新创业进行交流的语言能力”（余渭深，2016：29），培养学生用英语学习和研究的能力，做到学以致用。作为通识教育重要的组成部分，大学英语课程的人文性是帮助学生了解中西文化异同，形成国际意识，发展跨文化交际能力，不断提升学生的综合素质。

大学英语的工具性显现了课程的专有性质，能够体现本课程存在的自身价值。专业性也是大学英语课程所独有的，“没有大学英语帮助训练学生用英语进行专业学习和研究的学术能力”（蔡基刚，2012），就不可能培养出具有国际交往和竞争能力的高素质人才。而大学英语的人文性是共享的，需要大学英语和其他课程一起共同完成（文秋芳，2012）。

二、大学英语课程体系的多元化目标及其要求

根据大学英语课程定位以及工具性、专业性和人文性相结合的性质，我校大学英语课程体系的总目标是培养学生的英语交际能力以及支撑专业学习和增强国际学术交流的英语语言应用能力，增强国际化意识和跨文化交际能力，同时发展自主学习能力，提高文化素养，使学生在学习、生活、社会交往和未来工作中能够有效地使用英语，满足国家、社会、学校和个人发展的需要。

为了实现课程体系总目标，我们将总目标分解成课程结构目标和具体课程目标（见图6－4）。课程结构目标包括精语言、懂专业和通文化三个主要目标；课程目标包括英语交际能力、学术英语交流能力和职业英语交流能力、跨文化交际能力、外语实践能力、自主学习能力和人文素养目标。

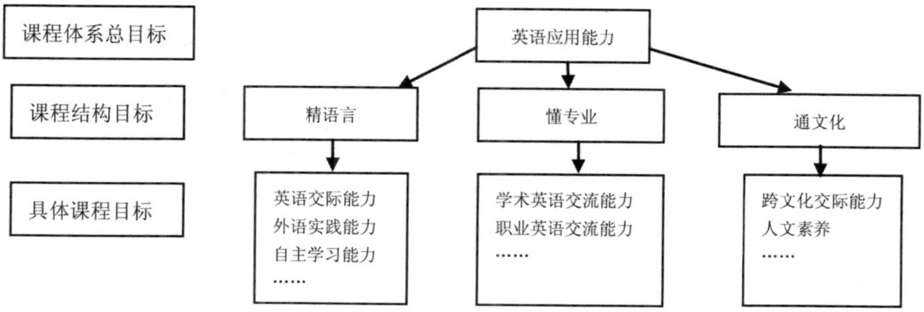

图6－4 大学英语课程目标层次分解示意图

通过大学英语课程体系目标层次分解图，我们可以清晰地看出，课程体系目标的内涵主要有六个层次：英语交际能力、学术英语交流能力与职业英语交流能力、跨文化交际能力、外语实践能力、自主学习能力、人文素养。

语言能力主要包括语言知识、语言技能、相关文化知识和相关学习策略。英语交际能力要求能够灵活运用英语语音、词汇、语法、篇章结构及语用等语言知识，达到语音准确，语调流畅自然，遣词造句与谋篇布局合乎规范，表达得体；熟练运用听、说、读、写、译等技能；能运用口头和书面表达与交流技巧；掌握中西方历史、社会、政治、经济、科技、文化等方面的知识；掌握并使用英语学习方法和学习策略。英语交际能力突出工具性，显现大学英语课程的专有性质，反映本课程存在的自身价值。

学术英语交流能力和职业英语交流能力是指能够运用英语进行专业和学术交流、从事工作的能力，具有解决学科、专业上遇到的语言问题。学术英语交流能力要求具有良好的学术素养，掌握与专业学习相关的词汇、句法结构和语篇特征；掌握具体学科的科学范式、学术规范和相关技巧；具有学术英语交流能力：能基本听懂用英语讲授的专业课程和学术讲座并做笔记，能在国际会议和专业交流中宣读论文并参加讨论，能阅读专业相关的英语文献资料，能撰写所学专业论文的英文摘要和英语小论文，能翻译一般难度的专业相关的文献资料。职业英语交流能力要求具有良好的职业素养，熟悉与未来工作相关的词汇、句法、篇章和体裁，具有职业英语交流能力：能基本听懂用英语讲授的与职业相关的演讲和会谈等，能参与商务谈判、产品宣传等活动，能阅读职业相关的文献资料，能简要介绍未来职业，能翻译一般难度的职业相关的文献资料。学术/职业英语交流能力是在一定语域中使用语言的能力，是语言能力与语言应用的结合，具有工具性和专业性，反映大学英语课程的专有性质。

跨文化交际能力是指具有国际视野以及跨文化理解力、沟通力和批判力，即具有“对文化差异的敏感性、对文化差异的包容性、处理文化差异的灵活性”（文秋芳，2012）的能力，具体表现为通晓相关专业的国际规则；了解中外不同的世界观、价值观、思维方式等方面的差异；具有通过英语表达和传播本国文化的能力。跨文化交际能力体现人文性特征，需要大学英语课程和其他课程一起共同实现。

外语实践能力是指能够综合运用所学外语语言知识和技能进行交流和沟通的能力。要求能将英语语言知识和技能应用到个人日常生活、社会交往、专业学习、学术研究中，达到学以致用的目的。外语实践能力是大学英语课程对所有学生的要求，是保证“语言应用能力”培养目标实现的充分条件，贯穿在大学英语教学过程始终。外语实践教学活动属于大学英语课程的重要组成部分，它是对大学英语课程理论教学的补充和拓展，是大学英语课程专有的。

自主学习能力是指能够负责自己学习的能力，即能够根据自己的情况确定学习目标、制订学习计划、有效使用学习策略、监控学习过程及评估学习效果的能力。要求掌握英语学习方法和学习策略，学会学习。自主学习能力显现人文性特征，其目标的实现需要大学英语课程和其他课程一起共同完成。

人文素养是指具有较高的人文修养和道德情操，将英语作为思辨媒介，拓展思维方式，培养创新能力（周洵瑛，范谊，2010）。人文素养不仅指语言、文学、文化方面的知识，同时也包括其他人文学科的知识，如社会学、心理学等，当然还包括历史、音乐、美术等方面的基本知识和修养（何兆熊，2003：49，转引自周洵瑛等，2010：40）。人文素养是国家对所有学生的要求，贯穿在大学英语课程学习始终。人文素养强调的是人文性，其目标的实现需要大学英语课程和其他课程一起共同完成，属于共享目标。

表 6－1　大学英语课程体系的目标和要求

课程结构目标	具体课程目标	主要要求	课程性质	目标特质
精语言	英语交际能力	具有扎实的语言基础：掌握英语语言知识；熟练运用语言技能	工具性	专有目标
懂专业	学术/职业英语交流能力	具有良好的学术素养和职业素养；能够运用英语进行专业和学术交流、从事工作的能力	专业性	专有目标
通文化	跨文化交际能力	具有国际视野；具有跨文化理解力、沟通力和批判力；具有通过英语表达和传播本国文化的能力	人文性	共享目标
其他	人文素养	培养人文修养和道德情操	人文性	共享目标
	自主学习能力	掌握学习策略；学会学习	人文性	共享目标
	外语实践能力	能够综合运用所学英语语言知识和技能	工具性	专有目标

一定的培养目标总是要求一个与之相应的课程体系来为它服务，使该体系全面体现人才培养的规格和具体要求。在建构和设计大学英语课程体系的过程中，表 6－1 所呈现的大学英语课程目标的要求将会逐级分解和落实为具体课程的知识、能力和素质等教学目标，成为课程教学内容和环节（见第七章）。

第七章

新课程体系结构和内容的构建

课程体系是构建人才培养方案的核心内容，课程体系是否科学、合理，对高校高质量实现人才培养目标具有决定性的意义（曾冬梅，2003）。在构建和设计课程体系过程中，课程体系主要解决实现培养目标的课程及其内容以及课程之间在内容和呈现上的互相配合和衔接（胡弼成，2007）。这两个问题涉及的是课程体系的结构和内容，即课程设置问题。

课程结构是由不同系列或性质的课程要素组成的关系或系列。它是课程目标转化为教育成果的纽带，在课程体系的设计中发挥着承上启下的作用。合理优化的课程结构可以形成课程合力，能够最大限度地发挥课程体系的整体功能，实现课程体系目标（崔颖，2009：90）。课程内容是实现课程目标的手段（施良方，1996：106）。课程体系构建在很大程度上取决于课程内容的选择，特别是课程内容的重组、精选与凝练（崔颖，2009：90）。据此，课程体系的结构和内容是课程体系构建的衔接点和着力点（崔颖，2009），是课程体系设计和构建过程中一个重要的环节。

本章主要阐述模块化大学英语课程体系的结构和内容的建构过程。为了科学合理地构建课程体系的结构和内容，使课程体系的目标能够落实到具体的课程和教学环节，首先需要理顺大学英语与专业英语的关系，在此基础上，构建模块化课程体系结构。其次根据大学英语课程体系的目标要求，依据《教学指南》对课程内容的要求，构建模块化大学英语课程内容体系。最后，协调课程各要素之间的比例关系，进行多层次、立体化的大学英语课程设置。

第一节　模块化课程体系结构的构建

大学英语课程是为人才培养服务的。大学英语课程体系的构建，必须符合学校人才培养理念和总体课程体系构建框架。目前我校本科英语教学存在大学英语课程和专业英语课程脱节的状况。大学英语课程是专业英语课程的基础，在构建模块化大学英语课程体系的结构之前，应该理顺和专业英语课程的关系。

一、理顺大学英语与专业英语的关系

随着全球经济一体化和高等教育国际化进程的加速，国家需要大批国际化高素质人才。为了适应新形势，教育部于2001年颁布《关于加强高等学校本科教学工作提高教学质量的若干意见》，要求“本科教育要创造条件使用英语等外语进行公共课和专业课教学”。2005年颁布《关于进一步加强高等学校本科教学工作的若干意见》，提出“要提高双语教学课程的质量，继续扩大双语教学课程的数量”的要求。在2007年颁布的《教育部财政部关于实施高等学校本科教学质量与教学改革工程的意见》中继续强调“鼓励和支持校内及聘请国内外著名专家学者和高水平专业人才承担教学任务和开设讲座，推动双语教学课程建设，探索有效的教学方法和模式，切实提高大学生的专业英语水平和直接使用英语从事科研的能力。”从以上文件可以看出，教育部对各大学特别是重点大学的双语教学课程和专业英语水平的要求越来越明确。我校积极响应教育部的号召，大力推进双语课程的建设，并从2013年起，推出全英语教学的国际课程，聘请国外著名专家学者开设全英语的专业课程和通识教育课程。至此，我校本科英语教学由大学英语教学发展到大学英语教学和专业英语（双语课程）教学两大层面，再发展到大学英语教学、专业英语（双语课程）教学、专业英语（国际课程）教学三大层面。尽管三个层面的课程教学蓬勃发展，但却各行其是，相互之间缺乏有效衔接和过渡。为了理清三大层面之间的关系，充分发挥大学英语课程在学校人才培养过程以及支撑双语和全英语专业教学的作用，有必要分析目前学校本科英语教学存在的问题。

（一）本科英语教学存在的问题

根据《大学英语课程基本要求》（2007），我校大学英语的教学目标是培养

学生的英语综合应用能力，特别是听说能力，同时发展自主学习能力，提高综合文化素养，使他们在学习、生活、社会交往和未来工作中能够有效地使用英语。因此，大学英语教学分为三个阶段：基础阶段、提高阶段和应用阶段；大学英语课程由五大课程模块构成：1－4级基础课程模块、四级后续提高课程模块、分方向课程模块、专业辅助类英语课程模块和第二课堂活动模块。基础阶段包括1－4级基础课程模块，开设了综合英语类和语言技能类课程；提高阶段包括四级后续提高课程模块，开设语言技能提高类课程；基础阶段和提高阶段主要培养学生的英语综合应用能力，特别是听说能力，同时发展自主学习能力。应用阶段包括分方向课程模块和专业辅助类英语课程模块，开设语言应用类课程、语言文化类课程以及专业英语类课程；主要培养学生的英语应用能力，提高综合文化素养；按照当前分级比例，大概有50%的学生能进入应用阶段学习，然而，受到学分比例的影响，真正选修具有科技和行业特点的专门用途英语的学生并不多。第二课堂活动模块贯穿于三个阶段所有课程，主要提高学生的语言运用能力。

我校专业英语分成两部分：双语课程（双语教学）和国际课程（全英语教学）。双语课程是指兼用英语和汉语进行的学科内容教学，是以英语为工具学习各学科专业知识，在本质上属于专业课教学。国际课程（全英语教学），作为国际化发展战略的一种新的办学模式，是双语课程教育形式的有效补充。双语教学和全英语教学的有效开展有利于学生获取前沿的学科专业知识、掌握专业领域的英语术语、提高专业英语水平，为其今后参与国际交流打下基础；有利于国际化高素质人才的培养，在我校的人才培养格局中发挥着重要作用。

尽管双语教学和全英语教学得到了推进，但是，教学实践反映出学生的英语语言水平交际能力等还不能满足双语教学和全英语教学要求的现状。双语教学和全英语教学发展主要存在三大瓶颈：专业词汇欠缺和文献阅读能力薄弱；专业英语学习所需的学术英语写作、听讲座与做笔记、做学术报告等的技巧欠缺；与外籍教师有效交流的能力薄弱。究其主要原因，大学英语教学与双语教学、全英语教学在目标定位、教学内容、教学方法、学习策略等方面严重脱节。大学英语教师虽然具有扎实的语言功底和语言教学沉淀，但对专业课程内容比较陌生（张莉，2013），缺乏专业背景（蔡基刚等，2010），大学英语开设的大部分课程涉及语言和文化课程，只有小部分课程涉及专业领域，几乎没有学术英语领域课程；这样的课程设置没有很好地为学生专业学习和交流打好基础；

学生由于缺乏必要的学科铺垫，面对过于专业的专业英语教学和外籍教师全英语授课模式无所适从，一时难以适应从以提高英语水平为目标的大学英语教学突然转变到以英语为媒介学习专业内容的双语教学和全英语教学。

大学英语课程体系是为我校学科专业发展和国际化教育服务的，在支撑专业学习和交流的语言能力的培养上，大学英语教学具有义不容辞的责任。为此，我们需要根据《教学指南》要求，根据学校的学科专业发展需要和课程建设实际情况，以及学生未来就业和继续深造的需求，结合大学英语课程体系目标，对现有课程进行改造或重构，构建过渡性课程模块衔接专业英语模块，为学生顺利学习双语课程和国际课程做准备。

（二）本科英语教学体系的构建

为了解决大学英语与专业英语脱节的问题，有必要建立本科英语教学体系，理顺二者之间的关系，明确各部门的分工与合作，使大学英语课程与双语课程、国际课程衔接起来。

目前我校本科英语教学分属三个不同部门。大学英语教学由外国语学院负责；双语教学由各院系负责；国际课程教学由国际交流处负责组织，各院系协助。针对这一现实状况，需要学校从顶层设计，系统整合大学英语和各个院系部处的专业英语教学资源，合理安排和设置大学英语课和专业英语课，使之形成一个完整的循序渐进的课程体系，实现人才培养的连续性。

大学英语课程是双语课程和国际课程的基础。在本科英语教学框架内，大学英语课程体系的构建是否合理对双语课程和国际课程的影响举足轻重。因此，大学英语课程应该改革当前不尽合理的课程体系，将原来的三个阶段五大模块改成三大类课程：通用英语、专门用途英语和跨文化交际，将专门用途英语和跨文化交际定为从通用英语课程到双语课程、国际课程之间的过渡性课程，增加与学科专业相关的过渡性课程，提高过渡性课程所占的比例，培养学生的英语语言应用能力，改善本科英语教学体系。

为了有效衔接大学英语课程与双语课程、国际课程，可以将全校本科英语教学分成四大模块，贯穿大学四年，保证英语学习不断线。第一模块是通用英语模块，由外国语学院负责；第二模块大学英语过渡性模块，开设专门用途英语和跨文化交际课程，由外国语学院和专业院系及国际交流处共同商定教学内容，外国语学院负责实施；第一和第二模块主要为我校高素质人才的培养提供良好的语言、文化、专业基础的课程。第三模块由专业院系负责，外国语学院负责对教师语言技能指导和培训；第四模块由国际交流处和专业院系共同商定教学内容，国际交流处负责聘请外国教师授课。四个模块是相互关联、相互协作的整体，构成了本科英语教学体系（图7－1）。

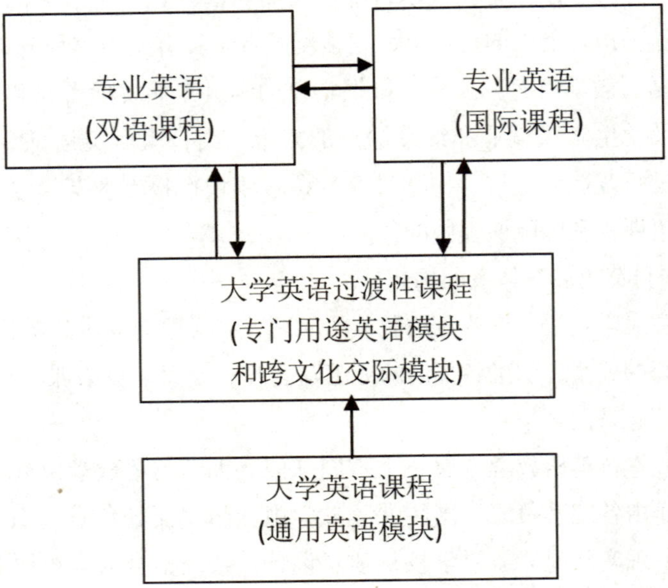

图7－1　本科英语教学体系框图

在本科英语教学体系中，过渡性课程（专门用途英语和跨文化交际课程）和专业英语（双语课程和国际课程）应各有侧重，互为补充。过渡性课程中的专门用途英语模块侧重语言方面，“培养学生进行专业交际的语言能力”（王守仁，王海啸，2011）；跨文化交际模块侧重培养跨文化交流合作和沟通的技能；这些模块由大学英语教师来承担。而双语课程和国际课程主要涉及学科专业知识和跨学科知识，由学科专业教师授课。当然，大学英语教师也可以根据各学科专业英语语言能力培养的需求量身定制一些专业基础或专业概论的双语课程。

二、构建模块化大学英语课程体系结构

本科英语教学体系明晰了大学英语课程与双语课程、国际课程的关系，同时也要求大学英语课程对当前的课程体系结构进行优化改造，重点建设专门用途英语和跨文化交际等过渡性课程模块，为双语和全英语教学的实施奠定扎实的语言、文化和专业基础，增强大学英语课程服务人才培养的针对性。

鉴于目前大学英语课程的现状以及要实现的多元化目标，我校采用模块化课程体系，确保在有限的学时学分内保质保量实现既定的培养目标，使不同层次的学生得到最适合的教学内容、方法、进度、手段，实现人才培养的个性化和规格多样化。

（一）模块化课程体系结构

课程体系的结构是由各课程要素及其相互关系决定的。课程要素之间的比例关系形成了课程体系的主体结构框架。模块化结构是一种常见的课程体系结构，它是参照计算机软件系统模块化设计和编制的思路设计的（林健，2011：4）。模块化课程体系结构形式多样，可以由若干个完整的课程模块构成，每一个模块又由“同一性质或类型的前后联系的若干门课程串在一起，以形成一个相对完整的知识块的课程结构”（罗尧成，2005）。模块课程可分为必修课和选修课，或必修课、限选课和任选课。模块化结构也可以是“平台＋模块”的形式，平台由几个相互关联、逐层提升的必修课程构成，平台中的课程是学生必须掌握的共同知识，反映人才培养的基本规格和全面发展的共性要求；而模块是由多个相互独立的专业方向的选修课组成，可以由学生根据自己的兴趣、爱好和特长自由选修的专业层面的课程，体现人才培养的多元化和学生个性发展的要求（林健，2011：5）。

（二）模块化大学英语课程体系结构的建构

模块化课程体系结构具有弹性化、灵活性、多元性等特点，特别适合于有多个目标、多项功能要求的复杂课程体系的构建。由此不难看出，模块化课程体系是一种能够较好地协调和满足高素质人才培养的大学英语课程体系结构，“能够有效解决现阶段大学英语课程体系的不足”（吴菁菁等，2014）。我校大学英语课程体系采用“平台＋模块”的模块化结构，建构的基本步骤如下：

1. 确定大学英语课程体系的模块

根据我校“精语言、懂专业、通文化”的大学英语课程体系结构目标，我们将课程体系分为通用英语、专门用途英语、跨文化交际三大模块结构。“精语言”目标主要对应通用英语模块，也涵盖专门用途英语和跨文化交际模块；“懂专业”目标主要对应专门用途英语模块，而通用学术英语知识、学术素养和职业素养的培养在通用英语和跨文化交际模块中也有体现；“通文化”目标主要对应跨文化交际模块，中外文化知识、国际化意识和跨文化交际能力的培养也融合在通用英语和专门用途英语模块中；三个结构目标和三大模块化结构相互关联，形成一个整体（见图7－2）。

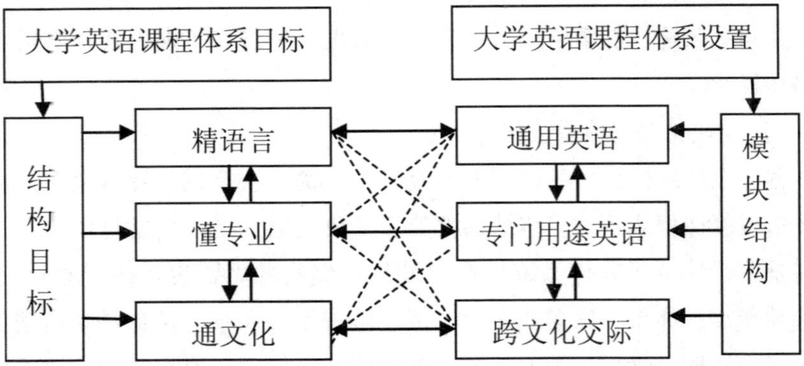

图7－2　大学英语课程体系结构目标与模块结构对应图

大学英语是高等教育的重要组成部分，大学英语课程体系与其他课程一样，应当由理论教学和实践教学共同组成。实际上，外语是实践性很强的课程，需要课内外大量的外语语言实践活动才能达到预想的效果。因此，在构建大学英语课程体系模块化结构时，应该发挥外语实践活动等隐形课程对学生知识、能力和素质培养的作用，将其纳入课程体系，并贯穿于通用英语、专门用途英语和跨文化交际模块中（图7－3）。

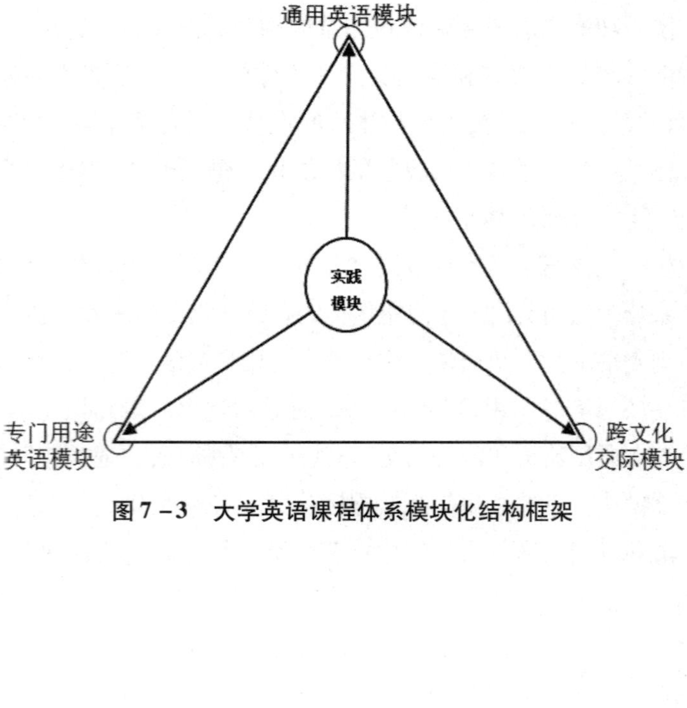

图7－3　大学英语课程体系模块化结构框架

图7－3为大学英语课程体系模块化结构框架。该模块化结构由相互关联、相互渗透的通用英语、专门用途英语和跨文化交际三大模块组成，实践模块贯穿于各模块之中，与各模块相融合。

根据课程体系结构框架确定具体模块，这是建构模块化课程体系结构的关键。我校依据《大学英语教学指南》和大学英语课程体系的多元化目标，划分了七个模块（见表7－1）。通用英语着重语言共核教学，夯实语言基础，培养语言能力。根据校情，我们将通用英语分为语言基础和语言提高两个模块，分别对应《教学指南》的通用英语基础目标和提高目标；发展目标的通用英语课程注重学生较高层次语言应用能力的拓展训练，满足具有拔尖创新潜质的高水平学生参与国际学术交流的需要，我们将发展目标的通用英语课程融入到专业英语双语和国际课程中。专门用途英语服务学生的专业英语学习、研究和交流，提升学术素养和职业素养，提高语言应用能力。我们将专门用途英语分为学术英语和职业英语模块，对应专门用途英语提高目标，其基础目标课程内容融入通用英语课程中。跨文化交际强调中西文化教育，扩展国际视野，形成跨文化意识，提高跨文化交际能力和人文素养。我们将跨文化交际分为文化和文学模块，对应跨文化交际提高目标，其基础目标课程内容融入通用英语课程中。实践模块是培养学生运用外语交流和沟通的重要手段，是外语教学过程中应该贯穿始终、不可或缺的重要组成部分。

表7－1 大学英语课程体系的模块

<table>
<tr><th>模块结构</th><th>模块</th><th>应达到的教学目标等级</th><th>课型</th><th>备注</th></tr>
<tr><td rowspan="2">通用英语</td><td>语言基础</td><td>基础目标</td><td>必修</td><td rowspan="2">发展目标通用英语课程融入专业英语双语和国际课程中</td></tr>
<tr><td>语言提高</td><td>提高目标</td><td>限选</td></tr>
<tr><td rowspan="2">专门用途英语</td><td>学术英语</td><td>提高目标</td><td>任选</td><td rowspan="4">专门用途英语和跨文化交际基础目标课程内容融入通用英语课程中</td></tr>
<tr><td>职业英语</td><td>提高目标</td><td>任选</td></tr>
<tr><td rowspan="2">跨文化交际</td><td>文化</td><td>提高目标</td><td>任选</td></tr>
<tr><td>文学</td><td>提高目标</td><td>任选</td></tr>
<tr><td></td><td>实践</td><td></td><td></td><td>贯穿各模块课程中</td></tr>
</table>

2. 构建“平台 + 模块”大学英语课程体系结构

考虑到我校新生英语水平两极分化严重，学生的语言能力、认知风格、学习动机、学习态度和性格特征存在很大差异的现象，需要对不同学生实行分级教学、分类指导。语言基础模块作为衔接中学英语和大学英语的模块，在模块化课程体系结构中充当“平台”的角色。语言基础平台由相互关联、逐层提升的大学英语Ⅱ级、Ⅲ级和Ⅳ级的必修课程构成，平台中的课程是学生必须掌握的共同知识，反映大学英语课程的基本规格和全面发展的共性要求。语言提高模块为限定选修课，学生修完平台课程后必须在此模块选择至少一门课程，目的是进一步提升语言技能，提高英语语言能力。而学术英语模块、职业英语模块、文化模块、文学模块属于任意选修课，学生可以根据自身的实际水平和兴趣爱好选择适合自己的课程模块及课程。实践模块是各模块不可分割的部分，包含在各模块中。我校“平台 + 模块”大学英语课程体系结构如图 7 – 4 所示。

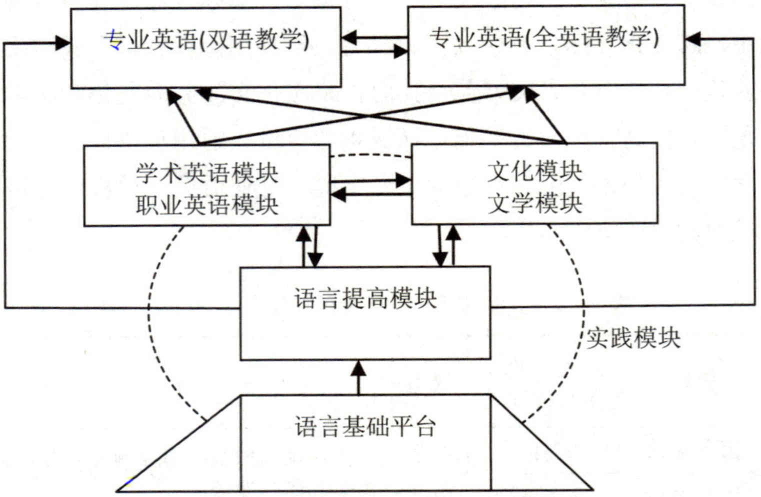

图 7 – 4 “平台 + 模块”大学英语课程体系结构示意图

从上图可以看出，模块化大学英语课程体系结构包括了既各自独立又相互联系的平台和模块：第一模块（即平台）是语言基础模块，该模块旨在传授语言基础知识（语音、语法、词汇等），发展语言基本技能（听、说、读、写、译），培养学习方法与策略，使学生具备一个本科生必备的语言能力。第二模块是语言提高模块，该模块旨在进一步提高英语语言技能，培养较强的语言能力。第三模块是学术英语模块，主要传授学术英语知识，训练学术英语技能，提升学术素养，目的是支撑学生用英语进行专业学习、研究和交流。第四模块是职业英语模块，主要传授与未来工作相关的语言知识和技能，帮助学生熟悉职业相关的词汇特点、句法结构和语篇特征，目的是为专业英语学习和未来工作打下基础。第五模块为文化模块，主要培养跨文化交流和沟通能力，旨在提高学生的跨文化交际能力。第六模块为文学模块，主要讲授英美等国的文学知识，目的是提升综合人文素养。第七模块是实践模块，贯穿于各模块中，主要培养学生运用知识和技能的能力。

新构建的模块化大学英语课程体系结构呈现了点、线、面相结合，多层次，立体化的特色。第一和第二模块帮助学生打好扎实的语言基本功，注重语言能力和语言交际能力的培养，最终达到“精语言”的目的。第三和第四模块主要是为学生学习双语和全英语专业课程提供语言支撑，满足学生专业学习的需要，专门用途英语课程的开设有利于“懂专业”的实现。第五和第六模块强化对学生的中西方文化教育，形成跨文化意识，提高学生跨文化交际能力，以实现“通文化”的目的。第七模块是对其他模块的补充和拓展，帮助学生将知识和技能运用于实践，完成从书本到现实、从理论到实践的飞跃。

在“平台+模块”模块化结构中，学生可以根据自身的实际水平和兴趣爱好在不同的阶段选择适合自己的课程模块及课程，较好地考虑到学生间的个体差异，满足了学生的学习需求。比如，学生修完语言基础平台的必修课程和语言提高模块的限选课后，可以根据自己的情况做出多种选择，或直接进入专业英语课程，或选择专门用途英语、跨文化交际英语等选修课程后进入专业英语的双语教学或全英语教学模块学习，实现了大学英语课程与双语课程和国际课程的对接。

第二节　模块化课程体系内容的构建

课程体系是一个组织化了的整体，课程之间的内在联系是课程体系的“粘合剂”，它将各课程有机结合成一个联系紧密的“人才培养整体”。高质量的课程体系必然是一个具有关联关系的课程组合（巩建闽，2008：90）。培养目标是构建课程体系的灵魂，培养目标统领课程体系的设置与课程内容的选择等（陈新民，2011）。课程及内容是培养目标的具体体现，是实现人才培养的根本途径。然而，不少高校在确定课程和内容时，只是对原有的课程重新进行简单的排列组合，或是单纯对传统课程的简单叠加；这样就会形成“拼盘式”的课程体系，出现课程内容没有调整和更新以及课程之间缺乏内在的联系和相关性的状况。为了实现课程体系的培养目标，我们需要根据目标选择课程及内容，构建课程内容体系。

一、确定课程及内容的选择路径

根据课程体系目标要求选择课程及其内容是课程体系设计过程的核心（巩建闽等，2014：179）。我校大学英语课程体系的课程和内容的选择采用顶层设计的方法，路径如下：确定课程体系需要培养的目标和要求，将目标要求转化为培养规格，即具体的知识、能力和素质等教学目标，将培养规格与从外语学科知识体系中筛选出构成课程体系的模块结构一一对应，再按课程编排需要将课程模块分解，生成课程及其内容（见图 7 – 5）。采用顶层设计方法选择课程及内容可以使知识的筛选更加科学规范，可以最大范围地减少不同课程之间的冗余和缺口问题，而且这样构建的课程之间关联程度高，可有效避免课程“碎片”或“大杂烩”现象，保证人才培养在知识层面上的深度和广度要求（巩建闽等，2014：180），可以在有限的课时条件下构建起具有一定弹性、结构合理的课程体系（巩建闽等，2011）。

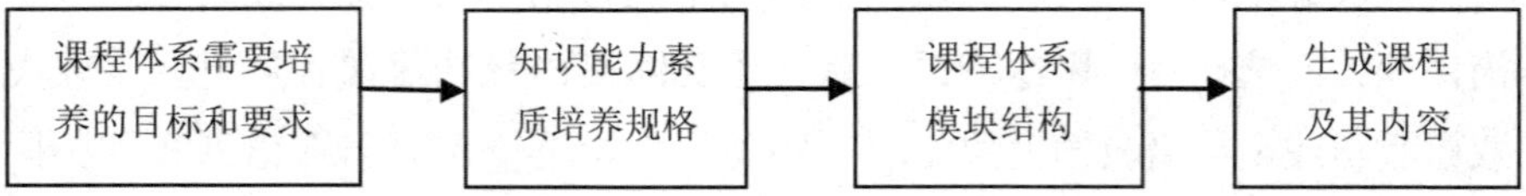

图 7 – 5　从课程体系的目标和要求到课程及其内容的生成路径

二、构建模块化的课程内容体系

“课程体系一方面要根据培养目标和要求来设置，另一方面又要将培养目标具体化，落实到具体的教学内容和环节中，从而对专门人才培养产生现实的定向和规范作用”（金长宏，2008）。培养目标是“对培养的人才在知识、能力和素质三方面应该达到的基本规格和质量标准的一种预设”（文辅相，1995）。知识、能力和素质分析作为培养目标和课程教学联系的桥梁，起着承上启下的作用。为了使培养目标能落实到具体的课程和教学环节，需要对课程体系的培养目标进行分解和细化，使知识、能力和素质有明确的要求，使预期的目标能在具体的课程中得到培养。

（一）分解和细化课程体系的培养目标

为了使大学英语的培养目标能落实到具体的课程和教学环节，我们需要对课程体系的培养目标进行逐级分解。从第六章可知，大学英语课程体系的总目标（英语应用能力）分解成课程结构目标（精语言、懂专业、通文化）和若干具体课程目标。为了使具体课程目标具有可操作性，我们参考《教学指南》的目标要求，结合本校实际情况，将课程目标细化成逐级明确的指标，翔实表述具体课程目标要求应达到的程度（表7－2）。

表7－2　大学英语具体课程的目标要求

具体课程目标	目标要求应达到的程度
语言交际能力	①能够运用英语语音、词汇、语法、篇章结构及语用等语言知识； ②熟练运用听、说、读、写、译等技能； ③能运用口头和书面表达与交流技巧。
学术英语交流能力	①具有良好的学术素养（批判意识、学术思维和科学精神）； ②掌握与专业学习相关的词汇、句法结构和语篇特征等语言知识； ③掌握通用学术英语交流技能（听说读写译）； ④掌握具体学科的科学范式、学术规范和相关技巧； ⑤能够解决学科、专业上遇到的语言问题。
职业英语交流能力	①具有良好的职业素养（职业道德、职业技能、职业行为等）； ②熟悉与职业相关的词汇、句法、篇章和体裁等语言知识； ③掌握职业英语交流技能（听说读写译）。
跨文化交际能力	①掌握中外文化相关知识； ②具有国际视野，通晓专业相关的国际规则； ③具有跨文化理解力、沟通力和批判力； ④具有通过英语表达和传播本国文化的能力。
人文素养	①具有较高的人文修养和道德情操； ②树立正确的人生观、世界观和价值观。
自主学习能力	①掌握并有效使用英语学习策略（认知策略、元认知策略、情感策略等）； ②能够利用信息手段主动学习、自主学习； ③能够运用信息技术分析解决问题。

续表

具体课程目标	目标要求应达到的程度
外语实践能力	能够综合运用所学外语语言知识和技能并进行交流和沟通。

大学英语的课程具体目标分解细化后，需要将课程目标要求转化为具体的知识、能力和素质等教学目标，即大学英语课程的培养规格细化标准（表7－3）。

表7－3　大学英语课程培养规格细化标准

规格要求	分解细化	应达到的程度
知识要求	语言知识	能够运用英语语音、词汇、语法、篇章结构及语用等语言知识
	国际视野	①掌握中外文化相关知识 ②通晓专业相关的国际规则
	英语学习策略	掌握并有效使用英语学习策略（认知策略、元认知策略、情感策略等）
	专业相关的语言知识	①掌握与专业学习相关的词汇、句法结构和语篇特征 ②掌握具体学科的科学范式、学术规范和相关技巧
	职业相关的语言知识	熟悉与职业相关的词汇、句法、篇章和体裁
能力要求	语言交际能力	① 熟练运用听、说、读、写、译等技能 ②能运用口头和书面表达与交流技巧
	学术英语交流能力	①掌握通用学术英语交流技能（听说读写译） ②能够解决学科、专业上遇到的语言问题
	职业英语交流能力	掌握职业英语交流技能（听说读写译）
	跨文化交际能力	①具有跨文化理解力、沟通力和批判力 ②具有通过英语表达和传播本国文化的能力
	外语实践能力	能够综合运用所学外语语言知识和技能并进行交流和沟通
	自主学习能力	①能够利用信息手段主动学习、自主学习 ②能够运用信息技术分析解决问题

续表

规格要求	分解细化	应达到的程度
素质要求	人文素养	①具有较高的人文修养和道德情操； ②树立正确的人生观、世界观和价值观；
	学术素养	具有良好的学术素养（批判意识、学术思维和科学精神）
	职业素养	具有良好的职业素养（职业道德、职业技能、职业行为等）

表7－3描述了大学英语课程体系具体的规格要求，主要从知识、能力和素质等方面论述培养的人才要达到什么样的标准。细化的大学英语课程培养规格更具有可操作性，可以确保课程目标落实到课程模块乃至具体课程和教学环节。

（二）构建大学英语课程内容体系

人才培养规格细化后，需要将相应的知识、能力和素质（培养规格）和主要的课程模块对应起来（表7－4）。建立对应表的目的是使培养目标要求在课程模块以及课程和教学环节中能够得到真正落实，最终明确每门课程、每个教学环节对整体目标的贡献，即对知识、能力和素质的贡献，从而使人才培养实践不易偏离培养目标（田冰雪等，2013）。

表7-4 人才培养规格要求与课程模块对应表

规格要求		细化内容与标准	对应的主要课程模块
知识要求	语言知识	能够运用英语语音、词汇、语法、篇章结构及语用等语言知识	语言基础模块、语言提高模块等
	国际视野	掌握中外文化与社会等方面的知识，通晓专业相关的国际规则	文化模块、语言基础模块等
	学习策略	掌握并有效使用英语学习策略	语言基础模块等
	专业相关语言知识	掌握与专业学习相关的词汇、句法结构和语篇特征；	学术英语（通用学术英语）模块、语言基础模块等
		掌握具体学科的科学范式、学术规范和相关技巧	学术英语（专门学术英语）模块、语言基础模块等
	职业相关语言知识	熟悉与未来工作相关的词汇、句法、篇章和体裁	职业英语模块、语言基础模块等
能力要求	语言交际能力	熟练运用听、说、读、写、译等技能	语言基础模块、语言提高模块等
		能运用口头和书面表达与交流技巧	语言基础模块、语言提高模块等
	学术英语交流能力	掌握通用学术英语交流技能（听说读写译）	学术英语模块等
		能够解决学科、专业上遇到的语言问题	学术英语模块等
	职业英语交流能力	掌握职业英语交流技能（听说读写译）	职业英语模块等
	跨文化交际能力	具有跨文化理解力、沟通力和批判力	文化模块、文学模块等
		具有通过英语表达和传播本国文化的能力	文化模块等
	外语实践能力	能够综合运用所学语言知识和技能并进行交流和沟通的能力	贯穿于所有课程模块
	自主学习能力	能够利用信息手段主动学习、自主学习	主要是语言基础模块，也包括其他课程模块

续表

规格要求		细化内容与标准	对应的主要课程模块
能力要求	自主学习能力	能够运用信息技术分析解决问题	主要是语言基础模块，也包括其他课程模块
素质要求	人文素质	具有较高的人文修养和道德情操树立正确的人生观、世界观和价值观。	贯穿于所有课程模块
	学术素养	具有批判意识、学术思维和科学精神	学术英语模块等
	职业素养	具有良好的职业道德、职业技能、职业行为等	职业英语模块等

培养规格与模块结构对应后，依据《教学指南》对课程设置的要求，将课程模块分解，生成课程及其内容，形成大学英语课程内容体系（表7-5）。该体系以通用英语、专门用途英语和跨文化交际为主要内容，多样化的课程模块给学生提供了可选择的课程菜单，为学生的未来发展奠定坚实的基础。

表 7－5 大学英语模块化课程内容体系

模块结构		开设课程	主要教学内容	要实现的具体培养目标要求
通用英语类	语言基础模块	综合英语Ⅱ	1）语言知识 2）语言技能 3）英语学习策略 4）中西文化知识 5）通用学术英语 6）基础职业英语	语言知识、语言交际能力、学习策略、专业相关语言知识、职业相关语言知识、国际视野、人文素质、外语实践能力、自主学习能力等
		综合英语Ⅲ		
		综合英语Ⅳ		
		视听说Ⅱ		
		视听说Ⅲ		
		视听说Ⅳ		
	语言提高模块	高级阅读	高级听、说、读、写、译技能	语言知识、语言交际能力、人文素质、外语实践能力等
		实用英语写作		
		基础口译		
		高级视听说		
		演讲与辩论		
		英语公共演讲		
专门用途英语类	学术英语模块	学术英语交流	通用学术英语知识与技能	学术素养、学术英语交流能力、人文素质、外语实践能力等
		出国留学实用英语		
		科技英语翻译	科技英语及商务英语特点、范式和相关技巧	
		科技英语阅读		
		商务英语听说		
		商务英语写作		
	职业英语模块	外贸函电	外贸英语以及民航、飞行英语行业的英语表达和交流技能	职业素养、职业英语交流能力、人文素质、外语实践能力等
		外贸口译		
		民航英语阅读		
		飞行英语		
		求职英语	职场英语技能	

续表

模块结构		开设课程	主要教学内容	要实现的具体培养目标要求
跨文化交际类	文化模块	跨文化交际概论	1）文化解读 2）中外文化对比 3）跨文化理解力、沟通力和批判力	跨文化交际能力、人文素质、外语实践能力等
		英美概况		
		英美报刊选读		
		现代国际关系		
		中国文化		
		中国概况		
		美国社会与文化		
		英语电影欣赏		
	文学模块	英国文学概况	1）英美文学知识 2）英美文学欣赏	
		美国文学概况		

从表 7-5 可以看出，我校大学英语课程内容体系由通用英语类、专门用途英语类、跨文化交际类课程组成，外语实践包含在各类课程之中。

1. 通用英语类课程

通用英语课程是大学英语课程的基本组成部分。通用英语进行语言共核部分的教学，“内容不指向某个专业、某个学科、某个职业，而是涵盖一个合格世界公民应该涉及的知识范畴；其使用也没有清晰的专业和职业目标，服务的是人的普遍交际需求”（文秋芳，2014：1）。通用英语类课程包括语言基础和语言提高两个模块。语言基础模块重点突出听、说、读、写、译基本技能的训练和语言基本知识的学习，为后续课程的英语学习打下扎实的基础。语言基础模块开设综合英语（Ⅱ、Ⅲ、Ⅳ）和视听说（Ⅱ、Ⅲ、Ⅳ）课程，主要内容包括语言知识、语言技能、英语学习方法和策略、中西文化知识、通用学术英语知识、基础职业英语等，采用课堂教学/面授与网络自主学习相结合的教学模式，定期举办导学讲座及专题讲座，外语教学实践活动贯穿于各课程。通过英语教学、网络自主学习和实践活动，使学生英语能力达到《教学指南》规定的大学英语教学基础目标的相关要求。语言提高模块强调听、说、读、写、译技能的进一步提升，兼顾语法、词汇、篇章、语用等语言知识的进一步巩固、提高和相关知识的进一步扩充。语言提高模块开设高级阅读、高级视听说、实用英语写作、基础口译、演讲与辩论、英语公共演讲等课程，采用课堂教学为主、网络自主学习为辅的教学模式或面授与网络自主学习相结合的教学模式，定期举办专题讲座，外语教学实践活动贯穿所有课程中。通过英语教学、网络自主学习和实践活动，使学生英语能力达到《教学指南》规定的大学英语教学提高目标的相关要求。

2. 专门用途英语类课程

专门用途英语是通用英语的延伸与拓展，它将语言与专业有机结合，是语言应用能力培养的载体，是双语或全英语教学的基础铺垫与有机衔接。专门用途英语课程根据学习者的特定培养目标或特殊需要而开设，着重解决学生学科知识学习过程中所遇到的语言问题，以培养与专业相关的英语应用能力为教学重点。专门用途英语类课程包括学术英语和职业英语两个模块。学术英语模块分为通用学术英语类和专门学术英语类课程。“通用学术英语”指学生在专业学习和研究中所需要的学术英语能力，旨在提升学生学术语言表达能力的同时，赋予他们通用的批判意识、学术思维和科学精神；“专门学术英语”注重某个学科，主要为学生提供针对具体学科的科学范式、学术规范和相关技巧。通用学术英语类课程开设学术英语交流和出国留学实用英语等课程，主要内容包括专业相关词汇、句法结构和篇章特征，听英文学术讲座、查找和阅读英语文献、用英语撰写论文、参加口头报告和讨论学术活动等学术英语技能。专门学术英语开设科技英语系列课程（科技英语翻译、科技英语阅读）和商务英语系列（商务英语听说、商务英语写作）等课程，主要内容是科技英语及商务英语特点、范式和相关技巧。“职业英语”以英语使用领域为指向，聚焦于职场中英语应用能力的培养。职业英语模块开设外贸函电和外贸口译（经济管理学院国贸专业必修课程，其他专业选修课程）、民航英语阅读和飞行英语（主要针对民航、飞行专业学生）、职场英语等课程，主要内容是外贸英语以及民航、飞行行业的英语表达和交流技能。专门用途英语课程采用课堂教学为主、网络自主学习为辅的教学模式或面授与网络自主学习相结合的教学模式，学生的实践性和研究性活动贯穿于所有课程中。专门用途英语多为与学科专业相关的英语应用能力课程，通过教学、网络自主学习、实践和研究活动，使学生较好地掌握一定的学术英语和职业英语知识和技能，培养学生有效进行专业交际的语言能力，即语言应用能力。

3. 跨文化交际类课程

语言是文化的载体，语言交流实际上也是文化交流。跨文化交际课程体现大学英语的人文性特征，旨在进行跨文化教育，提高学生跨文化交际能力和人文素养。跨文化交流课程包括文化模块和文学模块。文化模块开设跨文化交际概论、英美概况、美国社会与文化、英美报刊选读、现代国际关系、中国文化、中国概况等课程，主要内容是解读中西文化，提高跨文化理解力、沟通力和批判力，帮助学生了解中外文化差异，批判性看待异国文化及其价值观，进而获得宽广的国际视野，学会理解、尊重、包容不同文化传统和习俗，通晓相关专业的国际规则。文学模块开设英国文学概况和美国文学概况等课程，主要内容是了解英美国家的文学史，欣赏文学名著。跨文化交际课程采用面授与网络自主学习相结合的教学模式，定期举办专题讲座，外语教学实践活动贯穿课程中。通过英语教学、网络自主学习和实践活动，增强学生的跨文化意识，扩展学生的国际视野，提升学生的语言应用能力和跨文化交际能力。

4. 外语实践

外语实践是外语教学过程中不可或缺的重要组成部分。外语实践模块与前几个课程模块不是平行关系，而是贯穿于前几个课程模块的课程组织形式（李波，2011）。外语实践主要采用课堂教学/面授与网络自主学习相结合的教学模式、设置外语实践课以及开展丰富多彩的外语实践教学活动给学生创造语言实践和运用的环境，让学生从课堂、外语自主学习中心、第二课堂、社会等渠道进行实践活动。通过课内外各种实践活动，培养学生的外语语言能力和语言应用能力、综合素质、实践能力和创新能力。

第三节　多层次的大学英语课程设置

《教学指南》指出，课程设置是教学目标在学校课程计划中的集中表现，是对课程结构和课程内容的安排和规定。各高校应根据学校类型、层次、生源、办学定位、人才培养目标等，遵循语言教学和学习规律，合理安排相应的教学内容和课时，形成反映本校特色、动态开放、科学合理的大学英语课程体系。课程设置要注意处理好通用英语与专门用途英语、跨文化交际教学的关系，处理好必修课程与选修课程的关系。课程设置还要充分考虑语言学习的渐进性和持续性，在大学本科学习的不同阶段开设相应的英语课程。从上文可知，课程设置的重点主要是协调课程各要素之间的比例关系。课程各要素间的比例关系是课程各要素组合方式最重要的方面，它直接影响到课程的结构状况和功能的效度（崔颖，2009）。协调好课程各模块以及课程模块与分级层次、课时比重、学分比例等要素之间的比例关系，可以满足学生不同的英语学习需求。

一、课程各要素间的比例

我校大学英语课程在培养方案中定为“大学英语模块”，在教学计划中设置为224学时、10（+4）学分，其中10学分为基于计算机与课堂教学模式下应完成的必修课、限定选修课和任意选修课课堂教学或课堂面授学分，4学分为网络自主学习和外语实践教学学分。在大学期间，学生必须修满10（+4）学分的“大学英语模块”。

针对我校大学英语课程学分从16学分调整到14学分再调整到10（+4）学分的状况，我们对课程学分进行调整。根据课程难易程度和自主学习要求，将大学英语现有课程分为2学分或1学分课程，实施课堂面授+网络自主学习的教学模式，保证每一学分都有足够的学时。目前大学英语课程10学分分四个学期修完，其中第一学年6学分，第二学年4学分；每学期所修课程不能超过3学分。其次，我们根据生源情况，对分级比例进行调整。将新生由原来一、二、三级起点调整为二、三、四级起点，分级比例由原来三级起点50%、二级起点30%和一级起点20%调整为四级起点20%、三级起点60%和二级起点20%。这样，提高了高起点学生比例，有效压缩了通用英语课程学时，增加了选修课课时，可以使所有学生（民族生除外）进入限选课程，80%的学生进入任选课程，选修更能提高英语语言知识、交流能力、文化素质和专业英语能力的课程。

课程学分和分级比例确定后，我们为不同层次的学生开设不同层次的模块课程（表7-6）。语言基础模块（平台）是中学英语和大学英语的衔接和过渡，要求不同层次的学生必修；其中，四级起点必修大学英语Ⅳ级课程，三级起点必修大学英语Ⅲ、Ⅳ级课程，二级起点必修Ⅱ、Ⅲ、Ⅳ级课程。语言提高模块衔接专门用途英语和跨文化交际课程模块，要求不同层次的学生至少选修一门课程，为后继阶段课程（包括专门用途英语、跨文化交际、专业英语）打下良好的语言基础。专门用途英语和跨文化交际模块是为高起点学生开设的任意选修课程，学生根据需要选择。在“平台+模块”结构中，必修课程模块、限选课程模块及任选课程模块是相辅相成的。必修是限选的基础，必修和限选是任选的基础。学生首先必须完成必修模块的学习，然后进入限选模块学习，最后有选择性地学习任选模块课程。为了体现我校针对不同层次学生提出的不同培养方案，从二级起点到四级起点，每个层次的教学侧重点有所不同。三个级别的模块要求逐步加大，对任意选修课的模块课程逐步增加，对通用英语的语言提高模块、专门用途英语和跨文化交际模块的培养逐步加强。

表 7－6　课程各要素间的比例关系

分级层次	模块及学分	课程设置			
		第一学期	第二学期	第三学期	第四学期
四级起点（20%）	语言基础（必修 3 学分） 语言提高（限选 3 学分） 学术/职业/文化/文学（任选 4 学分）	语言基础	语言提高	学术/职业/文化/文学	学术/职业/文化/文学
三级起点（60%）	语言基础（必修 6 学分） 语言提高（限选 1－3 学分） 学术/职业/文化/文学（任选 1－3 学分）	语言基础	语言基础	语言提高	学术/职业/文化/文学
二级起点（20%）	语言基础（必修 9 学分） 语言提高（限选 1 学分）	语言基础	语言基础	语言基础	语言提高

从表 7－6 可看出，根据不同分级层次学生的特点和要求，在总学分总课时一样的情况下，合理分配课程模块与课时比重和学分比例，满足了不同层次学生学习的需要，使学生能在学校找到适合自己的教育，得到充分的提高和发展，同时也能体现出分级教学的优点和特色。通过协调课程各要素之间的比例关系，所有学生能进入通用英语的语言提高模块，80% 学生有资格选修专门用途英语和跨文化交际模块课程，所有学生都具备进入专业英语（双语课程和国际课程）学习的资格。

二、大学英语课程计划

根据大学英语课程体系结构、课程内容体系和课程各要素间的比例关系，我校制定了“大学英语”课程计划（表 7－7）、不同起点学生课程修读表（表 7－8、7－9、7－10）。

表 7－7　“大学英语”课程计划表

课程名称	课程类型	学时	学分	教学模式	备注
综合英语Ⅱ	必修	32＋16	2	课堂教学/面授与网络自主学习相结合，定期开展外语实践活动和导学/专题讲座。	1）各起点由低向高，逐级修读必修课程。 2）自主学习、实践、讲座等计入学分。
视听说Ⅱ	必修	16＋32	1		
综合英语Ⅲ	必修	32＋16	2		
视听说Ⅲ	必修	16＋32	1		
综合英语Ⅳ	必修	32＋16	2		
视听说Ⅳ	必修	16＋32	1		
高级阅读	限选	32	2	课堂教学为主，网络辅助	本模块要求学生至少选修一门课程。
实用英语写作	限选	32	2		
基础口译	限选	32	2		
高级视听说	限选	16＋16	1	课堂面授＋网络自主学习	
演讲与辩论	限选	16＋16	1		
英语公共演讲	限选	16＋16	1		
学术英语交流	任选	32	2	课堂为主	高起点学生任选
出国留学实用英语	任选	16＋16	1	面授＋网络	
科技英语翻译	任选	32	2	课堂为主 网络为辅	
科技英语阅读	任选	32	2		
商务英语听说	任选	16＋16	1	面授＋网络	
商务英语写作	任选	16＋16	1	面授＋网络	
外贸函电	必修	56	3．5	课堂为主 网络为辅	国贸专业必修
外贸口译	必修	40	2．5		
民航英语阅读	任选	40	2．5		民航飞行专业选修
飞行英语	任选	40	2．5		
求职英语	任选	16＋16	1	面授＋网络	高起点学生任选

续表

课程名称	课程类型	学时	学分	教学模式	备注
跨文化交际概论	任选	32	2	课堂为主 网络为辅	高起点学生 任选
英美概况	任选	32	2		
英美报刊选读	任选	32	2		
现代国际关系	任选	32	2		
中国文化	任选	16+16	1	面授+网络	
中国概况	任选	16+16	1		
美国社会与文化	任选	16+16	1		
英语电影欣赏	任选	16+16	1		
英国文学概况	任选	16+16	1	面授+网络	
美国文学概况	任选	16+16	1		

注：综合英语类课程学时32+16，其中32学时为课堂教学，16学时为网络自主学习；视听说类课程学时16+32，其中16学时为课堂面授，32学时为网络自主学习；其他32学时课程，32指课堂教学学时，网络自主学习时间由教师和学生共同商定；16+16学时的课程，分别为课堂面授和网络自主学习。

我校对不同的起点班（二、三、四级）制定不同的教学目标，开设了不同的课型，采用不同的方法，进行个性化教学。

表7-8 二级起点学生大学英语课程修读表

学期	课程模块	开设课程	学时	学分	课型	应达目标
第一学期	语言基础	综合英语Ⅱ	32+16（网络）	2	必修	通用英语基础目标
		视听说Ⅱ	16+32（网络）	1		
第二学期	语言基础	综合英语Ⅲ	32+16（网络）	2	必修	通用英语基础目标
		视听说Ⅲ	16+32（网络）	1		
第三学期	语言基础	综合英语Ⅳ	32+16（网络）	2	必修	通用英语基础目标
		视听说Ⅳ	16+32（网络）	1		
第四学期	语言提高	高级视听说	16+16（网络）	1	限选（1门）	通用英语提高目标
		演讲与辩论	16+16（网络）	1		
		英语公共演讲	16+16（网络）	1		

表 7-9 三级起点学生大学英语课程修读表

学期	课程模块	开设课程	学时	学分	课型	应达目标
第一学期	语言基础	综合英语Ⅲ	32+16（网络）	2	必修	通用英语基础目标
		视听说Ⅲ	16+32（网络）	1		
第二学期	语言基础	综合英语Ⅳ	32+16（网络）	2	必修	通用英语基础目标
		视听说Ⅳ	16+32（网络）	1		
第三学期	语言提高	高级阅读	32	2	限选（1或2门，不超过3学分。）	通用英语提高目标
		实用英语写作	32	2		
		基础口译	32	2		
		高级视听说	16+16（网络）	1		
		演讲与辩论	16+16（网络）	1		
		英语公共演讲	16+16（网络）	1		
第四学期	学术英语 职业英语 文化 文学	学术英语交流	32	2	选修（1或2门课，不超过3学分。）	专门用途英语提高目标和跨文化交际提高目标
		科技英语翻译	32	2		
		科技英语阅读	32	2		
		出国留学实用英语	16+16（网络）	1		
		商务英语听说	16+16（网络）	1		
		商务英语写作	16+16（网络）	1		
		求职英语	16+16（网络）	1		
		跨文化交际概论	32	2		
		英美概况	32	2		
		英美报刊选读	32	2		
		现代国际关系	32	2		
		中国文化	16+16（网络）	1		
		中国概况	16+16（网络）	1		
		美国社会与文化	16+16（网络）	1		
		英语电影欣赏	16+16（网络）	1		
		英国文学概况	16+16（网络）	1		
		美国文学概况	16+16（网络）	1		

表 7－10　四级起点学生大学英语课程修读表

学期	课程模块	开设课程	学时	学分	课型	应达目标
第一学期	语言基础	综合英语Ⅳ	32＋16（网络）	2	必修	通用英语基础目标
		视听说Ⅳ	16＋32（网络）	1		
第二学期	语言提高	高级阅读	32	2	限选（2门课，3学分。）	通用英语提高目标
		实用英语写作	32	2		
		基础口译	32	2		
		高级视听说	16＋16（网络）	1		
		演讲与辩论	16＋16（网络）	1		
		英语公共演讲	16＋16（网络）	1		
第三第四学期	学术英语职业英语文化文学	学术英语交流	32	2	选修（每学期选1或2门课，不超过3学分。两学期共4学分。）	专门用途英语提高目标和跨文化交际提高目标
		科技英语翻译	32	2		
		科技英语阅读	32	2		
		出国留学实用英语	16＋16（网络）	1		
		商务英语听说	16＋16（网络）	1		
		商务英语写作	16＋16（网络）	1		
		求职英语	16＋16（网络）	1		
		跨文化交际概论	32	2		
		英美概况	32	2		
		英美报刊选读	32	2		
		现代国际关系	32	2		
		中国文化	16＋16（网络）	1		
		中国概况	16＋16（网络）	1		
		美国社会与文化	16＋16（网络）	1		
		英语电影欣赏	16＋16（网络）	1		
		英国文学概况	16＋16（网络）	1		
		美国文学概况	16＋16（网络）	1		

本章我们尝试构建了大学英语课程体系结构和体系内容，形成了新课程计划。这些计划只有付诸实践才能实现，并达到预期的目标。

第八章

新课程体系的实施

课程实施是课程体系的一个重要环节。课程实施是将编制好的课程计划付诸实际的过程，是实现预期的课程理想、达到预期课程目标的途径（施良方，1996：128－149）。课程实施是一项复杂的教育活动，许多教育改革的成败，不在于课程计划的科学与否，关键在于课程的实施（彭虹斌等，2003）。课程实施是变革。在把新的课程计划付诸实践的过程中，新的课程计划通常蕴含着对原有课程的一种变革。实施新的课程，意味着课程实施者教学理念、教学方法、内容安排、教学组织等都发生一系列的变化。课程实施是教学。教学的过程是课程内容转化的过程，可以说课程实施是一个转化的过程。“课程实施”即“实施课程计划”，也就是将既定的课程推向学生，将课程内容转化为学生认知结构、个性品质、社会行为等方面的过程。课程实施最终指向预期教育目标的实现（汪霞，2003）。

上一章我们根据课程体系的目标构建了大学英语模块化课程体系结构和内容，形成了大学英语新课程计划。这些课程计划如果没有经过实施的行动，就无法落实和实现，更无法达到课程设计中预期的课程目标（汪霞，2003）。因此，为了实现预期的课程目标，就要实施课程体系。

新课程体系的实施是一个系统工程，需要根据课程目标要求、实际的教学条件、学生的情况，以及影响课程体系实施的课程、教学、教师和学生等因素进行整体设计（图 8－1），做到课程体系实施前有准备，实施过程清晰，实施后有效果检验。

我校大学英语课程体系坚持改革与建设同步原则，实施课程体系的过程就是改革和建设课程体系的过程，我们主要从教学内容、教学资源、教学模式、教学方法、教学管理、教师队伍等六方面进行同步建设，以使大学英语课程体系实施达到预期目标。

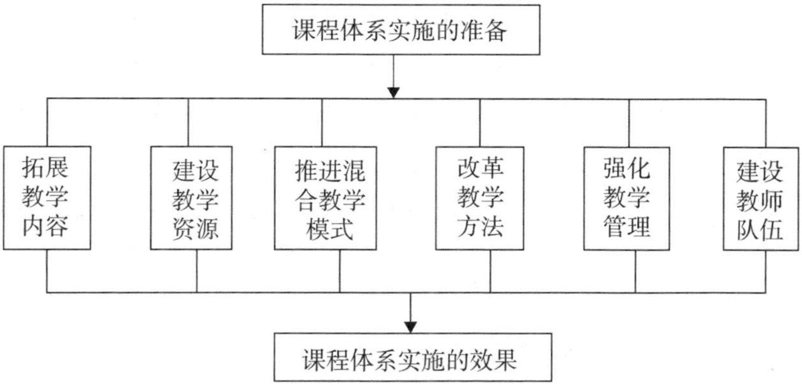

图 8－1　大学英语课程体系实施框架图

第一节　新课程体系实施的准备

大学英语课程体系实施是个复杂的过程，需要学校相关职能部门、外国语学院党政、大学外语教学部教师及非英语专业学生通力合作和协同实施。为了保障大学英语课程体系的成功实施，我校专门成立了大学英语教学改革领导组和工作组（图 8－2）。领导组制定并明确大学英语课程体系改革和建设的指导

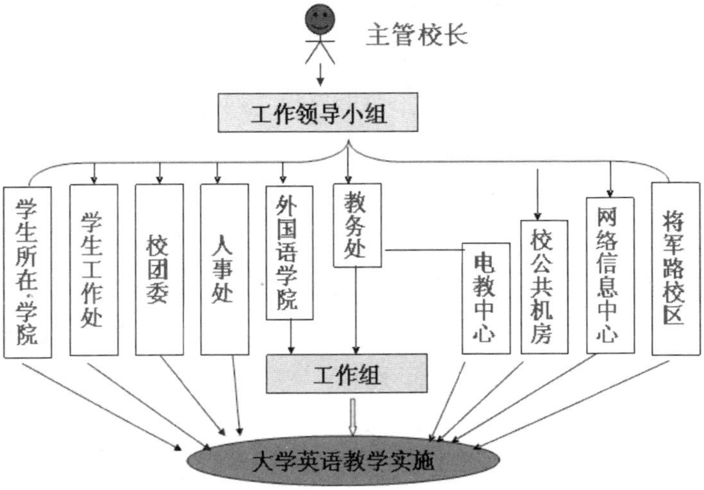

图 8－2　大学英语课程体系改革与建设组织机构图

思想、目标和各部门任务，由主管校长担任组长，教务处、学生处、人事处、外国语学院和学生所在学院以及相关部门负责人参加。工作组具体组织实施课程建设工作，由教务处和外国语学院为主。根据大学英语课程建设总目标，各部门分工协作，齐抓共管。

组织机构成立后，明确了各部门的分工，分层落实了任务。校级任务是做好顶层设计、制定相关政策、落实经费、调动资源、提供保障。相关部门的任务：教务处负责总体指导与协调，制定与改革相适应的管理办法；人事处制定师资培训计划；各相关学院抓好学生的日常管理，协助调研专业学科发展对外语的需求等工作；网络中心、电教部门为大学英语教学提供网络服务和现代教育技术支持；计算中心为大学英语学生自主学习提供场所和技术服务；学生处、团委和将军路校区协助大学外语教学部开展外语实践教学活动。外国语学院和大学外语教学部的任务是制定适应学校人才培养目标的课程体系改革方案和学校《大学英语教学大纲》，负责课程体系总体设计和教学过程管理，完善网络环境下教学的内容和资源，合理安排师资力量，组织日常教学活动。大学英语教师根据新课程体系要求，进行教学设计；调整教学重点，教会学生学习；采用新的教学方法，调动学生学习兴趣；结合课程，开展课内外实践活动。使学生了解新课程体系要求，适应新的课程和教学模式；掌握学习策略，学会自主学习；增强学习主动性，提高语言应用能力。

实施课程体系是大学英语教学改革中一项十分重要的任务，我校在三个方面做好了充分的准备：首先是思想准备，即认识到课程体系实施的重要性；认识到课程体系的实施不仅仅是课程体系的改革，而且是课程体系的建设。认真学习了《教学指南》有关课程体系的精神，掌握精髓；采取有效措施，加强领导、组织和协调，充分调动教师、管理人员和学生的积极性。其次是组织准备，即在课时安排、教学过程、师资力量、学生数量、教学管理、教务管理人员、网管人员等方面组织协调到位，保证课程体系实施的顺利进行；最后是物质准备，即准备课程体系实施所必需的资料、计算机软硬件、网络设备等。通过三方面的准备，为课程体系的实施打下基础。

第二节　新课程体系实施的过程

根据《教学指南》的要求，大学英语课程的主要内容由通用英语向“通用英语+”转型。我校新课程体系将在原有通用英语类课程的基础上增加培养学术交流与研究能力的学术英语类选修课程、培养职业交流英语的职业英语类选修课程和培养国际化意识的跨文化交际类选修课程。随着新课程体系的建立和完善，我校大学英语正逐步从通用英语向专门用途英语和跨文化交际转向，教学内涵更加多元化、个性化，传统的语言基础和提高技能不再是教学中的唯一目标，大学英语向语言和文化以及其他学科知识传授相结合转变。

为了实现大学英语的多元化教学目标，我校采取了拓展教学内容、建设教学资源、推进混合式教学模式、改革教学方法、创新教学管理、建设教师队伍等措施实施课程体系。

一、拓展教学内容

在人才培养过程中，提高学生的语言应用能力成为当前大学英语教学的重点，课程体系及教学内容应向学生语言应用能力的进一步提高和向更高层次及更宽知识面进行拓展，使大学英语的课程体系具有多样性、开放性、研究性和个性化等特点，以实现转型期大学英语教学的可持续发展，促进大学英语课程的长远建设。

为了实现新课程体系的目标以及课程体系各模块的有机衔接，我们确定导学课程、选修课程和实践教学体系为重点建设课程，使学生实现中学英语和大学英语的衔接、必修课程和选修课程的衔接和理论与实践的衔接，保证学生知识、能力和素质协调发展。

（一）增设导学课程，开展适应教育

从中学进入大学，新生面对全新的环境、教学模式以及角色的转变会产生陌生茫然感、学习焦虑感和人际交往的心理障碍等问题（林明金，2011）。为了解决新生问题，我校开设导学课程（如入学教育、导学教材、专题讲座等方式）并将其纳入课程体系，引导新生尽快适应大学英语教学。

1. 新生入学教育

在新生入校时安排分级考试和新生问卷调查，充分了解新生的英语状况以及学习英语的态度、目的、方法、入学不适应的具体表现，以及对学习方法的了解、使用和评价的情况；新生军训结束后，安排2周时间进行专门的课程导学。大学外语教学部给任课教师准备统一的《大学生英语学习手册》，具体介绍大学英语课程，让学生了解课程性质和目标、本校课程设置、教学模式、学习要求和考核方式，帮助学生搞好自我规划，并根据自身语言情况选择课程。参观和介绍教学辅助设施（计算机中心、大学英语自主学习中心等），使新生了解这些教学辅助设施在大学英语学习中的作用，并在自主学习中心集中对学生进行计算机网络技术培训，掌握计算机方面的基础知识，学会基本的计算机操作技能；举办各种有关网络自主学习策略讲座；安排学生参加综合英语和视听说课程网络分级测试；熟悉综合英语和视听说网络教材，进行自主学习和测试等。

2. 新生导学教材

"掌握良好的学习方法和有效的语言学习策略是培养语言应用能力的重要保证，也是实现可持续学习的必要条件（余渭深，2016：24）"。为此，我们为新生编写了导学教材《大学英语学习方法与策略》（吴鼎民，谢小苑；2014），具体介绍了大学英语课程教学目标、对学生的要求，以及今后要学习的大学英语课程内容；详细介绍了大学英语课程的学习方法和学习策略，把教会学生知识变为教会学习，重点是"怎样学"；帮助新生明确大学英语学习的具体目标，帮助学生进一步明确大学四年的英语学习规划，要求学生有长计划短安排，合理利用时间，管好自己的学习和生活。

3. 系列专题讲座

根据学生英语学习状况以及兴趣爱好，定期举办系列专题讲座，加强学习方法与策略的指导。"学习策略系列讲座"贯穿于课程进程中，涉及听说读写以及跨文化交际等内容，旨在教会学生掌握学习方法，学会学习，提高可持续发展能力。

导学课程纳入大学英语课程体系旨在让大学新生尽快适应大学英语教学，完成中学与大学的衔接，包括学生学习心理的适应、学习策略的调整、学习自信的建立，以及教师在教学中如何真正做到"以适应求转化"，以最少的时间，最大限度地把知识、能力、人格转化给学生。

（二）开发选修课程，彰显校本特色

为了增强大学英语课程服务于社会对外语的国际化需求、服务于学校人才培养、服务于各学科与专业发展需要的针对性，同时也为大学英语课程体系的建设增加更大的操作空间，我们从学校“培养高素质公民和未来开拓者”的人才培养目标出发，结合我校各学科专业的特点和“航空、航天、民航”三航特色，重点开发彰显校本特色的选修课程。

1. 将语言、文化和专业相结合，建设校本特色课程

根据大学英语的目标要求，我校大学英语课程体系不断更新教学内容，从单纯的语言教学过渡到语言、文化和专业内容相结合的“三套车”内容体系。新课程体系以英语语言知识和技能、跨文化交际、专门用途英语为主要内容，其中语言基础为必修课程，语言提高、跨文化交际和专门用途英语类课程均为选修课程。选修课程为学生改善知识结构、扩大知识面、拥有自主空间、形成自身特色提供了可能。

我校开设选修课程的主要依据是社会及行业需求、学校学科专业发展和特色、不同学生群体的需求和个人兴趣。与其他院校相比，在选修课程的设置上既有共性又有差异。在语言提高课程方面，开设听说读写译技能等具有共性的课程，但特别突出“演讲与辩论”“基础口译”“英语公共演讲”和“实用英语写作”等提升学生口头和书面表达能力的特色课程。在跨文化交际类课程方面，和大多数高校一样，开设了“英美概况”“英美报刊选读”“美国社会与文化”“英语电影欣赏”“英国文学概括”和“美国文学概括”等课程，还特别开设了“跨文化交际概论”“现代国际关系”“中国概况”和“中国文化”课程。我校的中国文化类课程在“大学英语模块”“公共选修模块”和“留学生课程模块”同时开设，成为我校的特色课程。在通用学术英语课程方面具有共性，主要开设“学术英语交流”“出国留学实用英语”等旨在提高学生用英语进行专业学习、学术研究与交流能力的课程。而在专门学术英语课程方面，结合学生的特点，我们开设了“科技英语阅读”和“科技英语翻译”等科技英语系列课程以及“商务英语听说”和“商务英语写作”等商务英语系列课程，向学生呈现特定专业的词汇、句法、语篇、体裁和交际策略，向学生展现特定专业的语言特征及内容，为专业英语打基础。在职业英语课程方面，我们突出校本特色专业（飞行、民航、航空、外贸等），并将其融入外语语言教学，开设了“外贸函电”“外贸口译”“民航英语阅读”等与行业相关的课程。

2. 实施行业性英语教学，彰显校本航空特色

作为航空院校，飞行员英语教学是我校一大特色。我校每年要招收400名左右的飞行学员。飞行学员要实现飞天梦，必须通过国外航校组织的飞行英语考试（笔试+面试）。我们给这批特殊行业的学生开设了飞行员特殊用途英语系列课程，建设飞行英语教学情景。开设的课程有“飞行员英语听说（Ⅰ）”“飞行员英语听说（Ⅱ）”“民航情景英语”。每年我校飞行学员有95%的人能顺利通过国外的飞行英语考试，参加国外飞行训练。我们开设的飞行员ESP课程，满足了特殊专业的学习需求，有力支撑了南航“以航空为本，促进特色发展”的办学目标。

新开设的选修课程使大学英语教学更具针对性和实用性，有利于学生的个性化学习，有利于培养学生具有全球视野的世界公民和未来开拓者的素质，满足国际化背景下社会和行业对高素质人才的需求，提高大学英语教学效率。

3. 构建实践体系，做到学以致用

学生是语言学习的直接参与者，是语言知识建构的主体，需要运用所学的语言和文化知识去验证知识，重演知识，从中建构新的知识，培养运用能力。外语实践教学活动是学生构建新知识、运用语言交流和沟通的有效手段，是课程建设的一个必不可少的重要环节。针对外语实践教学活动比较离散、覆盖面不广、学生受益面不大的问题，我校对实践教学环节进行改革，构建了外语实践教学体系（图8-3），将学生的发展需要及知识、能力、素质教育融入实践教学环节与教学过程，使实践教学体系成为培养学生外语综合应用能力的有效载体。

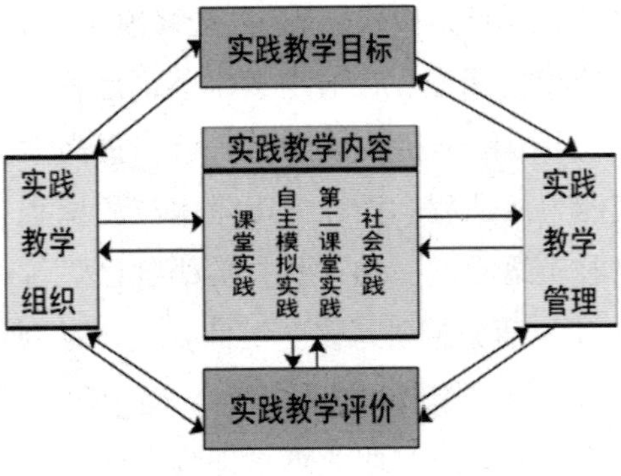

图8-3　外语实践教学体系框架结构图

在构建外语实践教学体系的过程中，开展个性化实践教学活动，把课堂内外、校园内外的外语实践教学活动连成一体，并把这些活动纳入课程计划是我校课程体系改革的一项新举措。

我们从大学英语课程 14（10 +4）学分中分离出 4 学分作为外语教学实践课学分（表 8 –1）。其中 2 学分为专项实践活动学分，融入大学英语各门课程中。专项活动的内容既联系课堂教学，又兼顾课外相关知识，目的是让每名学生都参与进来。另外 2 学分为个性化实践活动学分，单独设置为“外语实践课”，学生根据自己的兴趣爱好选择各种实践活动，要求在三年内修满学分。个性化活动是发展学生运用英语能力、激发学生学习英语热情的有效手段，是提高学生英语综合技能的有效实践模式（谢小苑，2012）。

表 8 –1　外语教学实践课类型及活动形式

外语实践课类型	外语实践活动形式
专项实践（2 学分融入到大学英语各课程）	（新生）外语朗诵比赛（融入视听说课程）
	（新生）词汇语法竞赛（融入综合英语课程）
	英语美文背诵大赛（融入一、二年级视听说课程）
	写作比赛（融入一、二年级综合英语课程）
	课程作品汇报会（融入二年级选修课程）
	专题研究汇报会（融入二年级选修课程）
	讲座与交流（针对所有课程学生） 1）名家讲坛（校内外专家讲座）；2）教师讲坛（学习方法、文化、测试等系列讲座）；3）学生讲坛（学习经验交流会）
个性化实践（2 学分单独设置外语实践课）	演讲比赛
	口译大塞
	辩论赛
	翻译比赛
	全国大学生英语竞赛
	魅力外语节 1）外文金曲大赛；2）外语话剧比赛；3）外语配音比赛
	模拟联合国
	模拟国际会议
	电台/电视台英语节目制作、播音
	社会实践

通过改革传统的课堂教学模式和设置外语实践课，我们给学生创造了语言实践和运用的环境，让学生从课堂、外语自主学习中心和外语语言实验实训中心、第二课堂、社会等多渠道进行外语实践，促进课堂教学与网络实践、理论教学与实践教学、课内培养与课外引导、专项实践与个性化实践、校内实践与校外实践的“五个有机结合”，有效地推动了外语实践教学改革的深入开展（谢小苑，吴天宪；2012）。

二、建设教学资源

教学资源是为开展大学英语课堂教学、拓展学习空间、支持课程管理等提供的直接教学条件，也是帮助师生共同开展教学活动、完成教学任务、实现教学目标所提供的显性或隐性教学材料、教学环境和教学服务支持系统。我校注重教学和学习需求，并围绕课程资源和软硬件环境开展大学英语教学资源建设。

（一）课程资源建设

课程资源与课程存在十分密切的关系，课程资源是课程实施的最起码条件和支持（吴刚平，2001）。对于大学英语课程来说，课程资源是实施大学英语教学活动的直接条件，主要包括课程教学大纲、教材以及与教材配套的网络教学系统。

1. 制定校本教学大纲、课程大纲等教学文件

学校教学资源的第一个要素就是科学、系统、个性化的校本教学大纲，完善的教学大纲是保障课程教学质量的基本要素。

大学英语课程体系包含两个层次的教学大纲：一是指导大学英语课程模块和各具体课程的学校《大学英语教学大纲》，二是指导各门课程的《课程教学大纲》。学校的大学英语教学大纲是根据教育部颁布的《大学英语教学指南》《大学英语教学要求》以及根据根据学校的具体情况所设计的、具有宏观指导性质的政策性文件；可以包括总的教学目标、课程设置、教学模式、教学评估和教学管理等。课程教学大纲是规定该门课程的教学对象、教学目的、教学任务、教学内容、教学安排、教学原则以及测试评价等内容的权威性文件，是该课程教学的“宪法”（王海啸，2004）。

我校根据《大学英语教学指南》和《大学英语教学要求》（2007）的精神，依据大学英语新课程体系目标、新构建的大学英语模块化课程体系结构和内容的要求，以及学校实际的教学条件和学生的情况，制定了指导大学英语各课程

模块和各具体课程的《大学英语教学大纲》。根据《大学英语教学大纲》，制定了指导各门课程的《课程教学大纲》、教学日历和考试大纲以及指导学生学习大学英语课程的《大学生英语学习手册》等配套文件。

2. 重视教材建设和教材研究

教材是教学内容的主要载体，也是实现教学目标的基本保证。我校根据不同水平、不同类别、不同层次的学生以及不同的课程模块，采用教育部推荐教材与自编教材相结合的方式加强教材建设。通用英语基础模块综合英语和视听说课程选用国家级规划教材，以保证教材的规范性、系统性与科学性。

近年来，我校非常重视大学英语教材建设和教材研究，鼓励教师参加各类教材的编写工作，特别是选修课程教材。我们参与了国家级“十二五”规划教材《新时代交互英语》（全新版）和（第三版）视听说教材（清华大学出版社）的编写和改编工作；针对新生编写了导学教材《大学英语学习方法与策略》（外语教学与研究出版社）。为了提高学生的语言交际能力和应用能力，促使学生知识、能力和素质协调发展，我们围绕选修课程，组织编写了《基础口译教程》《英语公共演讲》《实用英语写作》和《英语电影欣赏》等“大学英语素质拓展系列”教材（上海交通大学出版社）；《中国文化概览》（英文版）（译林出版社）；《科技英语翻译》和《科技英语阅读》等科技英语系列教材（国防工业出版社）；以及编写了《飞行英语》《演讲与辩论》《英美报刊选读》《求职英语》《出国留学实用英语》《英国文学》《美国文学》等课程讲义。

3. 加强网络教学系统建设

我校依托大学英语网络教学平台进行网络教学系统的建设。首先建设与教材相配套的网络课程资源库，包括教育部推荐使用的教材配套网络教学软件，如清华大学出版社的《新时代交互英语》、外语教学与研究出版社的《新标准大学英语》和《新视野大学英语》以及上海外语教育出版社的《新理念大学英语》；根据综合英语和视听说课程需要自主开发了融助学、辅教和测试于一体的多媒体网络课件；建设与教材相配套的其他教学资源，如教学单元设计、教案和演示文稿、教学视频、重点难点指导、作业、试题、学生优秀作品、参考资料目录等。其次，建设展示教师个性化教学的课程网站。我们将基础必修课程和有特色的选修课程全程教学录像，包括综合英语和视听说（1－4级）课程、中国文化、中国概括、演讲与辩论、科技英语翻译等课程、导学课程和专题讲座等，所有录像上传至课程网站，供校内外学生点击收看，做到资源共享。第三，建设资源库，如引进

“英语在线”教学资源库；建设本校外语教学实践活动所需资源等公共资源库；同时，教师可以根据课程需要和个人兴趣、研究方向建设个人资源库。第四，建设课程资源管理与服务平台，比如，自主开发了视听说课程使用的约课系统和学生选修课程使用的选课系统；引进了网络考试系统等。

我校丰富的网络教学资源为学生提供了自主建构知识的环境，也充分发挥了教师的主导作用，提高了大学英语教学效率。

（二）共享校本优质资源，建设立体化教学环境

现代信息技术的发展，给大学英语课程体系和教学资源建设带来了新的契机。多媒体和网络以其形象化和立体化的表达形式，真实、丰富的语言环境，建构了无限的教学空间，拓宽了教学资源，优化了教学环境，提高了个性化教和学的效率。作为理工为主的研究型大学，我校特别重视信息技术在大学英语教学中的作用，积极投入人力、物力、财力为外语教学建设立体化教学环境。

1. 硬件环境建设

本着“专用资源建设”与“共享资源开发”相结合的原则，学校拨专款、立专项，统筹建成了网络教学环境。目前大学英语教学已具备以下硬件环境：

（1）便捷畅通的校园网络环境（图8－4）。我校明故宫校区与将军路校区

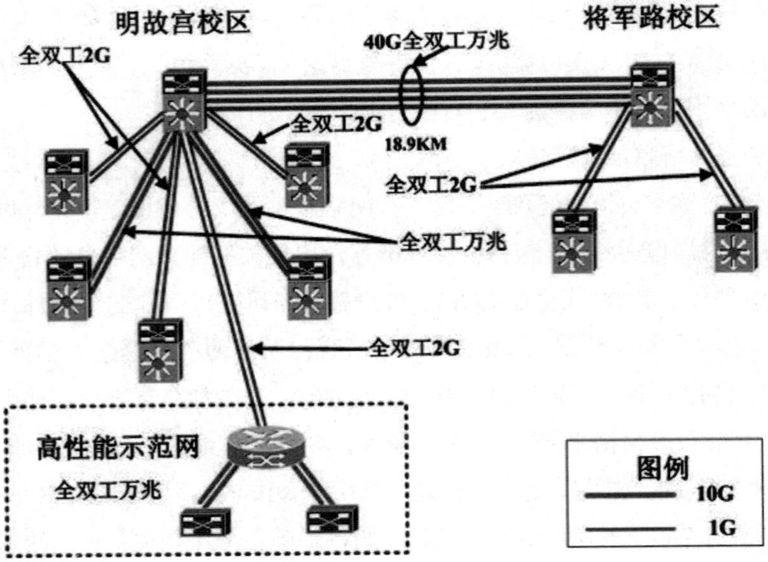

图8－4　便捷畅通的校园网络环境

核心设备双万兆互联，中国电信、网通、联通、教育网四网并存的出口格局。两校区教学、科研、办公区域，五个教职工住宅小区，研究生、本科生公寓全面接入，建设各类信息点 5 万多个，同时上网人数过万人。校区校园网无线覆盖保证了网络课程的顺畅运行，使学生能够任何时间和任何地方方便地上网学习。

（2）设备先进的计算中心资源。学校计算中心可供学生进行网络学习的电脑共有 1400 台（含外语自主学习中心 2 个，620 台），所有电脑对学生免费开放，可以满足大学英语教学的基本需求。学生可以通过网络点播英语学习资源，进行自主学习。为了保证教学资源安全、快捷地输送，计算中心配有若干服务器及交换机。

（3）学校图书馆资源。学校图书馆具有较高的网络化程度，配置了电子阅览室自动化管理系统、网络视频资源点播系统等，电子阅览室和视听室共有电脑 600 台供学生学习。图书馆还为学生提供了利用无线网络进行学习的条件和环境，使学生可以不受时间、空间的限制，全天 24 小时查阅图书馆的各种电子文献和使用网络信息资源。

（4）教学场所。学校所有的教室都配有多媒体网络设备，教学楼安装了数码语音广播系统，学生可以在教学楼里的任何一个教室里听英语，练习听力；在外语教学集中的教学楼修建了交互式语音室和外语实践教学专用活动室等，满足了外语教学多元化需求。

（5）技术先进的电教中心资源。为了帮助大学英语教师提高信息技术素养，电教中心成立了大学英语教师工作室，在多媒体课件制作、建设网络系统和开发网络平台等方面给予技术支持。电教中心具有视频录播室和数码编辑室等硬件设施以及专门的技术人员，指导教师进行教学录像和音频、视频制作等工作。

此外，学校有学生外语实验电台和学生实验电视台英语频道等其他硬件设施，为学生提供良好的语言学习和语言实践的环境和条件。外语电台和电视台，定期播放学生自办的英语节目，是学生课外学习外语的一个很好的媒体，同时还播放各类英语教学片，以及各类外语电影和电视剧、专题片等，为学生提供了一个融外语学习和兴趣娱乐为一体的学习平台。

语言习得理论和经验显示，语言知识的学习本质上是一种对环境的能动反应。良好的语言环境和条件对英语学习成效起至关重要作用。我校的硬件环境，如教学场所（多媒体网络教室、交互式语音室等）、教学设备（多媒体计算机、投影机等)、实践场所(教学网站、图书馆电子阅览室及视听室、学生外语实验电台、学生实验电视台英语频道、外语实验中心、英语角等),形成了融自主学习、课堂教学和课外实践于一体的立体化教学环境(图8-5)。

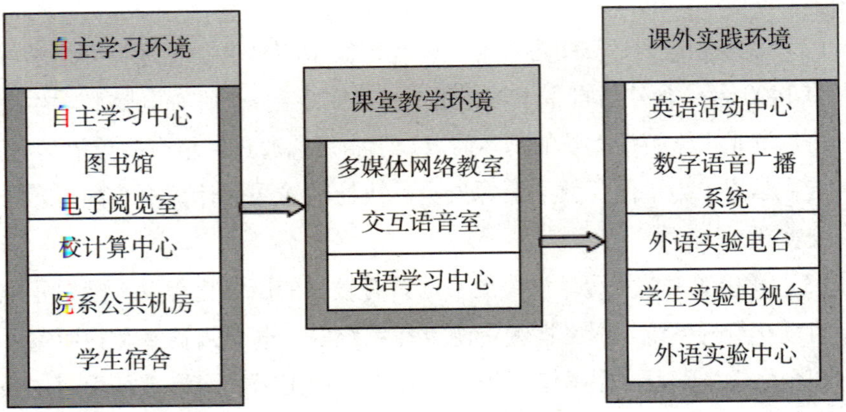

图8-5 立体化的教学和实践环境

立体化的教学环境体现了多元化的教学目标、教学内容、教学组织和教学管理的有机结合,使得学生英语知识得以更好地构建、英语交际能力得以更好地培养、文化素质得以更快地提升、自主学习能力得以更好地提高。

2. 软件环境建设

大学英语教学软件环境作为计算机网络支撑的教学环境,是课堂教学物理空间的延伸,包括支持网络课程教学的软件工具以及实施网络课程教学活动的网络教学平台。依托学校的技术力量,我们自主研发了由教学资源库、网络教学支撑平台及教学评估系统组成的大学英语教学网络平台(图8-6)。该网络教学平台具有多元性、交互性、开放性、服务性和自主性等功能:多元性——可以容纳多种教学系统和网络课程;交互性——可用于师生交流(批改作业、指导学习、答疑解惑等),可用于学生自主学习与测试(系统可自动记录,适时反馈);开放性——学生可以利用各种教学资源,而且不受时空限制;服务性——提供老师了解学生自主学习情况,提供管理者了解教师工作以及师生的互动情况;自主性——在网络教学系统中学生不受时间和地点的限制自主学习,递交作业,参与讨论,点播授课录像,部分课程还可以每周选择不同教学风格的老师，不同的上课时间。

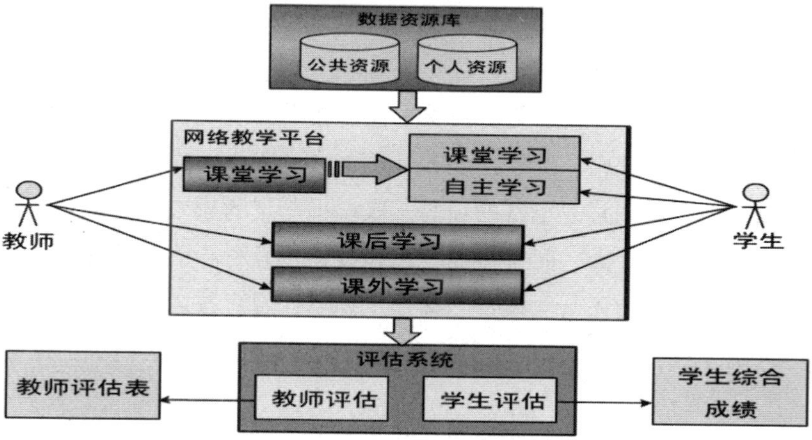

图 8-6 大学英语教学网络平台

“没有丰富的高质量的教学资源，就谈不上学生的自主学习，更不可能让学生进行自主发现和自主探索”（何克抗，2005）。我校充分利用和开发网络教学资源，大学英语网络教学平台已有较丰富的教学资源，不仅有外研社、外教社和清华大学出版社提供的与教材配套的教学软件系统，而且还有我校自主研发的“大学英语自主学习系统”、大学英语课程网站、网络课程资源库、结合网络和课堂特色制作的融课前助学、课堂辅教和课后测试于一体的多媒体网络课件，还有教学资源库以及约课系统、选课系统、网络考试系统等课程管理和评估系统。大学英语教学网络平台在教学中发挥了积极作用，为学生提供了内容丰富的开放式、自主式的网络学习环境，满足学生个性化的学习需要，同时也为师生提供交流互动的平台，促进了教学质量的提高。

在大学英语教学网络平台管理方面，外国语学院和大学外语教学部负责提供平台的课程和教学内容，并组织教与学；学校网管（信息）中心负责网络设施，保证网络畅通；学校计算中心负责服务器、电脑的正常运行以及机房网络管理、后台数据管理；电化教学中心负责各教学系统的网络服务器的正常运行和后台数据管理，并负责学生的网络学习管理和数据分析。

通过整合和共享学校的优质教学资源，引进、开发和充实大学英语网络教学平台，初步完成了支撑课程体系的教学资源建设，为我校进一步推进混合式教学模式提供了条件保障，同时也为大学英语课程申报国家级精品资源共享课提供了保障。

三、推进混合式教学模式

现代信息技术应用于大学英语教学不仅使教学实现现代化、多元化和便捷化，而且也促进教学理念、内容、方式等方面的改变。我校过去十年一直在进行教学模式的改革，积累了丰富的经验，取得了一定的成效。在信息技术与互联网发展日新月异的今天，面对在线教育和数字化教材、慕课及其他新型课程普及的新形势，我们应该与时俱进，继续发挥现代教育技术的作用，大力推进信息技术与课程教学的融合，推进线上线下相融的混合教学模式，提高教学效率。

我们依托自主开发的大学英语网络教学平台，利用网上优质教育资源改造和拓展教学内容，实施“课前自主－课堂教学－课外实践”的线上线下混合式教学模式（图8－7），彻底改变传统的一本书、一部投影、一个大班、老师满堂灌的教学局面，使学生朝着主动学习、自主学习和个性化学习方向发展。

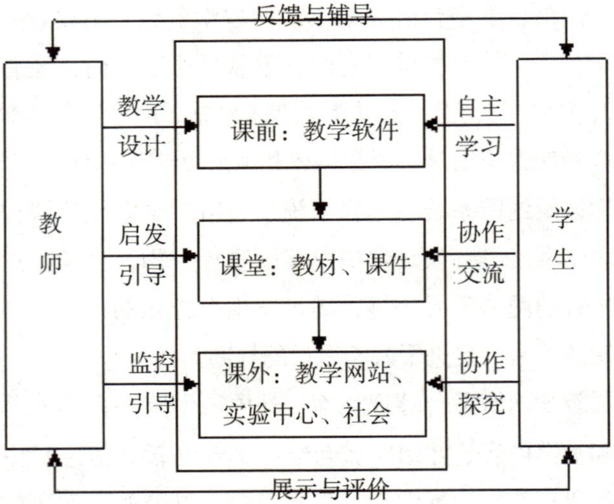

图8－7　“课前自主－课堂教学－课外实践”混合教学模式框图

我校的混合教学模式融合了网络教学、课堂教学、实践教学三种教学模式，分为“课前自主学习”“课堂教学”和“课外实践”三个主要环节，每个环节中最主要的元素是学生、教师、计算机（教学软件）和教材，在教学过程中，他们既有分工，同时又作为一个团队一起发挥作用。“课前自主学习”环节是学生依托教师提供的网络教学资源自主学习、并将信息反馈给教师和教师辅导的过程，为课堂教学打下基础，属于初级学习阶段，目的是激发学生学习的动力，培养学生自主学习的能力。“课堂教学”是积极引导学生参与课堂教学活动、师生互动的过程，为学生进入高级学习阶段提供基础，是课前自主学习和课后实践之间不可缺少的桥梁，目的是充分调动和发挥学生主体性的学习方式，彻底改变单纯接受式的学习方式。“课外实践”是学生在教师的指导下有目的地完成检测任务和主题协作讨论任务，属于高级学习阶段，目的是提高学生的实践能力，培养了学生的合作意识，是对“课堂教学”环节的提升。

在线上线下混合教学模式框架下，我们以《新视野大学英语》《新时代交互英语》为例，分别描述该模式应用于“综合英语”和“视听说”课程的教学过程。

1. 混合教学模式在“综合英语”课程的应用

为了有效实施混合教学模式，我们将“大学英语网络教学平台”与《新视野大学英语》网络教学系统对接，将网络课程容纳其中，为学生提供立体化的教学环境和自主式的学习环境，满足学生个性化的学习需要，同时也为师生提供交流互动的平台。为了在课程中体现学习者为中心的思想，我们从词汇水平、句子水平和篇章水平、文化背景、语法库、技能库等方面提供了丰富的教学资源，对《新视野大学英语》网络课程进行延伸和拓展，自主开发了融助学、辅教、测试为一体的《新视野大学英语》多媒体网络课件。《新视野大学英语》助学课件、辅教课件、测试系统分别对应混合教学模式的课前自主学习、课堂教学和课外实践环节。大学英语网络教学平台、《新视野大学英语》网络教学系统和《新视野大学英语》多媒体网络课件等资源的优化组合为混合教学模式的成功实施提供了保障。

（1）课前自主学习

在“课前自主学习”环节（表8－2），学生不是“放鸭式”的自由学习，而是根据教师设计的学习任务，结合自己的个性需求、水平、学习策略等自主学习，通过网络完成传统教学内容中的大部分内容，输入大量的语言知识为课堂教学打下良好的基础。我校课前自主学习有四个步骤：①围绕目标，创设情境。教师根据教学目标和学习者特征，根据教学内容，创设教学情境，在情境中提出学习任务，通过教学管理平台呈现学习任务。②自主学习，建构知识。学生利用网络和《新视野大学英语》（助学版）多媒体课件，学习语言知识（如语音、语法、词汇、难句等）和理解课文，完成传统教学内容中的大部分内容，对知识进行初步的意义建构。③反馈辅导，理解知识。自主学习中心值班教师监控学生的学习进度和学习质量，师生交流，共同探讨以便更好地理解知识。④即学即测，总结指导。学生利用测试系统中 Section A 和 Section B 的“即学即测”检测对文章的理解力。自主学习结束时，值班教师根据反馈信息和学习过程中出现的问题给予集中总结和指导。

表 8-2　课前自主学习环节的教学流程

教学环节	教学进程	教学内容	教师活动	网络应用	学生活动
课前自主学习	围绕目标创设情境	背景介绍，课文内容（积极词汇、句子层面），语言点	教学设计，确定学习内容和学习任务	提供创设学习情境的资源，呈现学习任务	明确学习目标、内容和任务
	自主学习建构知识	学习助学课件、教学软件内容	组织和监控学生自主学习	提供相关学习资源	进行自主学习
	反馈辅导理解知识	网络教学资源库相关内容	监控和辅导学生	提供交流工具（BBS 等）	进行信息反馈及交流
	即学即测总结指导	“即学即测”测试课件内容	根据信息反馈，总结重点、难点	提供测试资源和评测手段	进入测试模块，检测学习情况

（2）课堂教学

在“课堂教学”环节（表 8-3），教师充分发挥主导作用，摒弃以教师为主的课文逐句讲解、语言点练习的传统方式，而主要通过检测自主学习内容、互动交流、协作讨论、学习成果展示汇报等形式内化所学知识。课堂上利用和选择《新视野大学英语》（辅教版）多媒体课件提供的教学方法、任务、策略，对教学内容进行延伸和拓展，加深学生对语言知识的理解和掌握。开展形式多样的师生互动教学活动，给学生提供语言输出的机会。

表8-3 课堂教学环节的教学流程

教学环节	教学进程	教学内容	教师活动	网络应用	学生活动
课堂互动教学	学习检查确定重点	检测自主学习内容（Spot Dictation 等形式）	根据检测结果，确定教学重点和教学策略	提供检测手段，创设教学情境资源	通过检测明确课堂学习内容及任务
	拓展内容启发引导	辅教课件内容（课文篇章层面、阅读及写作技巧）	互动教学，引导、启发学生分析和思考	提供教学情境资源，呈现教学内容	加深对课文篇章、读写技巧的理解和掌握
	人际互动协作交流	教学互动（问答、复述、短剧表演、讨论等形式）	引导讨论，促进会话交流	提供教学情境资源	与教师、同学交流信息
	灵活运用内化知识	形式多样的活动	设计问题，引导学生运用所学知识解决问题	提供教学情境资源	学会应用知识、形成技能

（3）课外实践

在“课外实践”环节（表8-4），学生完成《新视野大学英语》（测试系统）中的复习检测内容，同时各学习小组根据主题任务，在网上搜集相关资料，对主题内容进行协商、讨论、归总，制成PPT在课堂上进行学习成果汇报，或将作品以主题网站的形式展示给全班同学。教师对学生的作品适当做一些关键点评，进行鼓励性的总结。此外，教师还引导学生积极参与形式多样的实践活动，给学生提供语言输出的环境和机会，促进学生英语应用能力的提高。

表 8-4 课外实践环节的教学流程

教学环节	教学进程	教学内容	教师活动	网络应用	学生活动
课外实践运用	复习检测巩固知识	单元过关测试内容	监控和指导	提供测试资源和评测手段，交流工具（BBS 等）	进行在线单元过关测试，检测掌握情况
	主题探究协作讨论	完成主题任务	提供主题任务，参与交流，及时调控和指导	提供相关网络资源	网上搜资料，协商讨论，创作作品
	开展活动展示成果	展示及评价学习成果	对作品进行评价及总结	提供网络支持平台	学习成果汇报
	课外活动实践运用	形式多样的英语课外活动	引导学生参与活动	提供网络资源及支持平台	语言实践训练

2. 混合式教学模式在“视听说”课程的应用

《新时代交互英语 - 视听说》是融计算机教学软件（主教材）、教材（学生用书）、MP3 光盘、网络辅助教学管理平台及测试系统（含分级测试）为一体的立体化教材，它的不同载体形成了立体化的英语学习环境，为我校实施视听说混合教学模式提供了充足的条件。我校利用该教材的视听说“分级测试系统”，确定学生听说技能的实际水平，给学生一个比较符合个人实际水平的学习建议，制定个性化学习方案；利用“教学软件”，满足学生根据自己的爱好、需要和学习程度安排学习的时间、地点、内容和进度的个性化需要；利用“测试系统”和学生用书完成线上线下作业，巩固所学内容并进行应用。

在“课前自主学习”环节，学生进入《新时代交互英语》视听说教学软件系统，按照软件设计的学习流程自主学习，认真完成每一个学习环节与步骤，反复操练学习内容，以大量真实语料的视听作为语言输入，为课堂口语教学打下良好基础。在“课堂面授”环节，任课教师使用教学管理辅助平台预先了解学生学习情况，根据软件反馈的信息组织口语课堂教学。教师采用多种形式检测学生自主学习掌握任务的情况；根据教学内容，组织形式多样的口语交流活动，如对话、情景设置、角色扮演、看图说话、演讲等，并根据学生活动表现评分。由于口语活动是基于网络自主学习内容的，所以它不仅检验了自主视听学习的效果，而且是对网络自主学习的巩固和实际演练，使学生在互动中有机会使用所学内容表达自己的思想，体现语言交际功能，弥补了网络学习缺乏面对面人际交流的不足。在“课外实践”环节，学生对所学内容进行巩固复习，反复听、练在线练习录音素材，进行相关在线测试；同时完成每单元的主题探究任务（Learning by Doing），就相关主题进行信息搜索，并通过网上讨论与课堂交流，提高获取信息、分享信息、整理信息和口语输出的实际应用能力。教师参与主题任务的交流，及时调控和指导学生；对学习成果进行评价及总结；同时引导学生参与形式多样的英语实践教学活动，培养学生的英语综合应用能力。以下是按单元循环的视听说课程混合教学模式的教学过程（表8－5）。

表8－5　按单元循环的视听说课程教学流程及内容组成

教学环节	教学进程	教学内容	教师活动	网络应用	学生活动
课前自主学习	围绕目标创设情境	在线《视听说》核心课程、离线练习册 Part A & B	教学设计，确定学习内容和学习任务	提供创设学习情境的资源，呈现学习任务	明确学习目标、内容和任务
	自主学习建构知识	在线《视听说》核心课程	实时监控学生上机学习的情况	视听说学习系统、教学管理网络辅助平台	使用在线系统，按系统设计的学习程序进行学习
	反馈辅导理解知识	在线《视听说》核心课程	有针对性的辅导学生，答疑解惑	视听说学习系统、教学管理网络辅助平台	进行信息反馈及师生、生生交流
	即学即测总结指导	在线《视听说》核心课程、离线练习册 Part A & B	根据信息反馈，总结疑点	视听说学习系统、教学管理网络辅助平台	进入自我检测题和在线单元测试题，检测学习情况

续表

教学环节	教学进程	教学内容	教师活动	网络应用	学生活动
课堂互动教学	学习检查确定重点	检测自主学习内容及书面练习册的完成情况	了解学生进度、成绩及学生约课信息，组织课堂教学	教学管理网络辅助平台	明确课堂学习内容及任务
	拓展内容启发引导	离线练习册 Part C、单元相关功能、对话扩展练习	组织课堂口语练习	提供教学情境资源，呈现教学内容	单元的重点口语训练
	人际互动协作交流	单元话题练习	引导讨论，促进会话交流	提供教学情境资源	与教师、同学交流信息
	灵活运用内化知识	形式多样的活动	设计问题，引导学生运用所学知识解决问题	提供教学情境资源	学会应用知识、形成技能
课后实践运用	复习检测巩固知识	配套听力练习录音带、相关测试内容	监控和指导	提供测试资源和评测手段，交流工具（BBS 等）	反复听、练在线录音素材，进行相关在线测试
	主题探究协作讨论	完成主题任务	提供主题任务，参与交流，及时调控和指导	提供相关网络资源	网上搜资料，协商讨论
	开展活动展示成果	展示及评价学习成果	对学习成果进行评价及总结	提供网络支持平台	学习成果汇报
	课外活动实践运用	形式多样的英语课外活动	引导学生参与活动	提供网络资源及支持平台	语言实践训练

我校在推进“课前自主—课堂教学—课外实践”的线上线下混合教学模式

的同时，在国家级精品课程的基础上积极建设国家级精品资源共享课，并鼓励教师建设和使用微课，通过自主学习将其作为课堂的拓展和延伸，以满足学生个性化的学习需求，培养学生独立获取知识的能力。

四、改进教学方法

新课程体系的实施不仅要求教师更新观念，而且要求教师积极探讨新的教学方法。教学方法是教师和学生在教学过程中为了实现教学目标、完成教学任务而采取的方式、办法与途径，包括教师教的方法、学生学的方法以及两者之间的协调与统一。教学方法涉及教学过程所有重要环节，从课程内容的组织、教学组织形式的设计、课堂教学的方式和手段，到促进学生参与教学过程、获取知识的方式，以及考核学生学业成绩的方法等。在教学过程中，教师教的方法决定学生学的方法，学生的学是由教师的教指导的（马凤岐，王伟廉；2009）。“教”的最终目的是为了“学”，“教”的质量最终体现于“学”的质量（张安富，2012）。传统的大学英语教学重视知识的传授而忽视能力的培养，重视统一内容、同一步骤的灌输式教学而忽视个性化教学，重视培养学生接受固有知识的能力而忽视培养学生主动探究和自我发现的自主学习能力，把所有学生都培养成一个模式，压制甚至扼杀了学生的个性。这种教学方法导致学不致用，浪费人力和时间。教学方法改革势在必行。

教学方法改革要突破“五个局限”：教学局限于教书，教书局限于课程，课程局限于课堂，课堂局限于讲授，讲授局限于教材（张安富，2012），在教学过程中，应该把知识的学习和运用结合起来，把知识与实践结合起来，做到学以致用；课堂教学应该与学生的课外学习结合起来，促进学生自主学习；鼓励学生独立思考，提出不同的观点和探索不同的做法，将原来教师“一言堂”的课堂变成教师和全体学生共同探索知识和解决问题的论坛（马凤岐，王伟廉；2009）。为了改革教学方法，我校将单一的课堂讲授向多样化教学方式转变：根据多元教学目标，博采各种教学法之长；推行研究性课堂教学，培养学生探索精神；促进学生自主学习能力的形成，提高学习效率。

（一）根据多元教学目标，博采各种教学法之长

不同的教学方法，其功效各异，不同的教学目标应该选择相适应的教学方法（陈新民，2011）。根据我校的教学目标和教学内容的特点，大学英语课程博采各种教学法之长，努力做到“既有统一意志，又有个人心情舒畅”。根据不同

的课型，不同的教学对象，不同的终点要求，尝试和探索各种有效的教学方法，如个性化、启发式、互动式、研究性、讲座式、自主性、实践性相结合的教学方法。个性化教学是根据学生个体差异和学习风格采取有效方法的教学方式。根据新生分级考试和问卷调查，结合其高考成绩，将他们分成不同的起点班（二、三、四级），制定不同的教学目标，开设不同的课型，使用不同的教材，采用不同的方法，进行个性化教学。启发式教学是以循循善诱、开导启发的方法让学生参与教学过程。充分利用学生课内课外的各种反馈信息，采用引导、提问、示范等方式开启学生的思维，引导学生积极主动地学习，使学习的过程变成一个不断探索的过程，使外语学习成为学生智力发展的重要途径。互动式教学通过教师的启发和引导、师生讨论等方式，实现讲课教师与听课学生之间良性互动的教学方式。以学生为中心，以过程教学法为指向，以交际法教学为主导，加强师生互动，鼓励学生大胆练习，增加学生语言的“输出”，使学生“在游泳中学会游泳”。教师重新审定自己的课堂角色和任务，将教和学有机地融合到一起。研究性教学是以师生共同参与、以学生为主体进行合作学习、探究式学习的教学方式。要求学生以团队合作方式，进行某项专题研究。教师根据课程特点，结合当下研究热点设计研究性课题，将学生分成若干研究小组。每个小组分工协作，在教师的指导下确定目标、制定方案、收集和分析信息，撰写研究报告或研究论文，在课堂展示成果。研究性教学能更有效地激活学生探究兴趣，引导学生创造性地运用已有的知识，自主地发现问题、分析问题和解决问题，从而培养学生的探索精神和创新能力。讲座式教学是提供内容丰富的讲座、学生依照兴趣和需求选择性地学习的教学方式。讲座内容涵盖英语语言学习策略、中西方文化对比研究、英语语言测试等系列。自主性学习是“以尊重学生的独立人格、发展学生个性为宗旨，更好地发挥学生在学习过程中的积极性和主动性，是以学生更好地学会学习（自己决定学什么、怎么学、何时学、哪里学）为目标的一种教学思想和教学形式”（张安富，2012）。我校开设基于计算机网络的自主学习课程，帮助学生养成良好的学习习惯，增强学生学习自觉性，学会自主学习。在自主性学习过程中，学生在网络的即时学习环境、交互式软件或同学和老师的帮助下，在学校规定的有效时间期限内安排自己的学习周期；根据自己的情况决定上机学习的时间和地点，掌握学习强度，安排学习进度和计划；按照自己的学习方式自主操作并自主安排学习、操练、测评等，可以按照自己的标准和喜好选择课程或授课教师。这种自主性较强的学习方式提高了学生学习的积极性，还锻炼学生对时间的管理能力和对自己的个人规划能力。实践性教学是通过多渠道的外语实践教学活动，夯实语言基础，提高语言技能，培养学生的综合素质和外语综合应用能力，全方位拓展学生实践能力和创新能力，使学生具备可持续发展的潜力为目标的一种教学方式。根据“课内与课外相结合、知识与技能相结合、教师指导与学生自主相结合、网络虚拟与真实语境体验相结合”的思路，开展形式多样的外语实践教学活动。以上各种教学法虽然提法的侧重点不同，但其核心理念都是：在教学中以学生为中心，以人为本，以调动学生自身的学习主动性、积极性为手段，以提高学生的学习兴趣、学习能力、创新意识为宗旨，在激发学生潜能、启迪学生思维的过程中传授知识与技能，促进学生知识、能力、素质的综合协调发展。

我校“综合英语”和“视听说”课程采用基于课堂和计算机的混合教学模式，在课程环节和教学要求统一的前提下，教师可根据本班学生的特点和自己的兴趣采取适合学生学习风格的个性化多媒体、多模态教学方法。比如，有的教师用网络语料库指导学生 pair work，利用在线语料库预习词汇。有的教师认为我校是理工科为主的学校，学生偏爱支架式教学范式。课堂教学首先用我校制作的 spot dictation 练习检测预习效果，然后对经典表达和典型句型进行中英对比，通过阅读练习进一步理解课文内容；组织 group work 讨论写作技巧，通过 debate，同学可发表观点，支持或反对。口语见长的同学可通过说来发表观点，写作见长的同学可写在黑板上，连句成篇，师生对作文进行点评，点评时教师可链接 CLEC 在线语料库，对学生的典型失误进行讲解。整个课堂活动在生生互动、师生互动、网络与传统课堂的互动中进行。还有的教师指出，偏爱听力的同学可选我校制作的助学课件中 pre - reading actⅣity 音频，完成相应的练习；偏爱阅读的同学可选其中的文字材料阅读；整体型学习者可选择文本 + PPT + 视频短片学习；理工科分析型学生偏爱线型学习流程，可按词、句、章的顺序学习；文科学生偏爱整体型学习方式，可按随机学习流程学习。

（二）推行研究性课堂教学，培养学生探索精神

课堂教学效果的好坏，直接影响着学生的学习兴趣和学习态度，并最终影响学生的学习质量。为了调动学生课堂学习的主动性，变“接受式教育”为“创新式教育”，我校推行研究性课堂教学。为此，我们制定了研究性课程建设总体规划，对教学内容体系进行重组和更新，加大研究性项目的比例；培育研究性教学示范课程，探索和实施案例教学、研讨式教学、基于问题的学习等教

学法。

我们在大学英语的主要课程（如综合英语、视听说、科技英语翻译、学术英语、英语演讲、跨文化交际等）上推行研究性教学，要求老师在课堂上采用以设计问题、解决问题为主导的“任务教学法”（图 8 – 8）。具体做法是：课程组集体备课，确定单元任务（主题）；任课教师准备单元任务所需的相关知识，在课堂上向学生介绍任务、背景知识和实施步骤，完成任务教学的第一步，即“前任务”；再由学生以个人、双人、小组的形式在课外去图书馆、上网收集资料完成任务，在课堂上以个人陈述、角色扮演等形式展示任务完成的思路、完成过程、得出的结论，完成任务教学的第二步，即“任务环”；最后学生在课堂相互评价各组任务完成的情况，教师作出点评，让学生用英语撰写课题报告或小论文，进入任务完成的第三步，即“后任务”。在课堂教学中围绕问题深入进行探究，通过质疑 – 查阅资料 – 确定研究思路 – 课内外讨论 – 总结等一系列步骤获取知识，充分发挥学生的参与性，使其从被动地“学”改变为主动地“研”，教师从单纯“教”改变为侧面“导”。

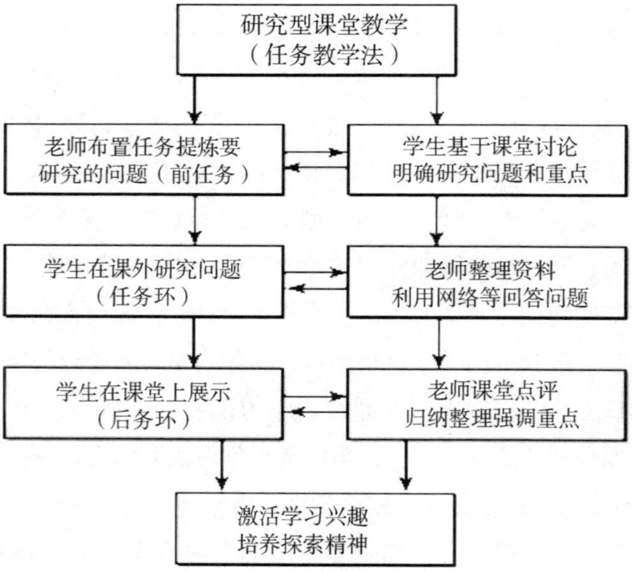

图 8 – 8　研究性课堂教学框图

下面以我校王珺琳老师的科技英语翻译课为例，探索“研究性学习”模式在科技英语翻译教学过程中的实施。

我校“研究性学习”模式（图8－9）以问题为依托，结合理论讲解和实例实践，组织学生进行学期论文的选题讨论、论文写作、分组讨论、成果汇报等活动。

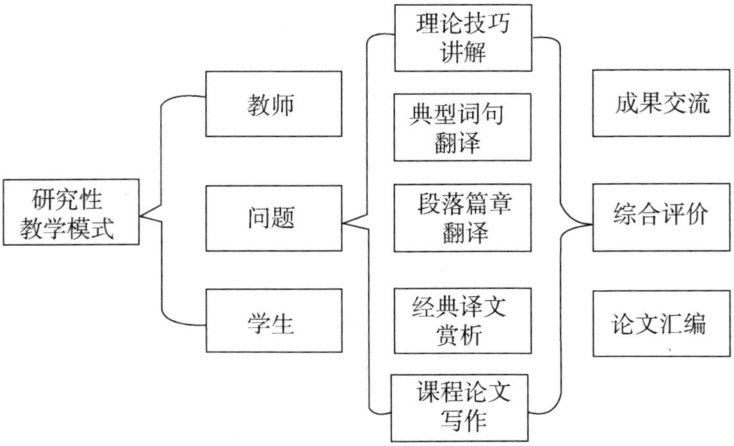

图8－9　“科技英语翻译”课程研究性学习模式（引自王珺琳，2014）

在“研究性学习”模式中，翻译理论和技巧的讲解以练代讲，用大量的例句操练帮助学生了解相关的翻译技巧，让学生成为课堂教学的主体。同时，培养学生的批判性思维，对例句或课文的译文进行批判性的阅读和审视，不盲从老师和权威，勇于挑战难点。在学习基本的翻译理论和技巧过程中，教师不断启发学生发现自己的兴趣点，确定问题的主旨，为学期论文的选题定下方向。选题过程中，为避免目标过于零散，教师给学生提供一些参考选题，同时鼓励学生在定题之前多和老师交流想法。在确定了论文选题后，学生利用图书馆、网络资源等搜集资料，为研究课题寻找研究方法和相关资料，对资料进行筛选和整理，为论文写作做好进一步的准备。学生根据论文选题完成资料收集后，教师将选题相近的学生分为一组，组织学生进行课堂讨论汇报，以课题研究小组为单位，每组推荐一位代表上台做 presentation，教师根据学生选题的创新性、资料的切题度、汇报材料的条理性和逻辑性、演讲水平等方面进行评分，作为学期总评成绩的一项重要组成部分。在论文写作过程中，要求学生的论文不同于一般的写作，文中需引用（citation）观点，文前文后分别有摘要（abstract）和参考文献（reference），并要求学生在学期结束时提交。学期论文由教学组老师评分，优秀论文汇集成册，供学生交流所用。

学生通过学习和应用科技英语翻译理论技巧、在翻译实践中发现问题、将问题作为论文选题、查找资料、确定研究方法、课内外研讨、完成论文这一系列过程，锻炼了思辨能力、文献检索能力、口头表达能力和学术论文写作能力，同时也体会到了研究的艰辛与快乐，激发学习兴趣，提高思维能力和创造欲望。

从教学实践可以看出，教学过程中，老师在设计教学内容、教学组织形式的同时，应该对学生合作学习、探究式学习方式进行设计，让学生能够以班级、小组或宿舍等组织形式，分工协作，集体探讨某些问题，共同解决一些疑难，发挥集体智慧，培养团队精神，使课堂更多地变成师生共同探究知识、协作开展学习的场所。

在课程考核方面，我们采用了终结性评估与形成性评估相结合的模式。考核评价的内容从以知识为主转向以能力为主，考试方式改变了以期末笔试为主的做法，要求老师对学生过程学习中的课堂讨论、研究报告和任务实施等环节分别记分，期末按比例计入总分。大部分课程的成绩形成性评估成绩占总分的30%，英语视听说的成绩占50%。

实践表明，研究性教学改变了学生被动学习的习惯，培养了学生主动学习和自主学习的积极性，让学生在开放式的学习中去主动建构知识，发现问题，解决问题，从而使他们不仅通过更多地接触语言环境来提高英语的运用能力，而且还在问题和课题驱动下来培养进行科学研究的探索精神。每个学年平均完成英语 PPT 报告 6000 多个，小论文 1000 多篇（图 8－10）。

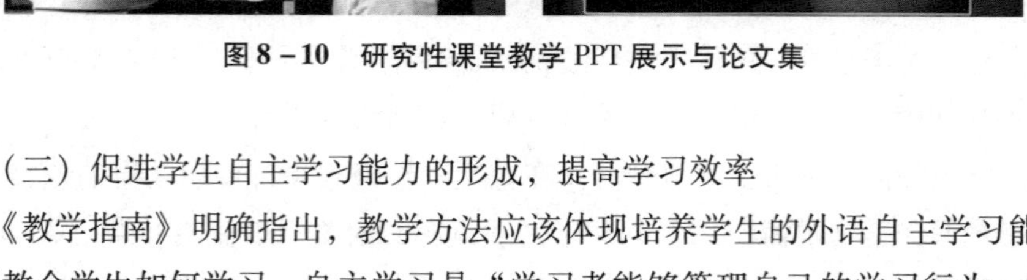

图 8－10　研究性课堂教学 PPT 展示与论文集

（三）促进学生自主学习能力的形成，提高学习效率

《教学指南》明确指出，教学方法应该体现培养学生的外语自主学习能力，做到教会学生如何学习。自主学习是“学习者能够管理自己的学习行为，根据自己的情况确立学习目标、制订学习计划、选择学习方式、监控学习计划的实

施以及学习技能的运用和发展，自我检查评估”（王笃勤，2002：17），提高学习的有效性。自主学习能力的形成是学生学习的过程，不是学生自然获得的过程。因此，自主学习能力的培养需要教师的介入和支持（贾国栋，2016）。

我校通过以下方式帮助学生成功地进行自主学习：

1. 利用导学课程帮助学生树立自主学习意识。我校“导学课”突出导学的指导性、教育性、参与性、趣味性，而不是停留在说教的层面上。为了帮助新生转变传统学习观念，我们专门安排两周时间对学生进行自主学习意识培训，尽快帮助学生了解自主学习的内涵和方式方法，了解大学英语自主学习的要求和步骤，了解自己的学习风格，使学生改善并养成良好的英语学习方法和习惯。

2. 利用外语自主学习中心指导学生自主学习。线上线下混合教学模式的实施，使自主学习中心成为培养学生自主学习能力和实践能力的重要基地。为了指导学生采取自适应式的网络自主学习模式，使教学过程网络化、个性化，我们在网络自主学习初期配备老师现场指导，帮助学生制定目标明确的自主学习方案；并且安排老师和研究生值班，负责辅导和答疑，随时解决学生在自主学习过程中出现的问题。

3. 定期举办学习策略讲座，引导和帮助学生掌握学习策略，学会学习。学习策略是“学习者为了学好语言在学习过程中采用的特殊方法和手段，是自主学习和有效学习的法宝”（程冰，2006：48）。在教学过程中我们逐渐意识到，如果能够将网络教学内容与网络自主学习策略指导相结合，会在一定程度上弥补学生学习策略缺失之不足，达到预期的学习效果。因此，我们针对学生在网络自主学习过程中遇到的困难，编写了《大学生英语学习策略培训手册》，定期给学生做学习策略讲座，进行学习策略的培训，使学生通过掌握系统的语言学习方法和策略，逐步探索出适合自己的学习策略，从而增强自主学习的能力。

4. 提供自主学习路径和丰富的自主学习资源，促使学生从“被动学习”向“主动学习”转变。经过十多年的建设，我校网络自主学习模式日趋成熟，大学英语网络教学平台教学资源丰富，含有各种网络课程资源、教学系统、网络多媒体课件和课堂教学视频、讲座录像等内容；有用于教学管理的网络教学管理系统、约课系统、选课系统、考试系统；还有校园网络英语广播、校园网络电视英语频道等信息化资源。丰富的信息化资源为网络自主学习提供了实施环境，为学生自主学习能力的培养提供了保障。

5. 加强自主学习过程的监控和评价，促进学生提高自主学习能力。自主学习能力的形成不是一蹴而就的，是一个观念行为不断转变的过程。在这个过程中有效的监控和评价是学生自主学习能力形成的有力保障。因此，我校推行“教师监控－系统监控－相互监控－自我监控”相结合的监控体系来提高学生的自主学习能力。“教师监控”包括学习前导学——明确学习目标，确定学习任务；利用网络监控——在线监控学生学习任务进度，学习效果；测试抽查——在自主学习进入尾声时，通过计算机或书面形式对学生学习效果进行评价抽查，当场公布；下机前总结——对自主学习中的难点和重点归纳讲解。“系统监控”是利用教学系统的监控管理模块，对学生的学习过程监控和评价，包括随时记录、了解、检测学生的学习情况，反馈学生测试成绩，检验学习效果，实施网络实时与非实时互动等。“相互监控”是教师通过协作小组的形式让学生相互监控。教师对学生进行分组，并对协作学习过程进行引导，让学生分工协作，完成任务，进行作品展示。“自我监控”是学生通过网络或纸质形式记录自己的学习情况，如自己当前的水平、学习计划、学习风格、学习策略及情感状况等，对学习效果（如进步率等）及时进行总结和反思。此外，我校采用形成性评估与终结性评估相结合的方式推动学生自主学习。计算机系统在线记录学生的网络自主学习和作业情况，作为形成性评估的参考。在期末考试中增加网络学习内容的份额，并加强自主学习过程性评估，促使学生更加重视自主学习。

五、创新教学管理

教学管理是指学校为实现人才培养目标、保证教学有序进行而实施的一系列决策、计划、组织、协调、控制和信息反馈的活动，是大学英语教学质量的重要保障机制。教学管理是大学英语新课程体系实施的必要保障，我校通过改进组织结构、树立质量意识、强化过程管理、建立教学质量监控体系等管理措施，做到管理出效率、出成果。

（一）改进组织结构，采用多元化管理模式

随着新课程体系建设的推进，以往单一的“校一院一系”直线职能制组织结构面临极大挑战，存在诸多弊端，其管理观念和模式的陈旧已经成为制约课程发展的瓶颈，因此，我校采取措施改进“校－院－系”三级管理机制。

“校－院－系”三级管理机制来自20世纪50年代的“校—系—专业”三级结构，属于直线职能制组织结构，即实行以专业划分为基础的金字塔型的层级管理体制（图8－11）。其最大优点在于指挥权集中、决策迅速、分工细密、职

责分明。但这种结构比较适合于任务种类较少、工作不太复杂、环境相对稳定的单位。如果任务种类增加，环境变动频繁，这种结构的复杂度就会急剧上升，导致部门增多，协调困难、适应性降低。

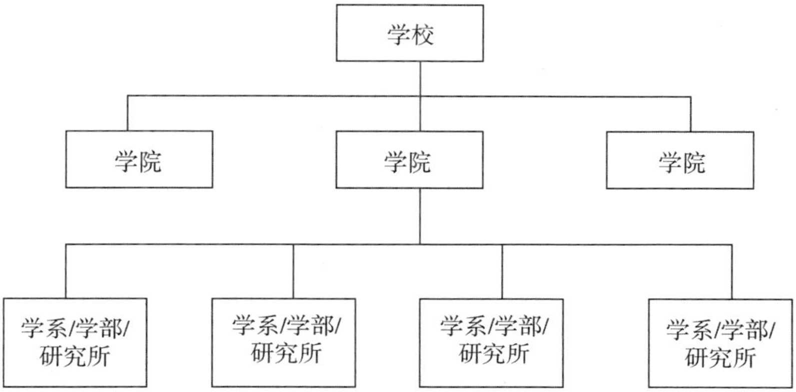

金字塔型组织结构图

图 8－11 金字塔型组织结构

在“校－院—系”三级组织结构的前提下，大学外语教学部教学管理组织结构也采用了直线职能制结构的金字塔型的层级管理体制（图 8－12）。这种体制在历史上曾发挥过积极作用，它能发挥核心、骨干教师作用，形成了点面结合和协同作战层级教学方阵，合理利用了教师的资源。

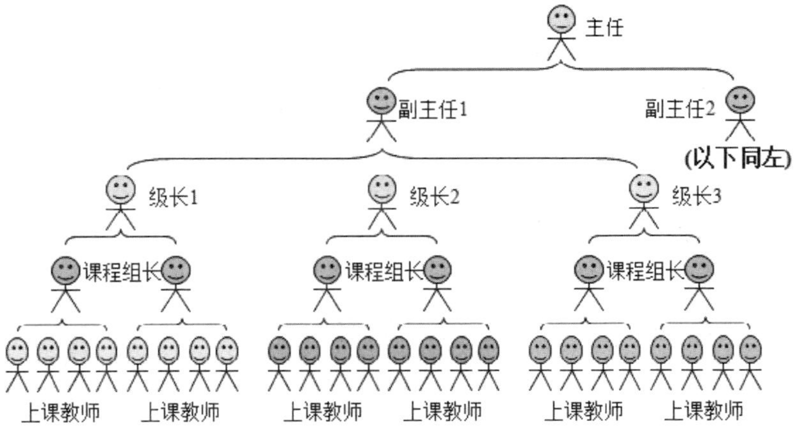

图 8－12 外国语学院大学英语教学部教学管理组织结构图

然而，随着大学英语课程的建设和发展、教学体系的改革和专业的拓宽，以及教学研究和社会服务功能的加强，教学部作为一个包罗万象、封闭固化的单元，已越来越不能适应新形势发展的需要。大学英语课程的增加，级别以及课程组数量越来越多，行政组织职能分工越来越细。根据组织理论，行政职能分工细化，一方面，能带来专业化水平和管理效率的提高；另一方面，部门数量过多，也会使各部门之间的沟通、协作更加困难。另外，管理层次增加，管理链条延长，会导致机构臃肿，人员膨胀，管理成本增加，效益下降；同时也会导致信息传递缓慢、滞后、失真，影响工作效率，导致组织结构僵化，缺乏灵活性。

现实的需要对“校—院—系”组织结构，尤其是“院—系”组织结构提出了新的要求。为了创新管理体制，我校在学院层面对单一化的纵向管理模式进行改革。就目前及发展状况，学院保留系部，但根据教学团队重新整合，即实行系部制与教学团队制交叉并行的矩阵式结构的管理模式，继而过渡到跨系部的教学与研究体制的三维结构管理模式。

1. 系部制与教学团队制交叉并行的矩阵式结构的管理模式

与集权的等级结构的直线职能制相比，矩阵制结构（图 8－13）是一种分权结构。它把原来金字塔型的管理层次改变为扁平式的管理，大大缩短和简化了日常决定程序，减少了管理层次并使某项任务的完成由过去在部门之间的顺序作业方式转变为在同一工作小组内的平行作业方式，这样大大提高了工作效率，节省了工作时间。

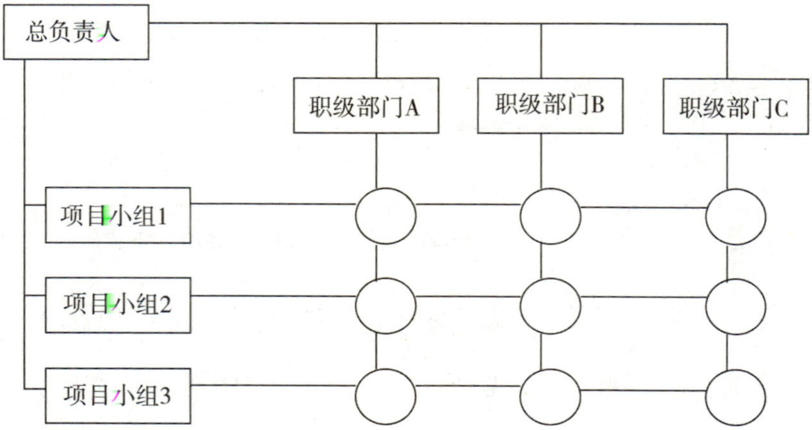

图 8－13　矩阵制结构

我校运用矩阵结构建立了系部制与教学团队制交叉并行的矩阵式结构的管理模式（图 8 – 14）。这种矩阵式组织结构横向是职能部门系或教学部的指挥线，纵向是专业/课程研究教学团队的指挥线，纵横交叉形成矩阵，实行静态与动态结合管理。

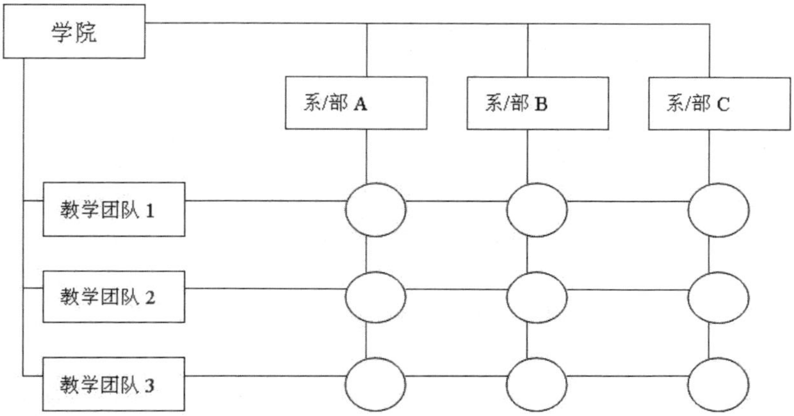

图 8 – 14 系部制与教学团队制交叉并行的矩阵式结构框图

这种矩阵式组织结构首先有利于加强教师的责任感，因为每位教师在所在系部有明确的分工，同时有专门的教学团队负责人对所承担的教学任务的各方面工作负全责；其次有利于加强交流，通过教学团队的形式，教师能够与不同系部的人进行交流，接触到更多的知识和技能；还有利于合理配置全院资源，充分利用人力与物力，避免了课程建设中不必要的浪费。

2. 跨系部的教学与研究体制的三维结构管理模式

随着教学改革的不断深入以及新课程的不断涌现，系部之间的相互交叉渗透以及跨系部之间的联合与重组将永远存在，学院各系部之间的“界面”永远不可能完全“理顺”。因此，我院开始探索和过渡到更为柔性和灵活的交错体制或联合体制及管理模式，建立了跨系部的教学与研究体制的三维结构管理模式（图 8 – 15）。

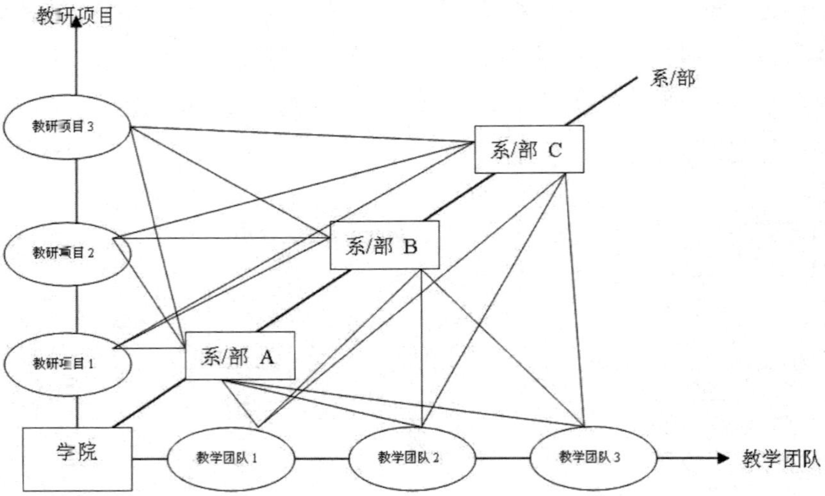

图 8－15　跨系部的教学与研究体制的三维结构管理模式

在该管理模式下，各系部课程体系的改革与建设，多功能网络教学平台和实验室的建设，师资队伍的组织、补充与提高，场所、资源的调配及经费的使用等，均由学院统一管理。相对于具有行政管理职能的系部而言，教学团队与教研项目团队是个“虚体”，其主要职责是根据新的教学任务和研究方向进行重组，人员按岗位聘任，按需设岗，竞争上岗，采用灵活的用人机制。此外，教学团队还统筹该课程/专业的教学规划，负责该课程/专业建设；教研项目团队组织该领域的研究项目，协调相关课程/专业的资源共享，组织学术交流与国际合作等。各系部的大多数教师都可成为“双下标”，横向隶属于某个教学团队，承担学院的教学任务，纵向可以加入某个相关的教研项目团队，参与系部之间的联合和合作。这种管理模式能形成竞争激励的用人机制，彻底改变过去以系部为基础的教学科研体制队伍固化、封闭和没有流动的状况。

其实，不管是采用系部制与教学团队制交叉并行的矩阵式结构管理模式还是跨系部的教学与研究体制的三维结构管理模式，都会表现出一定的弊端，也会有其合理性，都可以在相应规模的组织中发挥功能。世上没有最好的管理模式，但任何成功的大学或学院不存在单一的管理模式，日益复杂的大学“校－院－系”三级管理机制将采用多样化的组织结构灵活应对，将由单维到多维，趋向多元化。

（二）强化质量意识，抓好教学常规管理工作教学管理是有效实施教学和提升教学质量的根本保证。教学常规工作的规范性、精细化、全程化、信息化和人性化相结合的教学管理是教学质量的有效保障。

1. 规范性管理

规范性管理是我校大学英语课程教学管理模式有效运行的重要组成部分。大学英语教学管理的首要任务是健全机构、建立规章制度，即合理安排分配教学环节中的人、财、物，以达到人尽其才、物尽其用、财尽其力的效果。

制度是管理的重要依据，规范教学管理者和教学过程参与者的行为。我们对每个教学环节提出具体要求，规定合理的方法和流程（李霄翔，2016），制定和完善了本校《大学英语教学大纲》《大学英语分级教学管理条例》《大学英语课程教学大纲汇编》《大学英语网络教学管理制度》等一系列教学管理文件，为全面指导大学英语课程教学的管理工作提供了有效的制度保障。

2. 精细化管理

精细化管理是在规范的基础上精细、精心、精致。学校的精细化管理就是落实管理责任，将管理责任明确化、具体化。教学常规工作是教学质量的保证，也是教学精细化管理的一个重要组成部分。它要求每一个人都要把工作做到位，对工作负责，对岗位负责，人人都管理，处处有管理，事事见管理。它要求每一个步骤都要精心，每一个环节都要精细，每一项工作都是精品，精心是态度，精细是过程，精品是成绩。精细化管理体现的精品意识，是体现在每个环节的精细与精心。

为了实现大学英语教学的精细化管理，我校主要从以下五个方面入手：明确教学管理人员责任；重视大学英语教学过程管理；坚持制度化管理；关注大学英语教学过程中的细节因素；加强监督和反馈。

3. 全程化管理

强化大学英语教学全过程管理，将大学英语教学管理贯穿课程始终。加强对备课、上课、作业布置与批改、考试、辅导、教学总结等教学环节的管理，确保大学英语达到既定的目标。“全程化”不仅仅针对教学计划内课堂教学，还包括自主学习和课外活动等诸多实践环节。通过合理安排通用英语、专门用途英语和跨文化交际等各课程模块、必修和选修各类课型、线上和线下相结合的课程，特别是重视与鼓励学生参与教学计划外的自主学习、课外竞赛活动，保证大学英语教学的连贯性，促进学生英语应用能力不断提高。

4. 信息化管理

利用计算机网络实现信息化管理是教育管理现代化的重要举措。“在信息化高度发展的今天，教学管理应积极主动地运用信息技术，有效提升教学管理的效能”（李霄翔，2016）。为此，学校教务处建立了“大学英语”信息数据库系统，使大学英语教学相关信息的数据录入、数据查询、数据统计等信息实现自动化管理。依托校园网，我们开发了网络教学管理平台，“保障教学过程中各类资料和信息的收集、统计、储存、提取、交流等”（李霄翔，2016）。此外，我们采集了大学英语课程教学、教师和学生的信息，建立了大学英语课程数字化教学管理档案，以推进大学英语教学管理的信息化。教师信息管理档案整合“个人信息”“课程教学”“科研信息”“能力专长”和“专业化发展规划”等有关教学、科研能力与专业化发展的全面信息。学生信息管理档案包括“个人信息”“高考英语成绩”“分级考试成绩”“平时考核结果”“期末考试成绩”“能力专长”“四、六级考试成绩”“班级和年级综合排名”和“获奖信息”等。课程教学信息管理档案包涵“课程信息”“课程评估”和“教学效果”三个维度的信息。“课程信息”是有关课程性质、教学内容和学生特点的整体认知，帮助教师增强教学的设计和实施。“课程评估”是教学督导组、教学管理人员和学生等多元主体对教学效果的评价、反馈以及教师个人的反思。“教学效果”主要通过学生的考试成绩数据及竞赛获奖等相关信息展现。

5. 人性化管理

教学管理有刚性的一面，更有充满人性化的柔性的一面。教学管理不仅是按部就班地落实和处理教学常规工作，而且要通过人性化的工作体现出强大的公信力、向心力和凝聚力（李霄翔，2016）。大学英语课程本身具有丰富的人文内涵，这种人文性体现在大学英语教学管理中便是“以人为本”“以学生为中心”的指导思想。因此，在大学英语教学管理过程中，应该将该指导思想细化为教学过程中的具体行动，并落实到常规教学工作之中；在规章制度的框架内人性化地履行教学管理的职责，为教师心情舒畅地教学、为学生全身心地投入学习创造有利条件和良好环境。

通过规范性、精细化、全程化、信息化和人性化相结合的教学管理，强化了教师、教学管理人员的质量意识。

（三）重视过程管理，抓好三个环节的衔接

教学过程管理是大学英语教学管理的一个重要组成部分，而分级教学管理、学生自主学习管理和选课管理是大学英语教学过程管理中的重点和难点。抓住分级教学管理，有利于高中与大学的衔接；抓住自主学习管理，有利于课堂与网络的衔接；抓住选课系统管理，有利于必修课与选修课的衔接。

1. 抓住分级教学管理，做好高中与大学的衔接

由于高中阶段英语教学要求的提高，新生的英语水平也相应有所提高。2012 年后入学的大学新生都应该完成了《高中英语课程标准》的训练，已接近大学英语四级水平要求。但是由于地域差异和专业的不同，我校新生英语水平出现了严重的两极分化状况。针对学生两极分化状况，我校采取分级教学的管理模式，使大学英语起始阶段课程与高中英语课程相衔接；同时，针对过去培养同规格学生的问题，采用分类培养模式，确保不同层次的学生在英语学习的各方面得到充分训练和提高。

我校大学英语分级教学采用三分法：按照分级考试成绩，同时参考高考英语成绩，把学生分为三个级别（二级起点、三级起点和四级起点），学生人数的比例分别是 20%、60%、20%。分级教学中每个级别的教学侧重点有所不同，以适应各层次学生的不同需求，也能体现出分级教学的优点和特色。从二级起点至四级起点，教学要求逐步加大，对专门用途英语和跨文化交际的培养逐步侧重，体现出我校针对不同层次学生提出的不同培养方案。

大学英语分级教学的最大特点是因材施教，把英语水平相当的学生组织在一起上课。学生起点和终点水平比较明确。这样有利于教师对教学内容的选材与取舍，也使教师的讲解更有针对性和目的性，教学进度安排适中，从而使学生能更好地对所学的内容消化吸收。通过分级教学，满足了不同层次学生学习的需要，使学生能在学校找到适合自己的教育，得到充分的提高和发展。

我校在分级教学的同时考虑到了分类培养的问题。分类是在完成教学统一的基本要求之后进行的，主要体现在选修课程的设置上。大学外语课时有限，强调外语的全面发展往往会占用学生学习专业课程的时间，因此，在大学英语教学阶段还不能做到让所有学生各种技能全部精通。再者，学生并非都是“全能型选手”，应该考虑到“单项”特长的培养。在教学资源许可的范围内，根据学生的潜质加以分类，给学生一定限度的选修自由，有利于人才多样性的培养。我校根据学生的兴趣、基础和发展方向，设计多样化的课程模块，组成若干不同的课程菜单，给不同程度的学生一定的选课自由度，使尖子学生能优质优教，做到人才培养规格的多样化。分类培养模式增加了课程门类，同时给从事大学

英语课的教师选课提供了一定的自由度，有利于教师拓宽业务范围，发挥了教师的专长。

实行分级教学，不同水平的学生都能找到合适的位置；实行分类培养，注重学生个性发展，实现分级教学、分类培养的管理模式既照顾了起点较低的学生，又给起点较高的学生提供了发展的空间。

2. 抓住自主学习管理，做好课堂与网络的衔接

大学英语教学过程中，实现课堂教学与基于网络的学习无缝对接是新课程体系实施和线上线下混合教学模式实施的重点和难点。我校采用一个管理手段、五个结合的方法保证课堂教学和网络自主学习的无缝对接。

首先是使用“动态约课”管理手段。我们充分利用自主开发的“约课系统”有效监管学生的学习流程，控制学生预约课堂面授的资格，严格要求学生必须先进行网络学习，再参加课堂面授，从而确保视听说课程的顺利进行。

其次我们通过五个结合，实现教学过程中各环节的衔接。

（1）课前、课堂、课后三个教学环节的结合，使三环节有所分工，互相促进。在课前（准备阶段），学生利用网络教学系统和网络课程自主学习，了解传统教学内容中的大部分信息，为课堂教学提供基础；在课堂（拓展、应用阶段），教师对自主学习内容和语言重点进行检查，并从不同的角度、深度挖掘教材，开展师生互动教学活动，给学生提供语言输出的机会；在课后（巩固、升华阶段），教师给学生提供复习检测内容，要求学生根据教材内容演示、汇报学习成果，达到活化教材的目的。

（2）课内、课后与课外教学内容的结合，使课内（自主学习、面授、专题讲座）内容、课后（录像课程、晨读）内容与课外（电台和电视台节目、外语艺术节、各类比赛）内容紧密相关，形成一条链，从输入到输出，环环紧扣，无缝对接。

（3）纸质教材、教学软件系统和网络资源的结合，让网络自主学习、课堂教学和网络拓展学习形成一体，保证教学、学习内容适时更新，更好地适应需求和变化。

（4）人机虚拟交互、人际真实交互和人境体验交互相结合使学习过程成为人机、人际和人境交流与互动的学习链条。学生先通过校园网络、交互式教学软件系统进行人机虚拟交互学习，通过 BBS、电子邮件与老师和同学交流，进而在课堂上通过主题学习、专题讨论、会话等进行师生间和生生间的人际交互

协作，再通过各种课外实践活动，在真实语境中运用英语，通过社会实践活动，在社会环境中体验英语。

（5）在教学中采用两个指导（课前自主学习策略指导和在线答疑指导）和两个检查（网上约课检查和课堂面授检查）相结合的方式确保学生自主学习效果，确保自主学习内容与课堂面授内容达到应有的衔接。

3. 抓住选课管理，做好必修与选修课程的衔接

随着新生英语水平逐渐提高，选修课程所占的比例越来越大；我校根据学生的兴趣、基础和发展方向，设计了多样化的选修课程模块，给学生提供了可选择的课程菜单。然而，从学生学习需求调查的反馈看，我校在选修课程管理方面还存在一些问题，如：优秀课程资源储备不足，课程数量和质量尚不能满足学生的选课要求；学生缺乏科学的选课指导，没有综合考虑兴趣、知识结构以及将来的职业需要选课；选课管理不完善，学生不甚了解学校的选课要求和操作流程；教学评价标准难立，选修课特色鲜明，风格迥异，管理者往往找不到恰当的评价方式；等等。鉴于以上问题，我校对选课实施全面、有效的组织管理，建立选课程序，实现了选课过程的规范与合理。

（1）组织选修课程资源：针对选修课课程资源相对不足的情况，采取加强宣传力度、提高讲课酬金、教学工作量加大计算、发挥骨干教师的带头作用等行之有效的办法，提高了广大教师参与选修课教学的积极性。

（2）建立选修课程准入制度：要求新开选修课有正式申请过程。任课教师申报选修课须填写《选修课申报表》，并经大学外语教学部、学院和教务处三方审查之后方可通过，保证给学生提供高水平的教师和高质量的课程资源。同时任课教师要试讲，学院教学指导小组跟踪听课，除教师定期了解学生反馈外，大学外语教学部或学校需统一做课程评估/调查问卷，以保证开课质量。

（3）研发先进、适用的大学英语选课系统：选课是否顺利，选课系统是关键。为了配合新课程体系的管理，方便学生选课，我校以校园网为运行平台，依托最新网络技术，在学校教务处选课系统和大学英语约课系统的基础上，研发了一个先进、适用的大学英语选课系统，实现选课管理现代化。选课系统与学校教务系统实行无缝对接，便于录入成绩、计算学分。

（4）编制课程简介：对每一门选修课程编制详细的课程简介，包括课程大纲、课程内容描述、教学安排、教学进度、考核方式、考试大纲等。

（5）安排选课课表：在编制课程简介的基础上，做好课程类型搭配和时间

安排，形成一套可行的选课课表。

（6）学生选课培训：选修课程给学生一定的选课自由，但并不是完全地放任，必须对学生进行必要的指导与疏引。编写并及时更新《学生选课指南》供学生选课时参考；对学生进行选课培训，让他们了解选修课程的特点、步骤和方法，使他们学会科学、合理地利用自己自由选课的权利，摆正基础与专业、个人兴趣与社会需求、教师授课水平与个人自主学习的关系，根据个人的理想、学业基础、接受能力、学习精力和经济状况，规划制订出符合个人具体情况的课程体系和学业进度。

（7）组织网络选课：学生根据课程简介和选课课表，在老师的指导下，在规定时间、任何地点上网选课，在规定的时间内再确认选课结果。

（8）进行多样化的课程考核：积极进行课程考核方式的改革与探索。鼓励教师通过多种形式进行课程考核，突出考查学生灵活运用知识的能力，使学生在实际学习过程中能够理论联系实际、提高学习质量、拥有更多的自主学习空间和个性发展的机会。

（四）建立教学质量监控体系，完善评估手段

为了保证教学质量，我校建立了多元化的教学质量监控体系，加强教师教学过程和学生学习过程监控和评价，完善评估手段。

1. 建立健全教学质量监控体制，通过校、院、系三级教学指导小组听课制度、学生网上评教制度、期中（终）教学检查制度及教学激励制度的实施，促进教师加大教学投入和提高教学质量。

2. 利用教学绩效评价软件，分析学生的测试成绩和进步率，进而评价教师的教学绩效。

3. 按照教学进度给学生不同的目标，如现学现测目标、单元过关目标、阶段性目标等，根据不同的测试成绩给学生反馈，对学生在网络教学系统环境下的学习效果及时进行总结，对所出现的问题进行讨论和研究。

4. 实行过程性评价与终结性评价相结合的学生评价制度，强化学生学习过程的监控。

六、建设教师队伍

21 世纪国际教育委员会（1996）指出："教学质量和教师素质的重要性无论怎样强调都不过分"。教师的素质、水平和能力是影响教学质量的关键因素。

《发展纲要》在论及教育质量和师资队伍建设时指出，“提高质量是高等教育发展的核心任务，是建设高等教育强国的基本要求”；“教师要把教学作为首要任务，不断提高教育教学水平”；“教育大计，教师为本，有好的教师，才有好的教育”；要“努力造就一支师德高尚、业务精湛、结构合理、充满活力的高素质专业化教师队伍”；“要优化队伍结构，提高教师专业水平和教学能力”；要“提高教师应用信息技术水平，更新教学观念，改进教学方法，提高教学效果”。《教学指南》高度重视教师队伍建设，提出要按照《发展纲要》中“师德高尚、业务精湛、结构合理、充满活力、高素质专业化”的标准建设大学英语教师队伍。《发展纲要》和《教学指南》为我校建设大学英语教师队伍指明了方向。

当前我校大学英语教师队伍存在诸多问题，制约着教学质量的提高和人才培养目标的实现。大学英语教师队伍“结构不平衡”现象依然突出，表现为“结构性短缺，低水平富余”。教师队伍年龄、学历和职称结构等与其他学科教师队伍相比严重失调，教师队伍出现女教师多、高学历少、高级职称少的“一多两少”的局面。一些教师的知识结构比较局限，间接影响了学生的认知和思维扩展，学生的思辨意识和能力在英语课上没有得到锻炼与培养。能胜任或自愿开设学术英语等难度较大的选修课程的大学英语教师不多。繁重的教学任务造成大学英语教师投入科研的精力很有限，加上自身科研能力欠缺，教师的科研和教学较难融合，教师科研实力薄弱。由此可以看出，大学英语教师队伍现状不容乐观，已经对大学英语课程建设和人才培养造成了一定的影响。因此，如何建设教师队伍，提升大学英语教师的专业水平和教学能力是我们面临的一个亟待解决的问题，同时又是新课程体系实施的关键所在。

教师队伍建设分两个层面，即教师团队层面和个体层面（王守仁，2012）。我校通过组建教学和研究团队，促进教师专业化发展等措施建设大学英语教师队伍。

（一）组建教研团队，搭建教师发展平台

大学英语新课程体系的实施是一项系统工程，涉及教师队伍、教学内容、教学方法与手段、教学资源、教学管理等方方面面，其中教师队伍建设是先导；要“造就一支师德高尚、业务精湛、结构合理、充满活力的高素质专业化教师队伍”，组建教研团队是基石。

根据我校实行的系部制与教学团队制交叉并行的矩阵式结构的管理模式（参见图 8 – 14）和跨系部的教学与研究体制的三维结构管理模式（参见图 8 –

15），我们组建了大学英语教学和研究团队，教学和研究活动围绕团队开展，实行了课程教学和研究活动的团队负责制，使教研团队既按年级组横向分工，又按教改和科研项目纵向组合。

1. 教学团队

根据课程教学任务，建立教学团队的合作机制（图8-16），进一步加强教学基层组织建设，组建了“综合英语教学团队”“视听说教学团队”“高级语言技能教学团队”“学术英语教学团队”“跨文化交际教学团队”“职业英语教学团队”，发挥责任教授、团队带头人及教学骨干的作用，推进教学队伍的老中青结合，发挥传、帮、带的作用，加强青年教师培养，促进教学队伍建设的可持续发展。

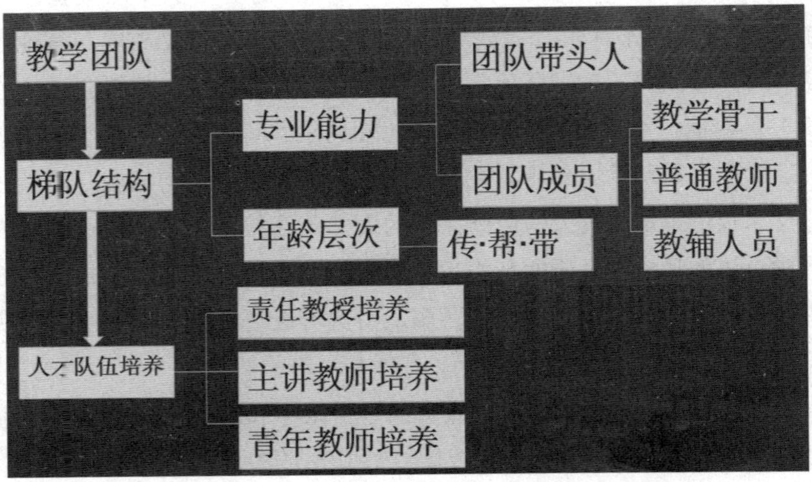

图8-16 团队合作的组织模式

教学团队特别注重对青年教师的培养，充分利用团队老教师的传帮带作用，通过各种活动促进青年教师的自主专业发展。

（1）开展集体备课活动

各教学团队定期开展备课活动。团队教师就教学内容、教学方法等发表各自的意见与看法，各抒己见，集思广益，并对已进行的课堂教学活动得失进行总结和反思。通过集体备课和教学反思，大家相互学习，共同合作，促进了教师的合作教学和改革意识，从而使教学质量稳步提高。

（2）定期开展公开课活动

每学期各团队都开展多次公开课，团队教师积极参加。听完公开课后，大家进行讨论，一起总结公开课的优点与不足。大家积极发言，交流心得与感想。教师互相观摩，取长补短，共同提高。公开课活动起到促进教学、提高教师素质的积极作用。

（3）举办团队教师学习沙龙

团队设立了教师学习沙龙，组织大家进行学术研讨，交流读书和教学心得，与同伴分享各自的所学、所得、所感、所思，青年教师从中受益匪浅。

2. 科研团队

具备较强的科研能力是大学英语教师必备的素质之一。学院根据科研和教改项目，参考个人的专业方向和研究兴趣，成立了“语言学研究所”“文学研究所”“英语教育研究所”“翻译研究所”“中西文化研究所”等团队。学院从科研实际情况出发，确定每个团队的科研任务。科研团队定期开展研究活动，举办学术讲座，营造学术研究氛围，培养团队成员的科研意识和科研兴趣，为教师开阔学术视野创造有利条件。团队带头人和科研骨干带领团队成员收集科研信息，申请各类科研项目，进行课题研究。此外，团队注重以科研带动教学，鼓励团队成员围绕教学理念更新、课程建设、教学模式构建、教材编写、教学方法与手段更新、考试评价办法、教学资源建设以及英语本体研究等方面开展研究，并将研究成果直接或间接地转化到教学过程中，实现了科研与教学的良性互动、科研促进教学水平提升的可持续发展的局面。优秀的教学团队不仅为个性化教学提供师资保障，也有效促进了教学自身教学和科研能力的发展。

通过教学和科研团队机制的逐步完善，我们逐渐建立了一支稳定的、结构合理的师资队伍。通过参加教学团队和科研团队，每位教师也都明确了自己的职业发展方向和自己在课程体系中所起的作用。教研团队的组建不仅有效促进了教师自身教学和科研能力的发展，也为大学英语课程的可持续发展奠定了基础。

（二）促进教师专业化发展，保证教师职业可持续发展

教师专业化发展是提高教育教学质量和保证教师职业可持续发展的关键。教师专业化是指教师通过专业训练，获得专业知识技能，完善职业道德，提高从教素质的专业成长过程（杨小峻，2007：96）。教师专业化已成为当今教师教育的重要发展方向，大学教师作为一门非常专门化的职业，需要进行专门、持续不断的学习和训练（樊泽恒，2009）。然而，目前我国多数高校对教师专业化

发展仍未真正落到实处，缺乏对教师职前、入职、在职教育的全程规划设计（丁三青，张阳；2007）。就大学英语而言，缺乏有效促进大学英语教师专业化发展的机制（高越，2008）。大学英语教师的专业素质还存在诸如知识结构单一、科研薄弱、进修资源不足、教学理念需转变、理论素养需加强等问题（戴曼纯等，2004；周燕，2005）。大学英语教师的专业素质在很大程度上阻碍了教师专业化发展水平，还严重影响了大学英语课程的教学质量和高素质人才培养的水平。因此，有必要正确理解大学英语教师专业化发展的内涵，帮助大学英语教师在本领域构建自己的专业蓝图（王洪渊，2010）；通过多种途径有效促进大学英语教师专业化进程，提高大学英语教学质量和人才培养质量。

1. 大学英语教师专业化发展的内涵

大学英语课程担负培养高素质人才的教育重任，大学英语教师的素质和专业化水平是提高大学英语教学质量的关键，也是大学英语课程建设与发展的关键（王洪渊，2011）。大学英语教师专业化的内容是多方面的，主要包括职业道德、知识结构、教学能力和科研能力。

（1）职业道德

教师职业道德是大学英语教师专业化发展的重要组成部分（王丽，2011）。首先，大学英语教师应该具有爱岗敬业的专业精神和牢固的专业思想。专业精神是“教师做好本职工作的重要保证，它是教师教育人格和伦理的核心组成”（叶澜，1997：3）。无论教师职业是否是你的第一选择，一旦走上了教育岗位就应该无怨无悔。从事任何职业都需要敬业精神，敬业精神可以培养职业兴趣，两者互为因果；并能最终帮助你形成牢固的专业思想。拥有专业精神不仅可以促使大学英语教师不断加强专业学习、提高专业能力，还可以促进大学英语教师自身道德水平的提升。其次，大学英语教师应该具备很高的政治思想觉悟和道德人格修养。大学英语教学需要大量接触西方文化，大学英语教师应该具有对外来文化取其精华、去其糟粕的鉴别力，同时具有传播中华优秀文化的责任。在教学中，大学英语教师要潜移默化地对学生进行道德教育，以提高学生道德水平。

（2）知识结构

合理的知识结构是大学英语教师专业素质的体现。大学英语教师应该具备：①条件性知识，即教育学、心理学、语言学、语言教学理论、社会学和人类学等知识；②本体性知识，即语言知识、语言技能；③实践性知识，即教学经验的积累和整合；④一般性知识，即教师的知识广度和素养等知识结构（李鲁平，2005）。

为实现《教学指南》的多元化教学目标，大学英语教师应该提高自己的专业知识水平、调整知识结构、加强跨学科知识的学习。首先，大学英语教师应具有良好的外语和母语知识及应用能力，具备坚实的语言基础、良好的听说读写译技能、准确流畅的语音语调、应付自如的听读技能、流畅得体的说写译技能。其次应提高自身的文化素养和跨文化交际能力。语言是文化的载体，大学英语教师需要系统全面地了解西方社会文化知识，如西方国家的历史、地理、文学、宗教、风土人情等，并将其纳入大学英语的课程中；在了解西方文化的同时，大学英语教师也需提高自身本国文化的修养，了解中西文化在人际交往、风俗习惯、价值观念方面的异同。再次，具有不断吸收和补充本学科和其他学科知识的能力。语言学等学科知识在不断发展，要求大学英语教师要不断补充本学科和其他学科知识才能满足教学的需要。语言是信息的载体，各学科的迅速发展都会在词汇上有即刻的反映。语言不能脱离信息而存在，没有脱离某门具体知识而独立存在的语言。外语教学的发展趋势是语言教学和某门专业的结合。这意味着大学英语教师既要拥有语言知识，同时还要学习和掌握一个或某些专业的知识，作为英语教学的内容依托，把英语教学与某门专业知识有机结合起来。此外，大学英语学生来自不同专业，其知识背景各不相同，大学英语教师需要学习各学科知识，适当了解所教学生所学专业的知识，使自己成为一个“杂家”，提高自己的专业素质。

（3）教学能力

提升教师教学能力是教师专业化对大学教师的基本要求，也是大学教师应具备的基本素质（陈利，2006）。大学英语教师的教学能力是大学英语教师素质的重要体现，是影响大学英语教学质量和效果的关键性因素。

孟育群（1990）认为教学能力由五个方面构成：①认识能力，主要表现为敏锐的观察力、丰富的想象力、良好的记忆力，尤其是逻辑思维能力及创造性思维能力等认识能力；②设计能力，主要表现为教学设计能力：明确教学目标、悉心钻研教材、搞活教学组织、讲究教学策略、实施教学评价；③传播能力，主要包括语言表达能力、非语言表达能力、运用现代教育技术能力；④组织能力，主要包括组织教学能力、组织学生各种课外活动的能力、组织培养优秀学生参与集体的能力、思想教育的能力、协调内外部各方面教育力量的能力、组织管理自己学习工作和活动的能力；⑤交往能力，主要包括在教育教学中的师生交往能力。《教学指南》对大学英语教师提出了“三个主动适应”的要求，即“主动适应高等教育发展的新形势，主动适应大学英语课程体系的新要求，主动适应信息化环境下大学英语教学发展的需要”；明确大学英语教师要提高教学能力，具体涵盖学科专业理论和知识、课程建设的意识、选择教学内容的能力、调整教学方法和手段的能力、以学生为学习主体的意识、教学改革的意识、现代教育技术运用能力等要素（王守仁，2016）。

（4）科研能力

科研能力是教师专业化的重要组成部分，是推动大学英语课程教学改革与创新的原动力。目前国内大学英语教师科研成果不多、科研水平不高无疑极大地制约着大学英语教师的专业化发展，影响了大学英语教学的质量（杨忠等，2001：79－83）。为了达到较高的科研水平，大学英语教师应该努力提高理论素养，认真学习和研究外语教学理论和方法，强化科研意识和培养科研兴趣。首先，大学英语教师应该具有文献研究能力，广泛阅读语言类和外语教学研究的文献，了解国内外最新的研究成果；应该经常参加学术交流，加强学术积累。其次，应该了解和使用与英语教学有关的科研方法，如实证研究方法、综合研究方法、行动研究、个案研究等。

2. 大学英语教师专业化发展的途径

大学英语教师专业化发展对教师的知识、能力、素养和教学艺术等提出了更高的要求，需要学校和院系搭建教师专业发展平台，加强教师职业生涯的规划与指导，采取各种形式保障教师的专业发展和教学发展；也需要教师自身的追求和努力，不断更新教育理念，丰富专业知识与技能，增长专业能力，提升专业素养。

（1）建立教师专业发展制度

要实现教师专业化发展，学校管理部门要构建多层次、多元化的专业化发展的培训体系。目前，学校和学院根据师资情况对教师的专业化发展进行整体规划，已建立了包括教师的职前专业准备、入职专业辅导、在职专业提高的一体化教师专业发展制度，分层推进教师专业化发展。大学英语教师的专业化发展是一个动态的过程，可以分为职前阶段、适应期阶段和成熟期阶段，包括职前、入职、在职培训。

A. 职前培训

职前培训是大学新教师在角色过渡、职业体验、教学责任和使命培养过程中的重要环节，是培养教师效能感的最佳时机（张茜，2010）。我校主要通过学校和学院组织的职前培训（岗前培训）方式培训新教师。

学校要求新教师参加职前培训（岗前培训），目的是了解高校教师职业的特点和要求，学习高等教育教学基本理论，提高基本素养，并了解其工作条件、工作环境、工作目标，为其在实际工作中更好地履行教师职责打下基础。同时，立足于学校自身相关管理制度的学习和培训，如介绍学校历史沿革、发展目标，教学、科研等经验，机关管理等方面的规章制度和改革进程，使青年教师对工作及学校发展有一定的了解，这对他们迅速进入教学岗位也是不可或缺的。

学院对大学英语教师进行系统的职前培训，学习基本的英语教学理论与方法，掌握一定的教师职业技能，逐步形成教学效能感，从而提高大学英语教师的专业化水平。我们邀请经验丰富的教师给大学英语新教师做讲座，交流新教师上岗的准备工作。以下内容为吴鼎民老师和新教师交流的部分内容：

a. 了解自我。刚毕业的研究生走上讲台；一方面是由学生变成了教师，要传道、授业、解惑；另一方面又是从一个学校毕业走向另一个学校的“学生”。据权威学者所言，一个大学生在学校所学的知识只占所用知识的 20%，其余 80% 知识要靠日后继续学习补充，这些知识不仅是专业知识，还包括其他学科知识，以及做人的知识、生活知识和其他知识。

b. 了解工作任务和目标。大学英语的教学任务和目标在教学大纲中有明确的规定。因此，《大学英语教学大纲》是新教师的第一本书。接下来要了解本校的课程设置情况。虽然，新教师往往只安排上某一门课，如：综合英语、视听说或是后续选修课程，但是由于各课型都是向着同一目标努力的，有内在关联，因此，除了了解某门课的教学内容和目标之外，还应该了解各课型的教学内容和目标。了解全局情况有助于做好局部的工作。

c. 了解教材内容、编写原则、指导思想。众所周知，外语教学法流派众多，各种教学法对问题的看法不尽相同，每种教材都按某种原则和采用某种教学法为依据来选材和编撰的。在教学中对不同教材应采用相应的教法，否则，难以达到预期效果。比如，一本按听说领先的原则编写的教材，如果用语法翻译法去教，肯定收不到预期效果。

d. 了解工作环境和条件。绝大部分大学英语教师都是面对非英语专业的学生，教授公共外语。作为大学英语教师，应了解所在学校主专业的基本情况，以及学生所学专业的基本情况。因为，随着高校改革的发展，将来的外语教学要更多与某种专业结合，为学生的主修专业服务。

e. 了解可利用的教学资源。教学资源包括图书资料、教学设备、外语语音室、外语电台、外语电视台、外语自主学习中心、软硬件设备等。了解上述情况可以充分利用它们搞好教学。

f. 了解工作对象——学生，比如学生的地区来源情况、外语水平现状、学习上的需求和困难等。学生是教学诸因素中最活跃的一种。所谓“因材施教”就是要在教学中根据不同的教学对象采用不同的教学方法。因此，在备课时，备课本固然重要，“备学生”更为重要。

B. 入职培训

大学英语教师入职培训包括教学基本技能培训和教师专业技能培训等。

a. 教学基本技能培训

教学基本技能培训包括课堂教学的基本技能、调控教学过程的技能以及基于计算机网络教学的基本技能。其中课堂教学的基本技能包括教学语言技能、演示技能、提问技能、讲评技能、变化技能等；调控教学过程的技能包括导入技能、组织教学技能、强化技能、结束技能等。

b. 教师专业技能培训

教师专业技能培训是针对所开设课程的各个教学环节，使教师熟悉相关课程及教学大纲，明确教学任务及要求，熟悉教材的内容、重点、难点的处理，提高专业知识教学水平，形成较强的授课能力。

C. 在职培训

在职培训具有明确目的性和较强的针对性，我校主要实施专项的大学英语教师培训计划，如教师学位提升工程、选派优秀教师到国内外知名大学和研究机构进修访学、参加骨干教师进修班或高级研讨班、参加出版社组织的短期研修及新开课程培训等形式进行继续教育、邀请知名专家来校讲学、现代教育技术能力培训、开展教学观摩及竞赛、组织教师参与国内外学术交流等，提高大学英语教师的业务能力和专业发展水平。

（2）树立终身学习的理念

坚持终身学习理念是推动教师专业化发展的关键因素（丛明明，2010）。树立终身学习理念，增强自身的职业发展动机和意识，根据个人专业发展目标制定具体计划并逐步付诸实施，将教师的专业化贯穿于整个职业生涯中。首先，大学英语教师要确立终身学习、做学习型教师的理念，保持先进的教学理念。通过进修或自学等多种途径加强对应用语言学、教育学、心理学等外语教育相关理论以及与外语教学密切相关的学科与领域，如语用学、二语习得理论、语言教学理论、语言测试等知识的学习和更新，丰富理论内涵。其次，树立终身学习理念，不断更新知识结构，以应对社会发展的需求。针对目前我校专门用途英语选修课缺少优质师源的状况，我们一方面选派教师到其他院校进修学习，使他们成为既精通某门专业又精通外语而且还会教英语的复合型教师，另一方面鼓励教师学习新知识和新技能，实现自身的提高。随着大学英语教学改革的推进，教学内容不断更新，大学英语教师亟须不断获取新知识和不断更新原有的知识，调整自身的知识体系，使之与时代的发展，与工作、生活的环境相匹配、相适应（郑笑然，2007）。第三，大学英语教师需要不断“充电”，不断接受各种形式的继续教育培训，主动参与教学研究和教学改革，积极参与科研活动，提升自身专业水平和专业素养，提高教学绩效。

（3）实现专业自主发展

大学英语教师专业化发展是一个长期的动态的过程，主要通过教师自主发展来完成。教师专业化自主发展包括三个过程：教师自我发展的过程、教师互助合作和融入教育组织的过程，以及教师终身持续成长的动态过程（高越等，2009）。大学英语教师专业化发展必须以自主发展为核心，以合作发展为平台，以持续发展为目的（丛明明，2010）。

A. 自我发展

自我发展推动教师整体发展，可以加快大学英语教师专业化发展的步伐（王洪渊，2011）。大学英语教师专业化发展应该从自我发展模式入手。教师自我发展有匠才模式（the craft model）、应用科学模式（the applied science model）和反思模式（the reflective model）三个模式。匠才模式主要通过观察、模仿有经验的教师，积累自身的经验来提高教学水平。应用科学模式主要通过学习与外语教学有关的理论课程，用理论指导、改进自己的教学方法。反思模式在观察他人教学的同时，反思自己的教学方法，结合理论指导提升教学水平（Wallace，1991）。

反思教学模式是教师在教学实践中对自己的教学实践和教育教学理论进行内省或批判性反思的过程。在这个过程中，教师可以不断优化和完善自身的教学理念、方法和策略，从而加深对教学活动规律的认识和理解（高越，2008）。在教学实践中反思教学的具体途径包括：写教学日志、回顾课堂录像、开展反思性对话、行动研究、建教学档案袋、观看竞赛视频、观摩课程讨论等（孟春国，2011；高越，2008）。通过这些反思教学手段，大学英语教师一方面对自己教学实践进行批判性的反思，不断更新教学理论和实践，强化教师的专业能力；另一方面，对大学英语教学实践中的困惑进行反复思考，实施自主监控，不断提高自己的教学科研水平，将自主学习升华为自我发展的高度，最终实现自主发展的愿望和目标（王洪渊，2011）。

反思教学给教师的专业化自主发展提供了强大的推动力（Richards & Nunan，1990）。

B. 合作发展

教师专业化自主发展需要教师的相互支持与合作。教师之间有多种合作方式，比如集体备课、教学心得交流会、“精彩一课”示范、项目合作、课题研究等。此外，大学英语教师还应积极参加外语教学与研究相关的教育组织，通过参加学术会议和相关教学研究活动，获取在教学和相关研究领域前沿的学术动态和信息资源，丰富和更新自己的教学理念，加快自身专业化发展的进程（高越等，2009；高越，2008）。

C. 持续发展

所有的知识都具有持续演化发展的特性，知识的建构都没有完成的时刻。教师专业知识和技能的建构也要持续不断地进行，逐步丰富和完善（谢徐萍等，2010）；而且，教学内容、教学环境、教师和学生等都会随着社会的发展始终处在不断调整和变化的状态。因此，教师专业素质和能力的发展是永无穷尽的，教师专业化自主发展是教师终身学习、不断进步的动态成长过程（高越等，2009）。

（4）提高教学能力

教师的教学能力是影响教学质量和效果的关键性因素，也是体现教师地位和作用的核心因素（曾拓，李黎，2003）。大学教师应树立持续提升教学能力的理念，将教学能力持续提升作为教师专业发展的重要内容（樊泽恒，2009）。

为了提高教学能力，大学英语教师首先应该强化专业素质。熟悉外语教学理论，具有扎实的专业知识，能够运用现代教育理念对教学过程中的各个要素进行科学系统的设计，具有良好的教学设计能力、教学实施能力、课程开发和资源整合能力。其次，学习现代教育技术，提高信息技术素养。将信息技术与课程教学融合的教学能力也是大学英语教师专业化水平的体现。随着互联网+时代的到来，互联网与教育的融合日益加深。基于计算机网络和课堂教学的混合教学模式已逐渐被师生接受，随着网络课程建设、网络资源库建设、精品资源共享课建设、微课、慕课等的迅猛发展，大学英语教师要与时俱进，跟上新技术发展，不断提高使用信息技术的意识、知识和能力，在具体的课堂教学设计与实施过程中，融入并合理使用信息技术元素。

根据《教学指南》的要求，我校大力推进信息技术与课程教学的融合，充分发挥了信息技术在大学英语教学中的重要作用。大学英语教师通过对混合教学模式教学过程进行教学设计、制作多媒体网络课件和对实施混合教学模式教师的培训等方式，提高了信息化教学的实践能力。

A. 基于课堂和网络的综合英语课程教学过程设计

我校综合英语课程实施基于课堂和网上课程的混合教学模式，我们依据布鲁姆的“掌握学习”模式，确定以单元为主线的教学流程。我们对基于课堂和网上课程的综合英语课程进行教学设计。首先，明确每个教学单元的教学目标，以及为达到这个目标需要完成的教学任务有哪些。其次，选用或制作哪些教学媒介，如何组织教学，采用什么教学策略和教学方法。最后，如何评测学生是否达到了预期的单元教学目标。教学设计突出了课前、课堂、课后三个环节的连接。课前学生利用网络多媒体助学课件，合理地安排自学，为课堂教学做准备。在课堂，教师利用辅教课件，首先检查学生对教学内容和语言重点的理解程度，然后从不同的角度和深度挖掘教材，给学生提供语言输出的机会。课后学生根据测试软件进行测试和复习，以巩固所学知识和技能。

为了顺利实施基于计算机网络和课堂混合教学模式，在利用高教司推荐教材的教学软件和课件的基础上，以建构主义理论为指导，着重考虑如何在课程中体现出学习者为中心的思想；同时，还从词汇水平、句子水平和篇章水平、文化背景、语法库、技能库等方面提供丰富的材料资源，对软件和课件进行延伸和拓展，自主开发融助学、辅教、测试为一体的《新视野大学英语》多媒体网络课件。该课件结构与内容编排紧扣教材，但不局限于教材。《新视野大学英语》（助学版）主要帮助学生学习语言知识（如语音、语法、词汇、难句等）和理解课文，检测学生对文章的理解力，同时，从文化、语言技能等方面引导学生进一步学习。《新视野大学英语》（辅教版）主要辅助教师的教学，给教师提供多种教学方法、任务、策略的选择，使教师能更好地开展教学活动。《新视野大学英语》（测试系统）包括 Section A 和 Section B 的 Quiz（即学即练）部分、Test Yourself（单元过关测试）、作业管理和测试管理系统。

B. 基于计算机和课堂视听说教学过程模式设计

a. 基于计算机和课堂的视听说教学过程设计

基于计算机和课堂的教学过程（图 8－17）主要分为五个环节：分级测试与定级、软件系统单元学习与测试、约课系统约课、课堂面授、单元及级别考试。学生入校以后，首先由教务管理员将学生、教师和管理员的相关数据导入到《新时代交互英语》管理平台，然后组织学生上机参加《新时代交互英语：视听说》的分级测试，教师根据机测成绩和参考分级测试及高考成绩，按照学生的实际水平，为每一位学生制定适合于本人起始学习的级别，为“因材施教”，实现“个性化”学习提供参考依据。定级后，学生便按照各自的实际水平和需要从不同级别、不同的学习项目开始进行个性化学习。《新时代交互英语》教学系统要求学生先上机自主学习，再完成线下作业，参加单元测试，当单元测试达到合格标准时，学生才有资格和老师约课，参与课堂语言应用活动。只有达到并通过了面授课的要求和标准以及参与相关的课外实践活动，学生才可

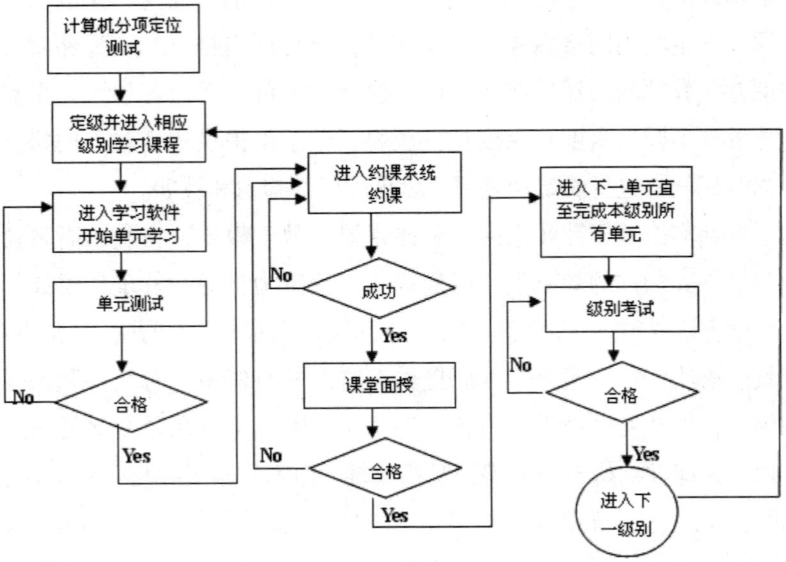

图 8－17　基于计算机与课堂的教学过程

以进入下一个单元的学习，开始新一轮的循环，否则就要返回本单元开头重新学习，直至考核合格。如果教师在面授辅导中发现学生并没有达到单元要求，就要求学生重新学习本单元，直至达到本单元的教学要求。到本级别学习结束时，学生仍然需要在网上参加级别测试和线下纸笔听力考试及口语考试。只有通过了最终的级别考试，才有资格进入下一个级别的学习。

这种交互式教学环节的设计符合语言的学习规律和建构主义教学理论，在充分调动学生的学习自觉性、加大学生主动参与、强化语言内化过程、培养学生自主学习能力等方面有着积极的意义。

b. 基于计算机与课堂的单元学习过程设计

从基于计算机与课堂的视听说教学过程可以看出，视听说课程的学习是以单元循环的。基于计算机与课堂的单元学习过程（见图 8－18）是：

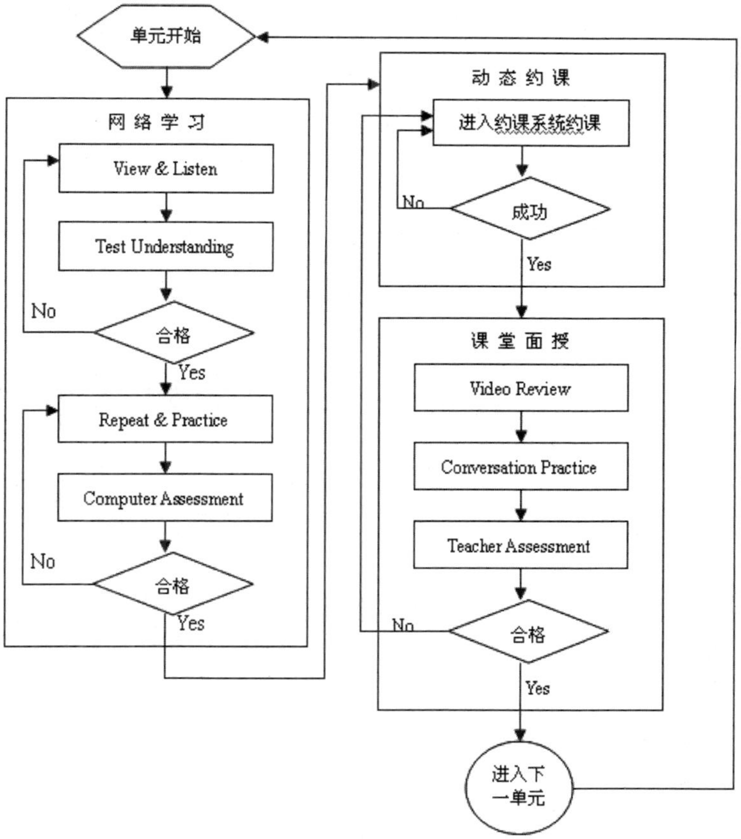

图 8－18　基于计算机与课堂的单元学习过程

·网络自主学习。学生进入软件系统完成自主学习与测试任务，同时完成线下作业。

·约课。学生通过“约课系统”预约面授课，自主选择学习进度、课堂面授时间、地点和适合自己的口语面授教师（并可查询面授课评估结果）。

·接受课堂面授。学生在课堂互动中巩固和实际演练网络自主学习中所学内容。课后参与实践活动。

c. 基于计算机与课堂的单元教学过程设计

基于计算机与课堂的单元教学过程（见图8－19）：

·教师根据学习软件内容备课。

·教师进入管理平台监控和答疑。

·教师通过“约课系统”对学生的学习过程进行监管。控制学生预约课堂面授的资格，严格要求学生必须先进行网络学习，再参加课堂面授。

·教师利用“约课系统”对学生学习情况进行过程性评估。及时记录学生课堂面授课的情况和表现，及时向学生进行反馈。

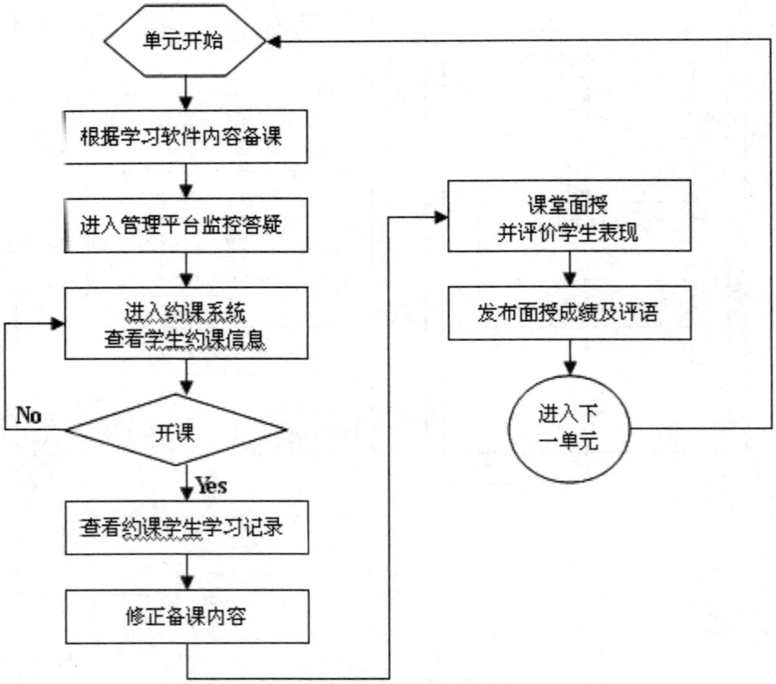

图8－19　基于计算机与课堂的单元教学过程

C. 实施基于课堂和网络混合教学模式的教师培训

为了促使教师参与网络教学、学习环境的共建，提高自身将信息技术与教学进行整合的能力，我们以视听说课程为例，对实施混合教学模式的教师进行培训，对他们提出了基本要求。

视听说口语面授课教师的基本要求

· 掌握利用多媒体和网络技术教学的基本技能，熟悉教学软件的使用。

· 详细了解每个学生情况。如：英语基础、学习习惯、学习方法等，建立学生个人档案，针对不同个体，帮助学生制订阶段目标、学期目标。

· 深入研究教材，熟悉其核心内容，确定重点、难点。

· 了解教学的整体规划，包括：教学计划、教学进度、教学内容等，设计阶段性目标。

· 了解学生机房自主学习的内容，做好自主学习与课堂口语面授教学的衔接。

· 了解学生自主学习进展情况及效果，并做好相应的检查方案。

· 课堂口语面授须突出重点，思路清晰，安排有序。对重点、要点要有必须地操练，做到讲练结合。注意 Functions 应用到 Dialogues，Topics 的练习。

外语自主学习中心辅导教师的基本要求

· 掌握利用多媒体和网络技术教学的基本技能，熟悉教学软件的使用和一般性维护、管理。

· 了解教学进度，熟悉学生自主学习的内容。

· 组织机房自主学习，安排学生座位。协助计算中心技术人员解决学生有关电脑技术方面的问题。

· 学生自主学习过程中耐心解答学生的疑难问题及英语学习方面的其他问题，并将问题收集给联系老师，以便集中讲解疑难问题。

· 反馈学生的具体情况、学生对教材内容的消化情况；收集学生对教学的意见以便改进。

· 辅导教师必须有机房上课及辅导的日志记录，并接受主讲教师及大外部的调阅。

· 如出现不能登录网络系统的情况，叫学生发 E－mail 给管理员，安排学生做其他内容。

（5）提高科研能力

科学研究是教师专业素质的具体表现形式之一，是教师专业化的重要组成部分。我校从教师自身努力和营造科研环境两方面入手，提高科研能力。

A. 培养自我科研意识和发展自我科研能力

提高科研能力需要有较强的科研意识。目前大学英语教师已经认识到科研的重要性，认真反思自己的知识结构并想办法补缺，培养自己的科研兴趣，全身心地投入到科研中。提高科研能力更需要发展科研能力。教学之余，教师们潜心研究相关的科研理论，广泛阅读外语教学研究文献，了解国内外最新的研究成果，努力掌握科学研究方法，经常参加学术研讨活动，发现新观点和新课题，经常撰写论文，争取产生更多的科研成果。

B. 做教学中的研究者，以科研促教学

基于日常教学开展科研活动，不仅可使教师通过理论学习和实践反思深入了解如何有效地进行课堂教学，而且可以帮助教师对各种教育教学理论保持理性和思辨的态度，促进对自身教学实践经验的提炼和升华，提高教师的职业判断能力（Long，1983；转引自高越，2008）。大学英语教师的科学研究可以来自大学英语教学实践各环节，从微观入手，小题大做，通过科学研究寻求解决教学过程中遇到的实际问题的途径，将教学中遇到的问题转变为研究课题。

以科研促进教学，调动大学英语教师不断学习和主动参与教学研究和教学改革的积极性，促进教师知识的更新和自身进步，提高教师的创新能力和教学质量。

科研和教学实践是相辅相成、相互促进的。教学实践为科研提供第一手材料，给科研注入新的元素；科研成果反过来又服务于教学，使得教学实践充满活力和智慧。

C. 营造科研环境

近几年来，学校和学院为大学英语教师创造了良好的科研环境，通过派出进修学习、增加科研投入、成立科研团队、加强学术交流、邀请国内外专家做学术讲座、举办科研学习班等方式，形成浓厚的科研气氛，提高科研能力。同时，还将科研与评优和评聘挂钩，建立了较合理的奖惩机制。

通过实施新课程体系，大学英语课程实现了转型，在教学理念、选修课程建设、教学资源建设、教学模式推进、教学方法改革、教学管理创新和教师队伍建设等方面取得了较好的效果。

第九章

新课程体系的评价

课程评价是对课程价值实现程度的一种测量（周家春，洪流；2018），科学的课程评价是实现课程目标的有力保障，是推进课程建设和提高教学质量的重要手段。大学英语课程不是一门具体的课程，而是包含课程目标、课程设计、课程实施和课程评价等要素的课程体系，这些要素环环相扣，而课程评价则贯穿于所有环节（金艳，2013）。大学英语课程评价的任务是依据《教学指南》确定的教学目标和教学要求，对课程体系的各个环节开展全面、客观、公正的评价，及时、有效地为课程和教学提供反馈信息，推动课程的建设与发展（王守仁，2016）。然而，当今的大学英语课程评价在评价方式、评价内容和评价主体等方面仍存在一些问题。传统的教学评价“以学生英语水平为主要评价内容”（唐雄英，2005），“注重的是对学习结果的检验，以学生的考试分数或等级作为评定教学和学习成果的唯一标准，缺乏对学习过程的监控和反馈以及对课程体系其他方面的全面评价”（金艳，2010）。因此，转型期的大学英语课程体系改革应该依据《教学指南》精神，建立科学的评价体系，系统地采集有关课程设计、教学实施、教学效果相关信息，通过多维度的综合性评价，判断大学英语课程和学生英语能力是否达到了规定的目标，并为大学英语课程的实施与管理提供有效的反馈，推动大学英语课程不断改革和发展，实现提高大学英语教学质量和大学生英语应用能力的总体目标。

本章主要论述新课程体系的评价指标体系的构建，并依据评价指标体系进行校内自评，客观、全面地评价课程体系各环节、学生和教师，以改进学习、提高教学和完善课程体系，促进大学英语课程的持续发展。

第一节 新课程体系的评价指标体系

《教学指南》指出，大学英语课程评价涵盖课程体系的各个环节，应综合运用各种评价方法与手段，处理好内部评价与外部评价、形成性评价与终结性评价之间的关系。据此，本节首先梳理常用的课程评价模式，然后再探讨构建新课程体系的评价指标体系。

一、课程评价模式

评价是一种价值判断活动（金艳，2013：57）。根据评价目的，评价分为关于学习的评价（assessment of learning）、学习性的评价（assessment as learning）和促进学习的评价（assessment for learning）三类。关于学习的评价是以考试为主要形式，以评价学习效果、检查教学目标完成情况为目的的终结性评价。学习性的评价主要是学生在学习过程中的自我评价，目的是帮助师生改进方法。促进学习的评价是对整个学习过程进行跟踪、监测和反馈，包括起点评价（sizing - up assessment）和学习过程中进行的形成性评价（formative assessment）；目的是明确起点、设定目标、诊断困难，反馈意见（金艳，2010）。

课程评价是指研究课程价值的过程，是由判断课程在改进学生方面的价值的那些活动构成的（施良方，1996：149）。由于课程评价具有推动课程改革和发展的功能，因而引起广大学者的关注，并在实践中开发出各种课程评价模式，如目标（objective）评价模式、目的游离（goal - free）模式、CIPP 模式、应答模式（Stake's Model）、差异（discrepancy）评价模式和建构主义理论的评价模式等。目标评价模式是美国著名教育学家、课程理论和评价理论专家拉尔夫·泰勒（Ralph Tyler）于 20 世纪 30 - 40 年代提出的。该模式以目标为中心，认为教育活动是实现教育目标的过程，学生的行为变化程度是判断实际教育活动效果的依据（Tyler，1969）；评价是为了找出实际结果与课程目标之间的差距，并可利用这种信息反馈作为修订课程计划或修改课程目标的依据（施良方，1996：156）。目标评价模式是教育评价理论发展史上第一个结构紧凑、较为完整的模式；它评价目的明确，易于理解和实施，因而至今仍是世界各国常用的评价模式（陈如，2000）。但该模式过多关注预期目标，忽略了其他因素，如并非所有教育目标都可以用行为变化来恰当地描述、对目标本身合理性的判断等，因此招致不少诟病。针对目标评价模式的弊端，迈克尔·斯克里文（Michael Scriven）在20世纪70年代提出了目的游离评价模式，主张把课程评价的重点从“课程计划预期的结果”转向“课程计划实际的结果”。目的游离评价对目标评价模式的批判是击中要害的，但目的游离评价模式因过于强调评价者应不受预期的课程目标的影响以及缺乏完整的评价程序而遭到批评。几乎是在同一时期，针对目标评价模式的缺陷，美国学者丹尼尔·斯塔弗尔比姆（Daniel Stufflebeam）认为，评价不应局限在评定目标达到的程度上，而应该是为课程决策提供有用信息的过程。评价应涵盖教育活动的背景（Context）、投入（Input）、过程（Process）和产出（Product）（简称CIPP模式）。CIPP评价模式评价目标合理，能考虑到影响课程计划的种种因素，可以弥补其他模式评价的不足，相对来说比较全面；但由于它的操作过程比较复杂，在实践中还是难以操作。目的游离评价模式和CIPP评价模式对目标的正确性和完备性提出了补充，但还没有从根本上否定用目标的形式体现评价中的价值取向。1974年斯塔克（R. E. Stake）提出应答模式。该模式具有两个特点：兼顾各方面人员目标和感受以及采用多种方法获得全面的信息（李亦菲，2005）。应答式评价的结果更有弹性和应变性，更适合于一个复杂的多元的客观世界的现实和各种层次、各种观点评价者的需要（陈如，2000）。但是实施过程耗费人力、物力、财力（金艳，2012）。此外，马尔科姆·普罗佛斯（Malcolm Provus）提出了差异评价模式，它包括设计阶段、装置阶段、过程阶段、产出阶段和成本效益分析阶段。该模式在前四个阶段关注的是课程计划应该达到的标准（应然目标）与各个阶段实际表现（实然效果）之间的差距，并关注造成这种差距的原因，以便及时做出合理的抉择（是否继续下一阶段），这是其他模式所不及的。但由于“应然”与“实然”之间存在诸多价值判断的问题，对评价工具和手段的要求较高，评价的信度和效度难以保障（周家春，洪流；2018）。基于评价不同价值取向的利弊，Guba和Lincoln（1989）提出建构主义理论的评价，即国际公认的第四代教育评价观：①评价标准：强调价值的多元性；②评价主体：鼓励各方全面参与；③评价手段：定性与定量相结合；④评价程序：共同构建（谢竞贤，2014）。从以上模式可以看出，在目标评价模式后出现了多元化的评价模式，呈现出以下特点：明确提出评价为决策服务的新思想；开始探讨目标本身的科学性和合理性；正式提出形成性评价的思想（陈如，2000：72）。

以上列举的几种主要的课程评价模式都是在特定条件下形成和发展的，都有一定的适用范围。各种课程评价模式都有长处和短处，大学英语课程评价应汲取各评价理念之优势，结合具体的评价目标灵活设计。

二、新课程体系的评价指标体系

课程评价是依据一定的评价标准，通过系统收集有关信息，采用多种方法，对课程各要素进行价值判断的过程。大学英语课程的价值目标就是实现课程体系的目标，即培养学生的英语应用能力，提高学生英语交际能力、学术英语交流能力和职业英语交流能力，增强跨文化交际意识和交际能力，同时发展自主学习能力，提高综合文化素养，使他们在学习、生活、社会交往和未来工作中能够有效地使用英语，满足国家、社会、学校和个人发展的需要。大学英语课程体系评价核心是对目标与培养效果的实现状况进行评价，需要“运用各种手段，对学习、教学和课程发展进行全面综合评价，最终实现促进学习、改进教学和完善课程体系的目标”（金艳，2010）。课程体系的“全面综合”评价具体体现在评价主体、评价方式、评价内容和评价标准等四个方面。评价主体是教师和学生等教学活动的直接参与者、行政管理者或专家组织，具体包括教师对学生的评价、学生对教师的评价、学生自我评价、学生相互间的评价、小组合作评价、教务部门对学生的评价、用人单位对学生的评价等。评价方式主要有形成性和终结性评价相结合，学生自评和互评相结合，外部和内部评价相结合，质性评价和定量分析相结合；具体评价方式包括课堂评估、学习档案、学生日记、问卷调查、师生座谈和访谈、督导检查、学校考试和外部统考等（金艳，2010）。评价内容由单一的评价学生所掌握的基础知识转向评价学生的语言应用能力和素质，以达到促进学生全面发展的教育目标。评价标准具体针对教学和学习的所有环节，包括学习目标的合理性、学习计划的制订、学习方法和策略、学习态度、学习进步和困难等，还包括教师的教学态度、课堂教学方法、教学效果以及课程的设计和发展等（金艳，2010）。只有建立这样全面、综合的评价体系，才能实现评价的诊断、导向、激励、改进、鉴定、咨询决策等多重功能（顾明远，2006）。综上所述，大学英语课程体系的评价是综合评价体系，需要构建一个完整的评价指标体系。

评价指标体系一般采用逐层分解评价目标的方法来构建一个由高层到低层、彼此独立、具体可测的树状指标体系（姜宏德，2005）。当前，由于各高校办学理念和定位不尽相同，大学英语课程体系各具特色，课程目标多元化，课程内容丰富多彩，实施形式多种多样，对课程体系的评价较少有可参照的对象。我们根据大学英语课程教学改革情况，构建了本校内部课程体系评价指标体系。

校内课程体系评价指标体系是对照课程体系目标，依据《大学英语教学指南》标准要求，参考“本科教学优秀工程”“普通高等学校本科教学工作审核评估方案”“高等学校外语专业本科教学评估方案”及其他外语教育评价标准制定的。评价指标体系分为课程体系、学生和教师三层次，形成一级指标 3 大类，二级指标 11 细类；在此基础上进行细化，以校内教务部门、教师、学生以及校外课程专家、用人单位等为调查对象，通过问卷和访谈方式，制定主要观测点和评价标准，由此形成三级指标。然后，将各个指标项分为四个等级：A（优秀）、B（良好）、C（一般）、D（较差），相应的分值为 4、3、2、1。在该评价指标体系中，分值只是起到一个简单的平衡作用。

评价标准的制定是构建有效的课程评价体系的关键（金艳，2010）。我校通过多次调研，制定各种方案，经过反复修改，最后形成了大学英语课程体系评价指标体系（见表 9－1）。

表 9－1　大学英语课程体系评价指标体系

一级指标	二级指标
1. 课程体系	1.1 课程体系目标
	1.2 课程体系设计
	1.3 课程体系实施
	1.4 课程体系效果
2. 学生	2.1 英语学习过程
	2.2 英语学习结果
	2.3 保障机制
3. 教师	3.1 教师基本素质
	3.2 课堂教学
	3.3 教师效能
	3.4 教师发展

我们将依据评价指标体系对课程体系的质量进行自评，在分项评价的基础

上，对课程整体进行优秀、良好、一般或较差之类的等级评价，以形成一个层层递进的、完整的指标体系，保障评价的全面、客观、公正，同时为课程的改进和发展提供丰富的反馈信息。

第二节　课程体系自身评价

课程体系是一个系统，不仅包含课程体系目标、课程体系设计、课程体系实施、课程体系评价等诸多要素，还包括各个要素之间的相互关系和相互作用。课程体系自身评价是对课程体系目标、课程体系设计和课程体系实施等方面进行的价值评判和实际功能实现程度的评判的实践活动。大学英语课程体系自身评价是一个持续而循环的过程，课程体系目标、课程体系设计、课程体系实施、课程体系评价之间不是线性关系，而是一种动态关系（见图9-1）。它们之间相互影响、相互联系，有一个互动的过程。课程体系评价与课程体系目标、课程体系设计和课程体系实施密切相关、不断互动并相互施以影响，最终达到有效构建课程体系和推动课程体系发展的目的。

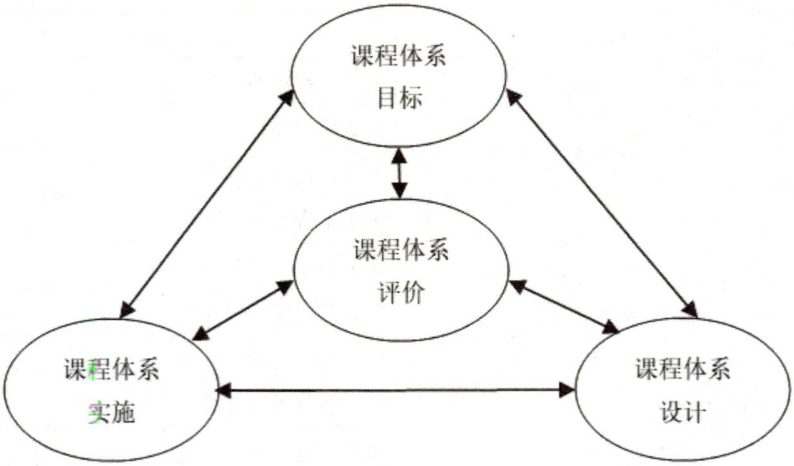

图9-1　大学英语课程体系自身评价框图

泰勒认为评价过程实质上是一个确定课程与教学计划实际达到教育目标的程度的过程（朴圣玉，2008），是“为调整、完善或革新寻求支持的过程”（夏纪梅，2002：86）。因此，课程体系评价始终与课程体系建设同步，评价从课程体系目标开始，课程体系设计和课程体系实施阶段也要用评价手段检查它们是否适合于目标，随时进行修改。在对目标实现程度进行判断后，课程的评价并没有结束（刘春惠，2001）。评价结果应该反馈到方案的设计中去，作为修订目标，改进教与学，提高教学效果的依据（王晓柳，2003）。因此，课程体系的自身评价应该是形成性评价和终结性评价的结合。形成性评价强调过程的评价，它要求收集课程体系建设中各个阶段的信息，并随时加以修正；而终结性评价关注效果的评价，是对课程质量的一个“整体”的看法。它的焦点放在整个课程计划的有效性上，以便就这项课程计划是否有效作出结论（施良方，1996：153－154）。据此，大学英语课程体系自身评价包括课程体系目标、课程体系设计、课程体系实施和课程体系评价这样一个流程（见图9－2）：确定课程体系目标并将其细化，依据目标细化表进行课程设计，形成课程计划；根据课程计划实施教学，产生课程成效；课程评价一方面对每个阶段进行评价检查，另一方面对整个课程效果进行评价。课程体系评价的任务是，根据课程体系目标的细化表制定评价标准，采集课程体系各环节的相关信息并对其作价值评判和实际功能实现程度的评判，为课程体系提供有效的反馈信息，以推进课程建设，促进教学质量的提高。

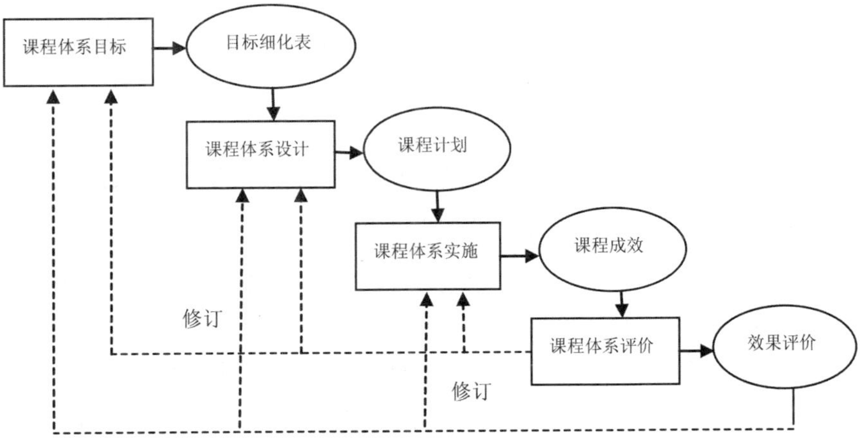

图9－2　大学英语课程体系自身评价流程图

综上所述，大学英语课程体系自身评价主要包括课程体系目标的评价、课程体系设计评价、课程体系实施评价和课程体系效果评价。

一、课程体系目标评价

课程体系就是为实现一定的目标而组织的（曾德军，2004），课程体系目标是课程体系的灵魂，是整个课程体系设计工作的基础，是课程体系评价的根本标准。为了避免课程体系出现目标与需求脱节、目标描述过于笼统和程式化以及具体课程的目标不明确和不可测量等问题，需要对课程体系目标进行评价。评价主要观测目标定位、目标确定的依据和目标陈述（表9－2）。

表9－2　大学英语课程体系目标评价表

主要观测点	评价标准	分值	评分				自评等级
			A	B	C	D	
目标定位	1. 定位明确，对学校人才培养目标的达成起重要的支撑或促进作用。 2. 符合《教学指南》的要求。 3. 能促进学生知识、能力和素质的协调发展。	10	√				A
目标确定的依据	1. 有课程理论的支撑。 2. 有需求分析研究结果的支撑。		√				
目标陈述	1. 细化课程目标，明确目标要求应达到的程度。 2. 陈述清楚、可供操作、可测量。		√				

（一）目标定位

本校大学英语课程体系目标是培养学生的英语应用能力，提高学生的英语语言交际能力、学术英语交流能力和职业英语交流能力，增强跨文化交际意识和交际能力，同时发展自主学习能力，提升综合文化素养，使他们在学习、生活、社会交往和未来工作中能够有效地使用英语，满足国家、社会、学校和个人发展的需要。课程体系目标是一个具有多层次、多结构的系统，包括课程体系总目标、课程结构目标和具体的课程目标。课程体系总目标是培养学生的英语应用能力；课程结构目标包括精语言、懂专业和通文化三个主要目标；具体课程目标包括英语交际能力、学术英语交流能力、职业英语交流能力、跨文化交际能力、外语实践能力、自主学习能力和人文素养。明确的大学英语课程体系目标对实现校人才培养目标“高素质公民，未来开拓者”起到重要的支撑作用。课程体系目标符合《教学指南》的要求，与大学英语教学目标相吻合；目标涵盖了知识、能力和素质要求，能促进学生知识、能力和素质的协调发展。

（二）目标确定的依据

本校大学英语课程体系目标是在泰勒理论的基础上适当采用多尔的不确定原理来确定的。泰勒原理认为课程目标是预先设定的，来源于学生、社会和学科，而多尔认为课程目标具有一定的生成性和创造性，真实教育活动的丰富多变性会给目标带来不确定性，会“生成”新的目标。多尔强调的目标动态性弥补了泰勒提出的目标固定性的缺陷，两个课程目标的合理渗透为课程体系目标的确定提供了理论依据。

为了确定课程体系目标，我们进行了目标的需求分析。目标的需求分析是课程体系目标评价的起点。从 CIPP 模式开始，到目标游离模式，再到应答模式，评价活动都开始于需要的调查，然后再对教育活动的各个方面、各个过程做全面的评价（陈如，2000）。课程体系目标需求分析是要调查人们需要课程体系完成什么任务，以确定其需要；为了适应各种需求和需要变化，完善存在的种种“差距”，以确定其目标。

本校大学英语课程体系是基于对社会、学生和学科发展的需求分析、对体现学校办学定位的人才培养目标的需要分析以及对国家发展战略和高等教育国际化的需要分析（详见第四、五、六章）确定的。我们发现，国家发展战略、高等教育国际化、社会用人单位、外语学科发展、学校人才培养目标以及学生对大学英语课程体系都有需求（参见图 6 – 3），而且这些需求是多层次和多样化的；需求分析的过程实际上就是把这些主观和客观需求转换成可行的目标体系。

（三）目标陈述

由于评价的目的在于了解目标实际上实现得怎样，因此，目标陈述一定要清楚、可供操作、可测量。为了使具体课程目标具有可操作性，我们参考《教学指南》的目标要求，结合本校实际情况，将课程目标细化成逐级明确的指标，翔实表述具体课程目标要求应达到的程度（详见表 7 – 2）。

二、课程体系设计评价

一定的培养目标总是要求一个与之相应的课程体系来为它服务，使该体系全面体现人才培养的规格和具体要求。在课程体系设计过程中，尽管很多高校在设置课程时也力图体现培养目标，但是由于培养目标是宏观的，课程体系在多大程度上实现了培养目标，一门课对于培养目标的贡献在哪里、有多大，不得而知，使得目标游离于课程之外，导致部分培养目标难以实现（田冰雪等，2013；周海瑛，范谊；2010）。对大多数高校的课程体系而言，培养目标和培养规格中都有明确的培养要求，但在具体课程中，某些知识、能力和素质的培养要求却不明确、不可测量或不具有可操作性，因而在教学中难以落实实处。某些知识、能力和素质在课程体系中缺乏相应的课程和教学环节来培养，以致出现知识、能力和素质培养“空档”（巩建闽，2009；巩建闽等，2014）。

课程体系设计的核心是使课程设置有效对接课程体系培养目标，使目标要求能在相应的课程和教学环节得到培养。因此，课程体系设计评价的主要观测点是目标与课程间的培养关系、课程设置和课程计划（见表9－3）。

表9－3　大学英语课程体系设计评价表

<table>
<tr><th rowspan="2">主要观测点</th><th rowspan="2">评价标准</th><th rowspan="2">分值</th><th colspan="4">评分</th><th rowspan="2">自评等级</th></tr>
<tr><th>A</th><th>B</th><th>C</th><th>D</th></tr>
<tr><td>目标与课程间的培养关系</td><td>1. 目标转化成培养规格。
2. 目标与课程对接，目标要求落实到具体课程和教学环节。
3. 每一项目标具有完整的培养过程。</td><td rowspan="3">15</td><td>√</td><td></td><td></td><td></td><td rowspan="3">A</td></tr>
<tr><td>课程设置</td><td>1. 课程设置符合《教学指南》的要求。
2. 课程体系结构合理，能体现语言学习的渐进性、持续性和连贯性。
3. 课程体系内容合理，能够体现现代教育思想，符合教育规律，反映学科的最新发展成果和教研成果，具有基础性、系统性、先进性、适应性、针对性和校本特色。</td><td>√</td><td></td><td></td><td></td></tr>
<tr><td>课程计划</td><td>1. 较好地执行《教学指南》对课程设置的要求。
2. 对开设的课程、课型、学时和学分有明确规定。
3. 较好地协调课程各要素之间的比例关系。
4. 能够满足学生不同的英语学习需求。</td><td>√</td><td></td><td></td><td></td></tr>
</table>

（一）目标与课程间的培养关系

课程体系是一个系统，课程之间的内在联系是整个系统的“粘合剂”，它将各课程组成一个联系紧密的“人才培养整体”。高质量的课程体系必然是一个具有关联关系的课程组合（巩建闽，2008：90）。培养目标是“对培养的人才在知识、能力和素质三方面应该达到的基本规格和质量标准的一种预设”（文辅助，1995）。知识、能力和素质分析作为培养目标和课程教学联系的桥梁，起着承上启下的作用。为了实现具体课程的培养目标，体现人才培养的功能，需要将知识、能力和素质等有关培养目标分解，落实到具体的课程培养功能上。很多高校在确定培养目标后没有将培养的目标和人才需要具备的知识、能力和素质（即规格）联系起来，没有对人才的规格进行详细具体的解释，使培养目标在实践中难以操作实施，难以检验预期目标的达成度，影响人才培养的质量（魏朱宝等，2011；俞桂红等，2014）。针对出现的问题，国内外专家（戴尔蒙德，1998；陈玉琨，1999；巩建闽，2009；巩建闽等，2011；田冰雪等，2013；俞桂红等，2014；巩建闽等，2014）提出建立目标和课程的关系，使培养目标落到实处。

陈玉琨（1999）提出课程体系的交互影响分析方法；通过分析课程与目标的交互作用关系，确定课程对目标的支持程度，获得优化课程体系的依据，以及通过计算支持目标的课程的多少和程度，以确定目标可能实现的程度。通过分析课程体系，可以判断课程是否合适，可以了解哪些目标得到了实现，哪些目标没有得到实现，然后改进课程体系。

巩建闽（2009）将课程体系的培养目标分解成知识、能力与素质等多个维度（表 9－4），以此来考察某个具体的培养目标在某门具体的课程的培养情况，确保培养目标落到实处。

表 9－4　课程体系培养目标分解示意图（引自巩建闽，2009：96）

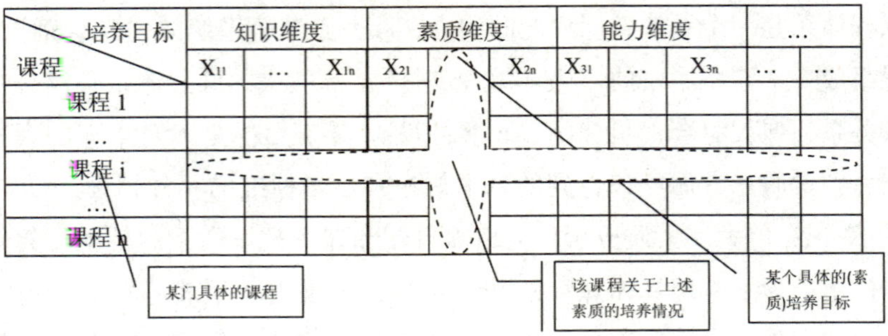

美国学者康拉德（1978）认为，围绕能力培养进行课程体系设计有三个关键要素：1）明确阐述具有可操作性和可评价性的能力培养目标和要求；2）对目标中的每一项能力，确定能够帮助学生达到要求的相应课程和教学环节，以此构建课程体系；3）给出评价这些能力达到某种程度的标准和评价过程（转引自巩建闽等，2011：132）。美国学者戴尔蒙德（1998）提出围绕能力进行课程体系设计的框架（表 9－5），即建立“课程－能力”矩阵；通过在表上填写 A——介绍或首次培养、B——使用、C——进一步拓展、D——综合评价来建立能力与课程之间的一种培养关系。

表 9－5　戴尔蒙德的课程与能力培养的分析框架（转引自巩建闽等，2011：132）

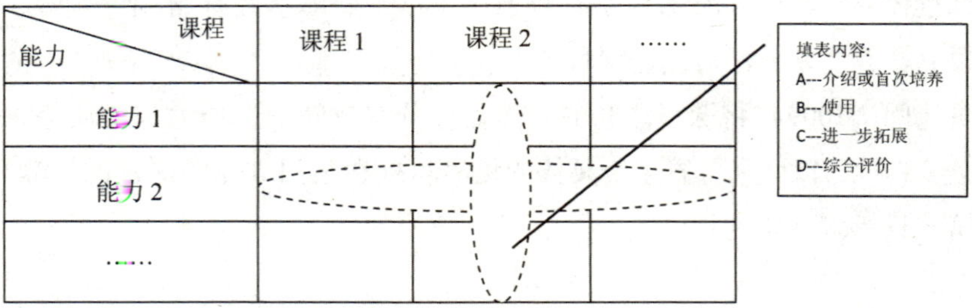

从表 9－5 可以清楚看出，每项具体能力究竟是在哪些课程中进行首次介绍或初次培养，在哪些课程中可以得到进一步拓展和发展，在哪些课程中可以作为学生已具备能力直接应用，甚至可以在哪些课程中对前期所培养的某些能力进行评价（转引自巩建闽等，2011：133）。

随着国外高校课程地图（Curriculum Mapping）的流行，学生学习成果或学习产出（SLO，Student Learning Outcomes）进入课程体系研究领域。学生学习成果注重的是学生学到了什么，是对学生特定学习期望的描述。学生学习成果表述学生完成学业时应具备的知识、能力、素质和人格的人才培养理念，其重要的方法之一是将课程设置与学习产出关联（戴波等，2014：149）。巩建闽等（2014）在戴尔蒙德的“课程-能力”矩阵的基础上提出课程体系设计分析框架，建立“目标-课程”矩阵（表9-6）；用学生学习成果（SLO）这个可测量和可评价的“标准”代替传统的目标，将目标即学生学习成果（SLO）分解到课程中，以建立起培养关系。“目标-课程”矩阵中填写相应课程对于目标培养的若干层次（IRPA）；从表中可以看出是否每一项目标都涉及从引进、加强、应用到评价的整个培养过程。

表9-6　巩建闽的课程体系设计分析框图（巩建闽等，2014：180）

LO / 课程	SLO1	SLO2	SLO3	……
课程1				
课程2		填表内容		
课程3				

I---引进
P---应用
R---进一步加强
A---评价

从国内外专家学者的研究可以发现，构建“目标-课程”矩阵可以使目标与课程之间建立起某种培养关系，有效解决课程体系设计中存在的问题，提高课程体系设计的质量，也为大学英语课程体系设计的评价提供了借鉴的作用。

为了使课程目标具有可操作性，易于检验预期目标的达成度，我们将大学英语课程体系应该达到的目标要求转化为大学英语课程体系培养规格细化标准（参见表7-3），即从知识、能力和素质等方面论述培养的人才要达到什么样的标准，再建立人才培养规格要求与课程模块对应表（参见表7-4），使培养目标要求在课程模块以及课程和教学环节中能够得到真正落实。

为了进一步明确具体课程对目标的培养层次，还需要在目标与课程之间建立起某种培养关系。依据巩建闽（2009）的课程体系培养目标分解示意图、巩建闽等（2014）的“目标-课程”矩阵以及教学计划层面课程地图示例中对培养层次的描述，我们建立了大学英语“目标-课程”矩阵（表9-7）。从表中可以看出，培养目标的知识、能力和素质的具体要求分解到具体课程，以建立起培养关系。结合目标的知识、能力和素质的具体要求，根据课程内容确定目标培养层次是I——介绍或初步培养（Introduced）、E——强调（Emphasized）、

R——加强（Reinforced）还是 A——更高水平（Advanced）。

I——介绍：教学活动只关注基本的知识、技能或能力，只有该项目标的一个或少数方面在课程中得到培养，并且为初级复杂度。

E——强调：教学活动集中于增强和强化知识、技能或能力以及拓展其复杂性。该项目标的几个方面在课程中都是单独培养的。

R——加强：教学活动在先前拥有的知识、技能或能力的基础上得到继续加强并提高复杂度。该项目标的所有成分在整体和综合环境中得到培养和锻炼。

A——更高水平：教学活动聚焦于在各种环境以及不同复杂度情况下的内容或技能应用，期望拥有更高层次的知识、技能或能力。

在矩阵中填写相应课程对目标的培养层次（IERA），从表中就可以看出是否每一项目标要求都涉及从初次培养、强调、加强到更高水平的培养过程，从表中也可以明晰每一项知识的获取、能力的培养和素质的提升需要哪些课程的共同作用。

表 9－7　大学英语“目标－课程”矩阵

培养目标 / 课程	知识维度					能力维度						素质维度		
	语言知识	国际视野	学习策略	专业知识	职业知识	语言交际能力	学术交流能力	职业交流能力	跨文化交际能力	外语实践能力	自主学习能力	人文素质	学术素养	职业素养
导学	I		I								I			
综合英语（Ⅱ，Ⅲ，Ⅳ）	I	I	I	I	I	I	I	I	I	I	I	I	I	I
视听说（Ⅱ，Ⅲ，Ⅳ）	I	I	I	I	I	I	I	I	I	I	I	I	I	I
专题讲座（学习策略）			E											
专题讲座（中西文化）		E							I			E		
高级阅读	E	I	I	I	I	E	I	I	I	E	E	I	I	I
高级视听说	E	I	I	I	I	E	I	I	I	E	E	I	I	I
实用英语写作	E	I	I	I	I	E	I	I	I	R	E	I	I	I
基础口译	E	I	I	I	I	E	I	I	I	R	E	I	I	I
演讲与辩论	E	I	I	I	I	E	I	I	I	R	E	I	I	I

续表

培养目标 / 课程	知识维度					能力维度						素质维度		
	语言知识	国际视野	学习策略	专业知识	职业知识	语言交际能力	学术交流能力	职业交流能力	跨文化交际能力	外语实践能力	自主学习能力	人文素质	学术素养	职业素养
英语公共演讲	E	I	I	I	I	E	I	I	I	R	E	I	I	I
学术英语交流	R	E	E	E		R	E		I	E	E	I	E	I
出国留学实用英语	E	E	E	E		E	E		I	E	E	I	E	I
科技英语翻译	E	I		E	I	R	E	I		R	E	I	E	E
科技英语阅读	E	I		E	I	R	E	I		R	E	I	E	E
商务英语听说	E	I		E	I	R	E	I		R	E	I	E	E
商务英语写作	E	I		E	I	R	E	I		R	E	I	E	E
外贸函电	R	I		E	E	A		E		A	E	I	E	E
外贸口译	R	I		E	E	A		E		A	E	I	E	E
民航英语阅读	R	I		E	E	A		E		A	E	I	E	E
飞行英语	R	I		E	E	A		E		A	E	I	E	E
求职英语	E	I		I	E	E		E		E	E	I	E	E
跨文化交际概论	R	R				R			E	E	E	E		
英美概况	R	E				E			E	E	E	E		
英美报刊选读	R	E				E			E	E	E	E		
现代国际关系	R	E				E			E	E	E	E		
中国文化	R	I				E			E	E	E	E		
中国概况	R	I				E			E	E	E	E		
美国社会与文化	R	E				E			E	E	E	E		
英语电影欣赏	E					E			E	E	E	E		
英国文学概况	R					E			E	E	E	E		
美国文学概况	R					E			E	E	E	E		
外语实践	ER	ER	ER	E	E	R	ER	E	E	R	R	E	E	E

从表 9 -7 可以明显看出，每一项具体的知识、能力、素质培养目标是在哪

些课程中介绍或初步培养、得到强调、进一步加强以及达到更高水平；从中可以发现并不是每一项培养目标都涉及整个培养过程，尤其是更高水平的培养；这也有待于我们进一步改进和完善课程体系。总之，构建“目标－课程”矩阵有助于我们分析课程体系，从而提高课程体系设计的质量。

（二）课程设置

课程设置是培养目标在学校课程计划中的集中表现。评价课程设置主要判断所设置的课程是否符合培养目标的要求及《教学指南》的要求，课程体系结构和内容是否合理。

为了使课程设置有效对接课程体系目标，我们依据《教学指南》的要求，构建了模块化的课程体系结构和内容体系。模块化课程体系结构（见图7－4）由通用英语、专门用途英语和跨文化交际三大模块结构组成；根据学校实际情况，细分成语言基础、语言提高、学术英语、职业英语、文化、文学和实践7个模块，形成既各自独立又相互联系的平台和模块。

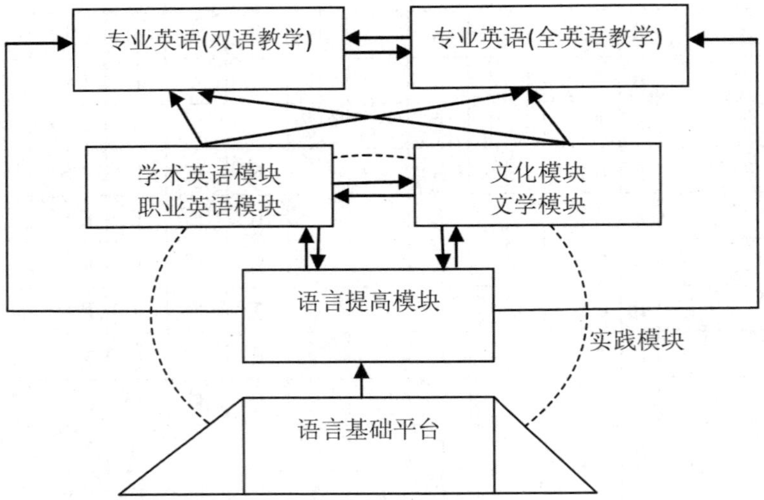

图7－4　“平台＋模块”大学英语课程体系结构示意图

考虑新生英语水平两极分化严重，本校对不同层次学生实行分级教学、分类指导。课程体系结构考虑到了语言学习的渐进性、持续性和连贯性，为不同层次的学生开设相应的课程。语言基础模块（平台）是中学英语和大学英语的衔接和过渡，由逐层提升的必修课程构成；限定选修课语言提高模块帮助学生进一步提升语言技能，为后继课程打下语言基础；学术英语、职业英语、文化、文学模块属任意选修课，学生可以根据实际水平和兴趣爱好选择，实践模块贯穿各模块课程中，是其他模块的补充和拓展。为满足学生的学习需求，学生修完语言提高模块后，可以根据自己的情况选择，或直接进入专业英语课程，或选择专门用途英语、跨文化交际英语等选修课程后进入专业英语的双语教学或全英语教学模块学习，实现了大学英语课程与双语课程和国际课程的对接。由此看出，课程模块与前导、后继课程衔接得当，能使学生通过各课程模块的学习与训练，获得高素质人才需具备的相关知识、能力和素质。

在课程内容方面，本校采用顶层设计的方法。在确定课程体系需要培养的目标要求后，将其转化为培养规格，即具体的知识、能力和素质等教学目标，将培养规格与从外语学科知识体系中筛选出构成课程体系的模块结构一一对应，再依据《教学指南》对课程设置的要求，将通用英语、专门用途英语和跨文化交际模块分解，生成课程及其内容，形成大学英语课程内容体系（详见表7－5）。课程内容体系由通用英语类、专门用途英语类和跨文化交际类三大课程模块组成。从表7－5可以看出该体系能够反映学科的主要知识、能力和素质以及时代发展的要求与前沿。通用英语类课程强调语言知识与技能、学习策略等的学习和训练，突出基础性；专门用途英语类课程与本校学科（如民航、飞行、外贸等）紧密联系，突出校本特色；整个内容体系具有系统性和针对性，适应不同层次学生的学习需要，有助于学生知识、能力和素质的协调发展以及可持续发展能力的培养。

（三）课程计划

本校根据大学英语课程体系结构和课程内容体系，协调课程各要素间的比例关系，如课程各模块以及课程模块与分级层次、课时比重、学分比例等要素之间的比例关系，制定了大学英语课程计划表（见表7－7）。该课程计划表较好地执行《教学指南》对课程设置的要求，对开设的课程、课程类型、学时、学分及教学模式有明确规定。同时，对不同分级层次学生制定了不同的教学目标，合理分配课程模块与课时比重和学分比例，进行个性化教学，满足了学生不同的英语学习需求。

总体而言，本校的大学英语模块化课程体系结构和课程内容以及在此基础上形成的课程计划符合《教学指南》要求，体现了既定的课程体系培养目标，保证知识、能力和素质目标的培养落实到具体课程和教学环节，使人才培养过程不偏离培养目标。当然，本校课程体系设计仍然存在一些问题。《教学指南》中提出教学目标分为基础、提高、发展三个等级，本校课程体系更多地强调基础和提高目标，导致很多英语水平较高且学有余力学生的需求没有得到满足。其次，本校所设计的课程设置模块之间顺序合理，衔接有序，而模块内的课程，如学术英语、职业英语、文化、文学等任意选修课程没有规定前修后修的顺序，给学生选课和教师授课带来困难。

三、课程体系实施评价

课程体系实施就是实施课程计划，将既定的课程推向学生，将课程内容转化为学生认知结构、个性品质、社会行为等方面的过程，最终实现预期课程目标（汪霞，2003）。本校新课程体系的实施主要从教学内容、教学资源、教学模式、教学方法、教学管理、师资队伍六方面进行，因此，以上六方面成为课程体系实施评价的主要观测点（见表9－8）。

表9－8 大学英语课程体系实施评价表

<table>
<tr><th rowspan="2">主要观测点</th><th rowspan="2">评价标准</th><th rowspan="2">分值</th><th colspan="4">评分</th><th rowspan="2">自评等级</th></tr>
<tr><th>A</th><th>B</th><th>C</th><th>D</th></tr>
<tr><td>课程建设</td><td>1. 有总体思路、具体计划和配套措施，执行良好，成效显著。
2. 重视导学课程，开展适应性教育。重视外语教学实践体系建设，开展外语实践活动和竞赛，参加面广，效果明显。
3. 能根据目标要求更新和拓展教学内容，建设校本特色课程，成效显著。</td><td rowspan="2">15</td><td>√</td><td></td><td></td><td></td><td rowspan="2">A</td></tr>
<tr><td>教学资源</td><td>1. 具备语言实验室、自主学习中心等硬件环境，有供学生网络学习的电脑、校园网等网络设备，有校园外语电台、录播室等硬件设施，能满足语言教学要求。
2. 重视运用信息技术搭建网络教学平台，平台资源系统、丰富，能为师生的教与学提供优质教学资源。
3. 校本教学大纲、课程大纲等课程文件齐备并严格执行。
4. 有科学的教材选用制度，执行情况良好。重视教材建设，成效显著。
5. 建有教材配套的网络教学系统，资源丰富，能满足教学需要。</td><td>√</td><td></td><td></td><td></td></tr>
</table>

续表

<table>
<tr><th rowspan="2">主要观测点</th><th rowspan="2">评价标准</th><th rowspan="2">分值</th><th colspan="4">评分</th><th rowspan="2">自评等级</th></tr>
<tr><th>A</th><th>B</th><th>C</th><th>D</th></tr>
<tr><td>教学模式</td><td>1. 大力推进最新信息技术与课程教学的融合，提高教师使用信息技术的能力。
2. 利用网上优质教育资源改造和拓展教学内容，实施基于课堂和在线网上课程的混合式教学模式。
3. 鼓励教师建设和使用微课、慕课、精品资源共享课等。</td><td rowspan="4">15</td><td>√</td><td></td><td></td><td></td><td rowspan="4">A</td></tr>
<tr><td>教学方法</td><td>1. 积极推进教学方法改革，能因材施教，根据课程内容和学生特点运用多种合适、有效的教学方法。
2. 重视研究型教学，措施得力，成效显著。
3. 有效促进学生自主学习能力发展。</td><td>√</td><td></td><td></td><td></td></tr>
<tr><td>教学管理</td><td>1. 教学规章制度健全，教学过程管理规范、有序。
2. 教学管理的信息化程度较高，建有网络教学管理平台和数字化教学管理档案。
3. 有完善的教学质量监控和评价体系，运行良好。</td><td>√</td><td></td><td></td><td></td></tr>
<tr><td>师资队伍</td><td>1. 师资队伍整体结构合理，发展趋势良好。
2. 组建教学和科研团队，搭建教师发展平台，效果显著。
3. 通过多种途径有效促进教师专业化发展。</td><td>√</td><td></td><td></td><td></td></tr>
</table>

（一）课程建设

新课程体系的建立使本校大学英语课程重点从通用英语转向专门用途英语和跨文化交际，教学内涵变得更加多元化、个性化；传统的语言基础和技能提高不再是教学中的唯一目标，培养学生的英语应用能力成为当前大学英语教学的总目标，课程体系及教学内容也向学生英语应用能力的进一步提高和向更高层次及更宽知识面进行拓展。

在课程内涵建设过程中，本校通过开发新课程，丰富教学内容，优化了课程体系。我们将导学课程和外语实践教学活动纳入课程计划，成为课程体系改革的一项新举措，取得了较好的效果。导学课程的开设有效帮助大学新生完成中学与大学的衔接，尽快适应大学英语教学。外语实践课的设置激发了学生学习英语的热情，培养了学生运用英语的能力。此外，根据大学英语的目标要求，本校大学英语课程体系不断更新和拓展教学内容，从单纯的语言教学过渡到语言、文化和专业内容相结合的“三套车”内容体系。依据社会及行业需求、学校学科专业发展和特色、不同学生群体需求和个人兴趣，新开发了20多门专门用途英语类课程和跨文化交际类课程选修课，如突出国际化意识和跨文化交际类课程“跨文化交际概论”“现代国际关系”“中国概况”和“中国文化”等；突出校本特色专业的课程“外贸函电”“外贸口译”“民航英语阅读”等；针对飞行学员开设的ESP课程，满足了特殊专业的学习需求，有力支撑了本校“以航空为本，促进特色发展”的办学目标。目前选修课程已形成四大系列：培养语言技能的语言提高类选修课程、培养国际化意识的跨文化交际类选修课程、培养学术交流能力的学术英语类选修课程、培养职业交流能力的职业英语类选修课程。随着上述选修课程系列的建立和完善，大学英语选修课程数量比较充足，能较好满足学生对外语学习的需求，做到人才培养的个性化和规格多样化。

（二）教学资源

本校特别重视信息技术在大学英语教学中的作用，软硬件教学资源按照数字化要求进行高标准建设。建设的优质教学资源有效支撑了新课程体系，大大提高了教学效率。已建成的硬件环境，如教学场所（多媒体网络教室、交互式语音室等）、教学设备（多媒体计算机、投影机等）、实践场所（教学网站、图书馆电子阅览室及视听室、学生外语实验电台、学生实验电视台英语频道、外语实验中心、英语角等），形成了融自主学习、课堂教学和课外实践于一体的立体化教学环境。同时，依托学校的技术力量，我们自主研发了由教学资源库、网络教学支撑平台及教学评估系统组成的大学英语教学网络平台。平台资源丰富，有与教材相配套的网络教学系统、展示教师个性化教学的课程网站、课程资源管理与服务平台如约课系统和选课系统等。在课程资源建设方面，我们制订了校本《大学英语教学大纲》《课程教学大纲》、教学日历和考试大纲等课程文件并严格执行。对于大学英语教材，我们采用教育部推荐教材与自编教材相结合的方式加强教材建设。通用英语类综合英语和视听说课程选用国家级规划教材，其他选修课教材或讲义鼓励教师编写。近几年，本校参加规划教材改编2本，编写导学教材1本、选修课教材7本以及7本课程讲义。

（三）教学模式

在信息技术与互联网发展日新月异的今天，面对在线教育和数字化教材、慕课及其他新型课程普及的新形势，本校继续发挥信息技术的作用，大力推进最新信息技术与课程教学的融合。利用自主开发的大学英语教学网络平台和网上优质教育资源改造和拓展教学内容，实施基于课堂和在线网上课程的混合式教学模式，提高了学生的语言应用能力、自主学习能力，还解决了师生比偏低的问题。

为了跟上新技术的发展，与时俱进，本校开展各种最新信息技术的培训，提高教师信息技术能力和教学设计能力；结合本校学生实际情况研制了融助学、辅教、测试和管理为一体的多媒体网络课件，为学生提供了内容丰富的开放式网络学习环境；编写了《大学英语视听说课程学习策略培训手册》指导学生自主学习；鼓励教师建设和使用微课，多人在微课竞赛中取得好成绩。按照国家精品资源共享课的要求建设大学英语课程，录制了大学英语导学课程、大学英语各模块课程，整理了相关课程资源，2013年“大学英语”获国家级精品资源共享课立项建设，2014年作为中国大学精品资源共享课（国家级）成功上线，2016年成功入选教育部公布的第一批“国家级精品资源共享课”。

（四）教学方法

新课程体系的实施不仅要求教师更新观念，而且要求教师改革教学方法。根据课程体系的目标要求和教学内容的特点，我们博采各种教学法之长，尝试和探索各种有效的教学方法，如个性化、启发式、互动式、研究性、讲座式、自主性、实践性相结合的教学方法。为了调动学生课堂学习的主动性，我们在大学英语的主要课程上推行研究性教学。鼓励学生利用多种资源自主学习与研究，运用电子信息技术创作具有研究性特点的作品，每个学年平均完成英语PPT报告6000多个，小论文1000多篇。实践表明，研究性教学改变了学生被动学习的习惯，培养了学生主动学习和探索的积极性。此外，我们利用导学课程讲解、外语自主学习中心指导、举办学习策略讲座、提供自主学习路径和丰富的自主学习资源、加强自主学习过程的监控和评价等途径促进学生自主学习能力的形成，提高学习效率。

（五）教学管理

教学管理是大学英语新课程体系实施的必要保障，本校改进组织结构，合理配置全院资源，形成竞争激励的用人机制，提高了教学效率。为了保障课程体系的实施和提高教学质量，我们重视质量意识，健全教学规章制度，采用规范性、精细化、全程化、信息化和人性化相结合的管理方法，做细做实教学常规工作；强化过程管理，有效解决分级教学管理、自主学习管理和选课管理出现的问题，实现教学过程中各环节的无缝对接；推进教学管理的信息化，应用信息技术和相关软件，使教学的绩效数字化，为课程教学提供了客观、实时的反馈和依据；建立教学质量监控和评价体系等管理措施，实行学生评价、督导评价、同行评价和社会评价等多元评价机制，做到管理出效率、出成果。

（六）师资队伍建设

本校重视大学英语教师队伍的建设，以政策激励、内引外联、引进与培养相结合等方式进行队伍建设，目前发展趋势良好。现有大学英语教师 48 人，45 岁以下占 33%，博士（含在读）人员占 29%，有高级职称（教授、副教授）人员的比例占 1/3。教师队伍整体结构合理。

大学英语教师的专业水平和教学能力是影响教学质量的重要因素，也是新课程体系实施的关键所在。本校通过组建教学团队和科研团队，给教师搭建专业发展的平台；学校和学院根据师资情况对教师的专业化发展进行整体规划，已建立了包括教师的职前专业准备、入职专业辅导、在职专业提高的一体化教师专业发展制度，分层推进教师专业化发展。教师个人树立终身学习理念，增强自身的职业发展动机和意识，根据个人专业发展目标制定具体计划并逐步付诸实施，将教师的专业化贯穿于整个职业生涯中。

经过这几年的团队建设、教改实践和项目研究，提高了教师的教学能力、科研意识和能力，多位年轻教师在校级省级教学竞赛中获奖，教师获省部级教改课题、国家和江苏省社科基金、以及论文发表数量大幅度上升。通过多方多次锤炼，一支师德高尚、业务精湛、结构合理、充满活力、高素质专业化的大学英语教师队伍正在形成。

本校通过实施新课程体系带动课程体系改革和建设，取得了以下成效：

· 2013 年课程改革成果“构建多维教学环境提高大学英语教学实效”获江苏省教学成果二等奖。

· 2013 年实践教学改革成果“基于创新人才培养目标的外语实践教学改革

与实践”获江苏省第十一届高等教育科学研究优秀成果奖二等奖。

· 2013 年“大学英语”获国家级精品资源共享课立项建设，2014 年作为中国大学精品资源共享课（国家级）成功上线，2016 年成功入选教育部公布的第一批“国家级精品资源共享课”。

· 2013 年“中国文化”课程获教育部国际合作与交流司来华留学英语授课品牌课程。

· 2014 年《中国文化概览（英文版）》被评为江苏省高等学校重点教材。

· 2015 年，两位教师获省级微课竞赛三等奖；2016 年，一位教师获全国外语微课竞赛江苏省二等奖；2017 年，一位教师获全国外语微课竞赛江苏省一等奖。

· 近几年，通过强化外语教学实践环节，学生在省级、地区级和国家级的各项竞赛中多次获奖，如第十九届中国日报社“21 世纪 · 可口可乐杯”全国英语演讲比赛江苏赛区决赛一等奖，全国大学生英语竞赛特等奖等等。

四、课程体系效果评价

大学英语课程体系的效果评价是检验该体系的目标是否达成，效果是否显著。本校大学英语课程体系总目标是培养学生的英语应用能力。根据本校对课程体系目标的解读，总目标分为课程结构目标和具体课程目标，课程结构目标包括精语言、懂专业和通文化三个主要目标；具体课程目标主要包括英语交际能力、学术英语交流能力、职业英语交流能力、跨文化交际能力、外语实践能力、自主学习能力和人文素养。依据《教学指南》的教学要求，这些课程目标分解细化为目标要求并转化为知识、能力和素质教学目标，形成大学英语课程的培养规格细化标准，与大学英语课程具体课程和教学环节一一对应。我们根据大学英语课程体系的模块（表 7 – 1）、二级起点学生大学英语课程修读表（表 7 – 8）、三级起点学生大学英语课程修读表（表 7 – 9）和四级起点学生大学英语课程修读表（表 7 – 10）规定应达到的目标（基础目标和提高目标）对课程体系效果进行评价。我们主要通过大学英语四、六级考试通过率、学生参加外语竞赛情况、学生自我评估英语能力和语言技能、各学科专业英语教师和专业教师对学生英语应用能力评价、社会用人单位评价等方式综合评价课程体系目标是否达成，而目标达成的效果是否显著主要通过课程特色和效果评判。因此，本校大学英语课程体系效果评价的观测点包括：：学生外语水平、外语实践及竞赛获奖情况、学生反馈和社会评价，以及课程特色（见表9－9）。

表9－9　大学英语课程体系效果自评

<table>
<tr><th rowspan="2">主要观测点</th><th rowspan="2">评价标准</th><th rowspan="2">分值</th><th colspan="4">评分</th><th rowspan="2">自评等级</th></tr>
<tr><th>A</th><th>B</th><th>C</th><th>D</th></tr>
<tr><td>外语水平</td><td>1. 大学英语四级考试通过率≧85%，且近3年保持稳定。
2. 大学英语六级考试通过率≧60%，且近3年保持稳定。</td><td rowspan="5">10</td><td>√</td><td></td><td></td><td></td><td rowspan="5">A</td></tr>
<tr><td>应用能力</td><td>1. 参加各类英语大赛并获奖。
2. 英语应用能力能满足专业英语（双语和国际课程）的要求。
3. 英语应用能力能满足毕业设计（论文）中阅读、翻译英文文献以及写英文摘要的要求。</td><td>√</td><td></td><td></td><td></td></tr>
<tr><td>学生反馈</td><td>1. 学生对大学英语课程设置满意度较高，回答“非常满意”和“比较满意”两项合计在85%以上。
2. 学生对照《教学指南》中相应的教学要求，自我评估英语能力和语言技能，回答“已经达到”和“基本达到”两项合计在85%以上。</td><td>√</td><td></td><td></td><td></td></tr>
<tr><td>社会评价</td><td>用人单位对毕业生评价较高。</td><td rowspan="2">√</td><td rowspan="2"></td><td rowspan="2"></td><td rowspan="2"></td></tr>
<tr><td>课程体系特色</td><td>课程体系有特色，课程具有较好的示范性，能在其他高校推广。</td></tr>
</table>

（一）外语水平

大学英语四、六级考试是大学英语课程教学质量评价的核心内容之一，是评价学生质量的主要内容。学生的四、六级考试通过率是大学英语学习效果的表现形式，也是学生学习态度、学习方法、学习习惯的综合表现，更是获得知识培养能力的重要指标。本校学生通过修读语言基础模块、语言提高模块等课程，语言基本功普遍比较扎实。近三年全校大学英语四级通过率达90.72%，而且保持稳定；大学英语六级通过率达63.07%，而且保持稳定。

（二）应用能力

为了培养学生运用英语的能力和提高学生综合素质，本校构建了外语实践教学体系，开展丰富多彩的活动和竞赛。学生在国内各类英语大赛，如全国大学生英语竞赛、演讲比赛、辩论赛、写作比赛和阅读比赛中表现出色并获奖；随着我校模拟联合国协会的不断发展，学生参加哈佛大学模拟联合国大会和纽约国际模拟联合国大会，每年都荣获国际大奖；学生的成绩充分展示了他们的英语应用能力以及对英语知识和技能的掌握。

学生的英语应用能力还应体现在能满足其专业英语和毕业设计的英语要求。部分专业英语教师反馈是，大部分学生的英语基础较好，尤其是阅读能力较强，英语整体水平比以前高，但专业英语需要的是英语水平和专业素质，学生的英语水平和专业学习所需的英语要求之间还有一定的差距。至于毕业设计（论文）中英文文献阅读翻译和英文摘要写作，部分学院的反馈是，学生在阅读和翻译英文文献方面较好，摘要写作存在较多的问题，如格式、语法、表达和逻辑等。从反馈来看，各学院对学生的英语水平比较满意，但希望外国语学院能开设一些实用性强的课程，如英文摘要写作；能开设一些专业性不强、难度不大的概论课程，如计算机概论、航空概论等，为学生专业英语打下基础。

（三）学生反馈

近几年全校学生网上评教结果显示，对“大学英语”课程满意度最高，其中专门用途英语和跨文化交际等选修课程满意度比通用英语必修课程的满意度高。

根据抽样问卷调查（1280 名理工科二年级学生），63.4% 学生对大学英语课程设置选择“非常满意”，30% 选择“比较满意”；大部分学生认为课程比较丰富，能满足学习需求；少数学生反映，自己喜欢的选修课不多，每次都要抢课，建议选修课种类更多一些。学生对照《教学指南》中相应的教学要求，自我评估英语能力和语言技能的结果显示，72% 的人选择“已经达到”，28% 的人选择“基本达到”。

（四）社会评价

本校是一所具有航空、航天、民航特色的研究型大学，重点培养国家“三航”发展战略所需的高素质人才和未来开拓者。“三航”高素质人才的发展需要外语能力的支撑。大学英语课程始终牢记自己的历史使命，一直致力于培养“外语能力强”的南航人，服务于国家和行业需求。本校“大学英语”课程始终坚持以改革促建设，以改革求发展。自 20 世纪 90 年代以来，大学英语课程进行了四轮次改革。20 多年的课程改革，大大提高了南航学生的英语应用能力，尤其是语言能力，为社会和“三航”领域高素质人才的培养做出了贡献，得到社会和用人单位的好评，“外语能力强”一直是本校毕业生的亮丽标签。

（五）课程特色

本校的大学英语课程体系改革是一项汇聚了全校力量、凝聚着全校师生智慧的基础性工作，在长期的改革实践中形成了一定的课程特色，主要体现在以下几个方面：

1. 以往改革的传承和发展。本次课程体系改革与前几次改革有机衔接，是对以往改革的继承和发展，改革符合《教学指南》要求和本校实际，既积极又稳妥。

2. 体现语言、文化和专业相结合的理念。新课程体系提出并实践融语言、文化和专业的“三套车”英语教学理念，明确“精语言、通文化、懂专业”的英语应用能力目标，构建研究性、自主性、个性化和校本性相结合的通用英语、专门用途英语和跨文化交际三大类课程，促进了学生知识、能力和素质协调发展。

3. 设计方法科学合理。采用理论和技术相结合的方法设计新课程体系。多视角分析需求，数据驱动，技术支撑，确定多元化课程体系目标和多模块课程体系结构和内容。

4. 有效拓展和延伸课程内涵。延伸课程内涵，将导学内容和实践活动纳入新课程体系，实现中学英语和大学英语衔接，理论和实践的衔接。拓展课程外延，在语言课程的基础上增加文化和专业相关课程，突出校本特色。

5. 以改革促建设。课程体系实施过程中，全校通力合作，以改革和优化旧体系促进新体系的建设，取得了显著成效，产生了良好的社会影响。

第三节　学生评价

学生评价是课程体系综合评价的一部分，是检验大学生英语能力是否达到规定目标的手段。《教学指南》继承了《教学要求》对大学生英语能力进行评估的原则，提出的大学生英语能力测试“包含终结性考试和形成性评价”（郭时海，李永秋；2018）。大学生英语能力测试是评价的一个重要环节，只是考虑到“在我国教师和学生对测试特别是大规模考试高度重视，考试对教学仍有着很强的反拨作用，因此，将其从评价体系中独立出来，与其他课程评价活动相并列”（金艳，何莲珍；2015）。

《教学指南》指出，大学生英语能力测试是“共同基础测试与其他多样化测试”相结合的综合测试体系，共同基础测试由专业考试机构统一设计、开发和实施，对我国大学生的英语应用能力进行科学、准确的测量。共同基础测试所考核的能力要求与指南相应级别的教学目标衔接；考试结果所反映的学生英语能力与我国英语能力等级量表对接。其他多样化测试以校本考试为主。各校根据大学英语教学目标和教学要求，结合本校的教学需求和现状，制定并颁布校本考试大纲，实施校本考试。多样化测试还包括校际或地区联考以及全国统考。鉴于共同基础测试目前还在研制过程中，我校采用校本考试和全国四、六级统考相结合的方式考核大学生英语能力，坚持形成性评估和终结性评估的有机结合，并将评价的重点从重结果转向重过程，评价内容也转向评价学生的应用能力和综合素质，以达到促进学生全面发展的教育目标。学生评价主要包括学习过程评价、学习结果评价和保障机制三个维度。

一、学习过程评价

现代教育评价理论认为，评价不是为了甄别和评定等级，而是为了促进学生的成长和教师的发展；评价不只是为了给学生一个结果，而是为了更好地促进和激励学生学习，让不同层次的学生都能获得成功，在这样的基础上形成学习的良性循环。

新课程体系的设计和实施需要新的评价方式与之相配。新课程体系中的课程包括课堂教学和网络自主学习，也包括导学课程、系列讲座和外语实践教学活动。为了有效评价新课程体系下的大学生英语能力是否达到规定的教学目标和能力要求，本校积极推进考试方法改革，改进单一笔试的期末考核方式，增加学生英语学习过程的考核，这样可以更加全面评价学生的英语能力，包括语言知识和技能、交际能力、应用能力、学习策略、文化意识和情感态度等，而这些评价内容符合大学英语课程体系目标和转型期社会对人才培养需要的要求。

英语学习过程的评价注重对学生发展和学习的作用，旨在帮助学生有效调控自己的学习过程，使学生获得成就感，增强自信心。学习过程的评价主要观测评价方式和学习过程监控（见表9－10）。

表9－10 学习过程评价表

主要观测点	评价标准	分值	评分				自评等级
			A	B	C	D	
评价方式	重视学生英语学习过程，采用起点评价、形成性评价和诊断性评价相结合的方法评价学习过程。	10	√				A
学习过程监控	能够有效监控学生的英语学习过程并进行反馈。		√				

（一）评价方式

本校依据《教学指南》的指导思想，根据学生特点、不同目的、不同阶段，采用起点评价、形成性评价和诊断性评价相结合的方法评价学生的英语学习过程。

起点评价是在新生刚进入大学时，通过分级考试、网络测试和问卷调查的方式，在对学生的英语程度、能力、学习态度、学习习惯、学习策略、情感因素及大学的学习需求等分析的基础上进行的综合评价。通过起点评价，我们对学生整体的英语知识和技能、学习需求和动机、爱好和习惯等有个正确的判定，并根据学生的个性差异，制定各个级别的教学目标，提出切合实际的教学要求。

形成性评价贯穿在整个学习过程，是对学生在学习过程中所表现出的情感、态度和学习策略等进行评价。本校主要采取教师评价、学生自评、学生互评等形成性评价方式。教师通过课堂活动和课外实践活动记录、网上自学记录等形式对学生语言知识技能、交际能力、实践能力、合作能力、学生在学习过程中表现出的情感与态度等进行评价；通过问卷调查、访谈、座谈评价学生的英语能力，了解学生学习中普遍存在的问题，从而及时调整教学，使它对教学起到正面的反拨作用。学生自评包括课堂表现、情感投入、学习态度和方法、学习进步、学习总结等方面的评价；通过自评，学生了解自己进步的程度和存在的不足，从而产生前进的内动力。学生互评包括对同学的学习习惯、实际运用语言的能力、小组合作学习过程中的具体表现等进行描述性评价，以促进彼此之间的共同进步。

在形成性评价中，本校要求学生建立学习记录袋，老师建立教学观察袋。

学生记录袋中记录学习过程、个人发展、作品展示；其中学习过程指某一阶段的学习进度，个人发展指学生在某一阶段开始时对语言技能的一个评价性记录，作品展示指学生在课堂上学习语言技能所进行的主题演示、情景对话、主题辩论、小组讨论等活动。教师观察袋记录学生课堂表现、师生课内外联系、作业提交。教师观察记录主要来源于学生与教师面谈、网上的留言和学生在课堂小组讨论、短剧表演、各种主题英语展示、情景对话、主题辩论等学习活动中的表现。

诊断性评价是在学生学习每个单元后及某个学习阶段后，针对所学内容的重点和难点进行的测试，主要考查学生掌握教学内容的情况，并对学生出现的问题采取补救措施，及时调整教学计划。本校的诊断性评价采取网络测试与课堂测试相结合的方法，及时了解学生的学习情况；学生每单元的测试成绩都作为形成性评价的一部分。

（二）学习过程监控

本校建立了学习过程监控体系，如利用专业软件，通过学生的测试成绩，分析学生的进步率，并进行反馈；实施网络教学环境下学习过程和质量监控方法，包括利用网络平台检测即学即测、单元过关、阶段性目标，反馈学生测试成绩，检验学习效果及时进行总结，实施网络实时与非实时答疑，监控学生学习情况和监控教师指导学生学习的情况等。

二、学习结果评价

英语学习结果主要以终结性评价为主，指学校单独命题的期末课程考试和结业考试，全国四、六级统考等。考试是评价的一个环节，也是评价大学生英语能力的一个有效手段，但考试不能替代评价。同时，我们还应利用评价的观念和方法改造考试，利用考试的数据开展评价工作，发挥考试的教学评价功能（金艳，2011）。学习结果评价主要观测考核目标和方式、试题质量和考试数据的利用（见表 9 – 11）。

表 9 – 11　学习结果评价表

主要观测点	评价标准	分值	评分				自评等级
			A	B	C	D	
考核目标和方式	1. 明确英语能力考核目标，所考核的能力要求与《教学指南》相应级别的教学目标衔接。 2. 改革学习结果的考核方式，采用多种方式综合评价学生的英语能力，为大学英语课程的管理和实施提供有效的反馈。	5	√				A
试题质量	建立试题质量保证和监控体系。		√				
考试数据的利用	合理利用考试数据，帮助教师更有针对性地教学，指导学生更有效地学习。			√			

（一）考核目标和方式

本校明确通用英语类、专门用途英语类和跨文化交际类课程的英语能力考核目标，所考核的能力要求与《教学指南》相应级别的教学目标衔接。在综合评价学生的英语能力时，课程教学目标决定评价方式，不同类型的课程模块评价要求不同，评价方式上各有侧重；比如对通用英语类课程（综合英语、视听说），因为实施基于计算机网络和课堂的混合式教学模式，要求有体现自主性学习的形成性测试记录；而对于专门用途英语和跨文化交际类等选修课程，要求有体现研究性学习的论文或作品；所有课程都要求有课堂活动、实践活动以及情感、态度、学习策略等的记录作为学生学习过程的评价（见表 9 – 12）。

表 9 – 12　不同课程的评价实例

课程	形成性评价	终结性评价
综合英语	1. 课堂记录（课堂活动、实践活动、作业等）15% 2. 网络自主学习（单元及阶段性测试记录）15%	期末笔试（阅读理解、翻译、写作等）70%
视听说	1. 课堂记录（面授表现、实践活动、作业等）20% 2. 网络自主学习（单元及阶段性测试记录）30%	期末考试（听力理解、口语考试）50%

续表

课程	形成性评价	终结性评价
科技英语翻译	1. 课堂记录（课堂活动、实践活动、作业等）20% 2. 课程小论文 20%	期末笔试（词语、句子、段落、篇章翻译）60%
科技英语阅读	1. 课堂记录（课堂活动、实践活动、作业等）20% 2. 作品展示 20%	期末笔试（科技文章阅读、中心思想与支撑句等）60%

（二）试题质量

本校重视校本考试，建立了试题质量保证和监控体系。期末考试或结业考试试卷的命题、审批、组织考试、集体阅卷、试卷保存都严格遵从学校的管理程序。课程结束前下发考试命题通知，各课程组按照考试大纲的要求组织命题。命题教师须填写命题审批表，经系主任审批后将 A、B 卷及参考答案、评分标准提交到学校考试中心，由考试中心挑选一份试卷用于考试。考完后由课程组严格按照评阅标准集体阅卷、统一登分，综合评估学生的成绩。试卷由教师分班装订，交叉审核，由学院督导组抽查后统一保管存档。

（三）考试数据的利用

本校要求任课教师在考试结束后，须对试卷和考试结果进行分析，并合理利用考试数据，更有针对性地教学和指导学生更有效地学习。

三、保障机制

《教学指南》指出，为了确保英语能力测试体系的顺利进行和发挥作用，各校需要建立评价保障机制。保障机制主要观测点包括测试机构、教师培训和数据监测与反馈（见表 9 - 13）。

表 9－13 保障机制评价表

主要观测点	评价标准	分值	评分				自评等级
			A	B	C	D	
测试机构	构建专业化的英语能力测试体系，建立专业化的测试机构。	5		√			B
教师培训	对大学英语教师进行评价知识和技能培训。			√			
数据监测与反馈	健全大学英语教学基本状态数据常态监测和反馈机制。			√			

为了有效开展英语能力测试工作，本校成立了命题小组，逐步建立试题库，对新入职教师进行命题培训。充分利用信息技术，多次尝试大规模机考；利用信息技术跟踪和采集学生的基本信息数据，包括高考英语成绩、高中英语竞赛获奖信息、分级考试（纸笔考试和网络考试）成绩、各课程单元测试成绩、期中和期末考试成绩、外语实践活动信息、各类英语竞赛成绩等等，构建学生学习档案，按照年级、院系、课程、任课教师等维度对学生信息进行管理，并为学生提供个性化的评价反馈。

从以上内容可以看出，学生评价是大学英语课程体系评价过程中一个不可或缺的环节，采用综合评价方法评价学生的英语能力，有利于确立学生在整个教学过程中的主体地位，培养学生的英语应用能力，对于全面提高学生素质、促进学生全面发展的新课程体系有着极其重要的促进作用。

第四节 教师评价

教师是课程实施和教学过程中的主体，也是课程建设与发展的关键。科学地评价教师是促进教师专业化发展和提高教学质量的途径，是实现课程体系目标的重要保障，也是课程体系综合评价的一个重要环节。教师评价有三种不同类型：教师胜任力（或教师素质）评价、教师绩效评价和教师效能（或有效性）评价（蔡永红，2001）。教师胜任力评价是教师进入岗位之前的资格评价，主要评价教师所需要的素质或胜任力。教师绩效评价是对教师在工作中的表现，也就是教师的行为进行评定，以了解教师工作的质量；教师绩效评价主要通过课堂观察进行评价。教师效能评价是对教师施加给学生的影响进行评价，即对在教师的影响下学生在重要的教育目标上进步的情况做出评价（蔡永红，林崇德；2005）；教师效能评价也包括对教师在教学过程中所取得成就的评价。各校在实际应用中，根据课程性质、目标和教学要求对教师采用综合评价。本校依据《教学指南》、学校《大学英语教学大纲》以及课程体系目标的要求，从“教师基本素质”“课堂教学”“教师效能”和“教师发展”4个维度对教师进行评价，主要目的是提高教师专业水平，促进教师职业发展，提高教育教学质量和人才培养质量。

一、教师基本素质评价

教师素质是“教师在教育教学活动中表现出来的，决定其教育教学效果，对学生身心发展有直接而显著影响的心理品质的总和”（蔡永红，林崇德；2005）。教师基本素质评价主要从职业道德、专业素质、教学能力、科研能力和信息素养等方面进行观测（见表9－14）。

表9－14 教师基本素质评价表

主要观测点	评价标准	分值	评分				自评等级
			A	B	C	D	
职业道德	具有良好的职业道德。有政治理论修养，有稳定健康的心理素质；有爱岗敬业的专业精神和牢固的专业思想。	5	√				A
专业素质	具有较强的专业素质。掌握与语言相关的专业知识、较新的教育教学理论及与目的语相关的文化知识。有较强的英汉语表达能力。		√				
教学能力	具有较强的教学能力。教学基本功扎实，能够熟练运用教学技巧组织教学活动，课堂调控能力和应变能力较强。		√				
科研能力	具有一定的科学研究能力。具有文献研究能力，掌握语言相关的科研方法，能撰写一定水平的研究论文。		√				
信息素养	有较高的信息素养，在具体教学过程中，能融入并合理使用信息技术元素。		√				

大学英语课程担负培养高素质人才的教育责任，大学英语教师的素质事关大学英语教学质量。本校重视教师素质的提升，要求所有教师进行岗前培训且持有教师资格证书，并根据不同需要，对新老教师进行职前、入职和在职培训。经过各种培训，尤其是大学英语教师专项培训，教师素质整体得到提升，表现为具有良好的职业道德、较强的专业素质、较强的教学能力、一定的科研能力和较高的信息素养。

二、课堂教学评价

课堂教学评价是教师评价中的一个重要组成部分，有效的课堂教学评价能够促进教师的专业发展和成长。本校十分重视通过对教师课堂教学表现的观察进行客观评价，激励教师不断改进教学，从而实现大学英语教师队伍的优化，推动课程发展。目前本校大学英语课堂教学评价主要观测内容包括教学态度、教学目标、教学内容、教学方法、师生互动和课堂教学效果等（见表9－15）。

表9－15　课堂教学评价表

主要观测点	评价标准	分值	评分				自评等级
			A	B	C	D	
教学态度	立德树人，注重教书育人，融贯思想品德教育；教师仪表端庄，上课精神饱满，不渲染与教育教学无关的内容。		√				
教学目标	教学目标清晰，教学内容支持人才培养目标达成。		√				
教学内容	1. 表达清楚，语言流畅。 2. 教学环节设计合理，思路清晰，教学重点难点突出。 3. 理论联系实际，精选例题、案例，联系学科专业发展新进展。 4. 教学内容和进度符合课程教学计划（教学日历）。 5. 教材和教辅资料（在线开放课程等优秀资源）适宜，使用合理。	10	√				A
教学方法	1. 合理利用多种教学方法和手段，有利于学生对教学内容的理解。 2. 对问题的阐述深入浅出，启发学生思考与创新，引导探究性学习。 3. 教学过程中注重学生反馈，根据学生反应及时调整教学策略。		√				

续表

<table>
<tr><th rowspan="2">主要观测点</th><th rowspan="2">评价标准</th><th rowspan="2">分值</th><th colspan="4">评分</th><th rowspan="2">自评等级</th></tr>
<tr><th>A</th><th>B</th><th>C</th><th>D</th></tr>
<tr><td>师生互动</td><td>1. 能依据课型具体要求设计教学活动；活动安排整体连贯，与课程内容、教学目标相一致。
2. 能够创造各种机会让学生参与课堂活动，开展师生和生生之间的互动。学生参与课堂程度较高。</td><td rowspan="2">10</td><td>√</td><td></td><td></td><td></td><td rowspan="2">A</td></tr>
<tr><td>课堂教学效果</td><td>1. 完成教学任务，达到理想教学目标。
2. 不同层次学生都学有所得，学生英语应用能力、自主学习、外语实践能力在教学活动中得到培养和提高。
3. 教学效果良好，受到学生普遍欢迎，得到督导、同行专家的认可。</td><td>√</td><td></td><td></td><td></td></tr>
</table>

课堂教学评价对大学英语课程教学质量的提高起到举足轻重的作用。本校坚持教师自评、督导专家、同行专家和领导评价、学生评价相结合的评价方式综合评价教师；依据评价内容，设计了教师课堂教学自评表、督导、同行和领导随堂听课评价表、学生课程教学评价表。教师自评：教师根据评价指标自我客观评价，既有利于教师改进工作，又为他评提供参考依据。督导和同行专家评价：督导和同行专家精通专业并具有丰富的教学经验，能够从专业的角度评价教师的教学态度、教学内容、教学方法和教学特色等。领导评价：领导熟悉教师和学生，从教学态度、教学管理和师生表现等方面进行评价。学生评价：学生对教师的教学态度、教学内容、教学方法和教学效果教学评价；通过课程学习，学生比较了解教师的专业素质和教学水平，能比较客观公平的反映实际情况。通过采取多主体、多维度的评价方法获得教师课堂教学信息，学校教学评估中心形成“教师综合评估结果”和“学生评教结果及反馈”。学院根据评估结果定期公布课堂教学质量分析报告，反馈教师整体教学效果。从评教结果和反馈来看，学生、督导、同行和领导对我校大学英语课堂教学效果比较满意，近几年学生评教满意度（优秀和良好）达100%，优秀率稳定在40%左右。

三、教师效能评价

教师效能评价强调教师教学工作的直接结果，包括教师通过课程教学改革取得的教学成就，也包括教师通过自己的教学，使学生在各方面发生了积极的变化。因此，教师效能评价主要观测教师教学成就和学生英语能力成就（见表9－16）。

表9－16 教师效能评价表

主要观测点	评价标准	分值	评分				自评等级
			A	B	C	D	
教师教学成就	教师教学成就（如参与教学改革并取得较好效果、个人在教育教学中获奖等）	5	√				A
学生英语能力成就	学生英语能力成就（全国四、六级统考成绩以及期末考试成绩良好，各类英语竞赛获奖等）		√				

本校大学英语教师积极参加课程教学改革和进行教学研究，获得了很多集体荣誉，如教学成果奖、精品资源共享课、品牌课程、国家级规划教材、省重点教材、各类英语大赛指导教师奖等等；个人通过发表教学改革论文获得教育科学研究优秀成果奖、参加教学比赛和微课竞赛获奖等等。学生英语能力成就方面，通过课程学习和老师的指导，在全国四、六级统考中取得较好成绩，全校四级通过率稳定在90%以上，六级通过率稳定在63%以上；学生在各类英语大赛中表现出色，体现了学生的较高的语言应用能力和综合素质。

四、教师发展评价

评价是手段，发展是目的，评价本身即是发展和提高的过程。教师评价的目的是促进大学英语教师和团队发展。教师发展评价的观测点主要是个人发展和团队发展（见表9－17）。

表 9－17 大学英语教师评价表

主要观测点	评价标准	分值	评分				自评等级
			A	B	C	D	
个人发展	1. 具有明确的近期和未来发展目标。 2. 积极投身教学改革；参与旨在提高教学理论和技能的各种专业化发展活动。 3. 参与各类学术活动、学术团队活动，积极申请科研项目，撰写高质量论文。	5	√				A
团队发展	1. 采集教师专业化发展信息，诊断问题，帮助解决问题。 2. 搭建教师发展的平台。		√				

通过教师评价，教师认真对待自己的专业发展，明确了近期和未来的发展目标，如教学能力的发展和科研能力提升等。大学外语教学部通过教师评价，采集了教师专业化发展的相关信息，诊断出教师发展中的不足之处，并辅助教师解决发展中的问题。学院积极采取措施，通过系列学术讲座、专项培训、专题研讨、团队活动等方式，提高教师的教学和科研能力。同时，鼓励和支持大学英语教师的国内外进修和访学，提高专业素质和业务能力，促进教师的专业化发展。

第五节 自评结果

一、自评等级汇总表

表 9－18 大学英语课程体系自评等级汇总表

<table>
<tr><th rowspan="2">一级指标</th><th rowspan="2">二级指标</th><th rowspan="2">主要观测点</th><th rowspan="2">分值</th><th colspan="4">评分</th><th rowspan="2">自评等级</th></tr>
<tr><th>A</th><th>B</th><th>C</th><th>D</th></tr>
<tr><td rowspan="17">1.
课程体系
（50 分）</td><td rowspan="3">1. 1 课程体系目标</td><td>目标定位</td><td rowspan="3">10</td><td>√</td><td></td><td></td><td></td><td rowspan="3">A</td></tr>
<tr><td>目标确定的依据</td><td>√</td><td></td><td></td><td></td></tr>
<tr><td>目标陈述</td><td>√</td><td></td><td></td><td></td></tr>
<tr><td rowspan="3">1. 2 课程体系设计</td><td>目标与课程间的培养关系</td><td rowspan="2">15</td><td>√</td><td></td><td></td><td></td><td rowspan="3">A</td></tr>
<tr><td>课程设置</td><td>√</td><td></td><td></td><td></td></tr>
<tr><td>课程计划</td><td rowspan="6">15</td><td>√</td><td></td><td></td><td></td></tr>
<tr><td rowspan="6">1. 3 课程体系实施</td><td>课程建设</td><td>√</td><td></td><td></td><td></td><td rowspan="6">A</td></tr>
<tr><td>教学资源</td><td>√</td><td></td><td></td><td></td></tr>
<tr><td>教学模式</td><td>√</td><td></td><td></td><td></td></tr>
<tr><td>教学方法</td><td>√</td><td></td><td></td><td></td></tr>
<tr><td>教学管理</td><td>√</td><td></td><td></td><td></td></tr>
<tr><td>师资队伍</td><td rowspan="6">10</td><td>√</td><td></td><td></td><td></td></tr>
<tr><td rowspan="5">1. 4 课程体系效果</td><td>外语水平</td><td>√</td><td></td><td></td><td></td><td rowspan="5">A</td></tr>
<tr><td>应用能力</td><td>√</td><td></td><td></td><td></td></tr>
<tr><td>学生反馈</td><td>√</td><td></td><td></td><td></td></tr>
<tr><td>社会评价</td><td>√</td><td></td><td></td><td></td></tr>
<tr><td>课程体系特色</td><td>√</td><td></td><td></td><td></td></tr>
</table>

续表

一级指标	二级指标	主要观测点	分值	评分 A	评分 B	评分 C	评分 D	自评等级
2. 学生（25 分）	2. 1 学习过程	评价方式	10	√				A
		学习过程监控		√				
	2. 2 学习结果	考核目标和方式	10	√				A
		试题质量		√				
		考试数据的利用			√			
	2. 3 保障机制	测试机构	5		√			B
		教师培训			√			
		数据监测与反馈			√			
3. 教师（25 分）	3. 1 教师基本素质	职业道德	5	√				A
		专业素质		√				
		教学能力		√				
		科研能力		√				
		信息素养		√				
	3. 2 课堂教学	教学态度	10	√				A
		教学目标		√				
		教学内容		√				
		教学方法		√				
		师生互动		√				
		课堂教学效果		√				A
	3. 3 教师效能	教师教学成就	5	√				
		学生英语能力成就		√				A
	3. 4 教师发展	个人发展	5	√				
		团队发展		√				

二、自评结论

本校内部大学英语课程体系评价指标体系涵盖课程体系、学生和教师 3 个一级指标，课程体系目标、课程体系设计、课程体系实施、课程体系效果、学习过程、学习结果、保障机制、教师基本素质、课堂教学、教师效能和教师发展11个二级指标，包括40个主要观测点。我们依据指标体系设计了评价标准及自评表，比较客观地评价课程体系，自评结果为A（优秀）。

为了提高课程教学质量和人才培养的质量，今后我们将健全校内评价制度，不断修订和完善评价指标体系，建立常态化的评价数据库，定期更新和公布数据，分析和反馈评价信息，促进大学英语课程的持续发展；同时，我们也将聘请教育专家、校友、用人单位等参与大学英语课程体系及课程的评价，指导本校大学英语课程的建设和发展。

第十章

总结与反思

大学英语新课程体系建设是一项系统工程，涉及教学目标、课程设计、教学内容、教学方法和手段、评价与测试、教学管理、教师发展等，需要全校师生的通力合作。过去几年，新课程体系在实践和研究中不断探索，勇于创新，取得了初步的成果，但仍然存在不少问题。本章主要对新课程体系的建设进行总结和反思。

第一节　总结

经过需求分析、论证、设计、实施和评价的过程，校本大学英语新课程体系日臻成熟、完善，新课程体系在引领大学英语教学改革、提高大学英语教学质量和人才培养水平等方面发挥了越来越重要的作用。以下从收获和经验两方面进行总结。

一、新课程体系建设的收获

通过建设新课程体系，我们有以下收获：

1. 更新了教学观念。认清了大学英语课程在转型期的目的与任务，将国家需要、学校发展和学生需求以及知识、能力、素质教育融入课程教学的全过程，培养了学生的英语应用能力，提高了课程教学质量和人才培养的质量。

2. 优化了课程体系。新课程体系提出并实践融语言、文化和专业的“三套车”英语教学理念，明确“精语言、通文化、懂专业”的英语应用能力目标，构建了研究性、自主性、个性化和校本性相结合的通用英语、专门用途英语和跨文化交际三大类课程，促进了学生知识、能力和素质协调发展。

3. 丰富了教学内容。新课程体系有效拓展和延伸了课程内涵。导学内容、网络课程和外语实践教学活动纳入课程设置，不仅拓展了大学英语课程内涵，而且还实现了中学英语和大学英语的衔接、课堂教学和基于网络的学习无缝对接、理论和实践的有机结合。在语言课程模块的基础上增加跨文化交际课程模块以及学校优势学科专业相关课程模块，延伸了课程内涵，也突出了校本特色。

4. 改进了教学方法。在课堂教学中开展研究性学习，鼓励学生利用多种资源自主学习与研究，运用信息技术创作具有研究性特点的作品，培养了学生的创新意识和探究精神。

5. 更新了教学手段。利用信息技术创建了多元的教学与学习环境，建设和使用慕课、微课，充分利用网上的优质教育资源改造和拓展教学内容，实施基于课堂、网上课程的混合式教学模式，推进了最新信息技术与课程的融合，使学生朝着主动学习、自主学习和个性化学习方向发展。

6. 提升了管理水平。根据教学任务和科研项目对教师进行条块管理，提高了效率。信息技术和相关软件的应用，使教学的效绩数字化，为教学改革提供了客观、实时的反馈和依据。

7. 提升了教师队伍质量。利用学院搭建的教学团队和科研团队平台，加强教师职业生涯的规划与指导，采取各种方法保障教师的专业化发展，从整体上增强大学英语教师队伍的实力。通过教改实践和项目研究，教师的教学能力和科研能力稳步提高，教学比赛获奖数量越来越多，论文发表数量显著上升；通过多渠道的培训和锻炼，打造了一支具有现代教学理念、教学能力和科研能力强的高素质教师队伍。

二、改革课程体系的经验

通过改革课程体系，我们发现这次课程体系改革和以往的校本教学改革具有同样的路径，都是紧紧围绕改革的源头、设计、落实、保障等节点展开的。本次课程体系改革与前几次改革有机衔接，是对以往改革的继承和发展，改革符合《教学指南》要求和本校实际，既积极又稳妥。具体经验总结如下：

1. 以问题牵引，寻求解决问题的办法

本次课程体系改革是由问题导出的。经过 20 多年的努力，大学英语教学改革进展明显，学生的英语水平和自主学习能力有了显著提高，但是，大学英语课程对学校的人才培养贡献率不高，在课程方面仍存在脱节问题：教学目标和社会需求、学校学科发展和学生需求脱节，教学目标和课程设置脱节，大学英语课程各阶段之间（如中学与大学、大学英语与专业英语等）脱节；学生英语应用能力不够强，不能学以致用；教师教研相悖，教学和科研能力有待提高，等等。面对许多问题，我们首先判定是否主流问题，主要考虑是否符合教育规律、国家政策、社会需求、课程教学要求、学校发展及学生个人需求。有了对问题的思考，才有改革的需要。因此，针对出现的问题，我们以课程体系为切入点，通过改革课程体系，带动课程建设，解决所出现的问题。由此可以看出，问题是课程改革的基础和前提，而改革是解决问题的途径和手段。解决问题的过程，也是取得新的更大成绩的过程。

2. 改革需要精心设计，寻找突破口

大学英语课程体系改革是一项系统工程，是涉及课程与教学方方面面的综合性改革。要想找到突破口，有针对性地解决问题，就需要精心设计。我们的做法是：全面正确理解《教学指南》精神，制定校本大学英语教学大纲和课程体系改革一揽子方案，把改革设计成一个闭环，从战略思想、战略计划、操作计划、实施步骤、评价到重新调整的完整过程，明确改革重点和主攻方向，考虑过程的每个环节及其各环节间的衔接；重视搜集和利用改革反馈信息，对具体问题进行反思和修正。另外，在大面积改革铺开之前需要探索前进，需先搞试点，再由点及面。具体做法是确定课程改革范围，分阶段实施，即：试验—修正－扩展－再修正－推广。

本次课程体系改革的核心是课程体系设计；我们采用理论和技术相结合的方法设计新课程体系，通过多视角分析需求，数据驱动，技术支撑，确定了多元化课程体系目标和多模块课程体系结构和内容。

3. 分层落实改革任务，实施目标管理

目标是改革的出发点和归宿。目标需要学校、学院、教学部及师生共同完成。我们采用“目标管理法”，让所有相关人员了解改革总目标，明确自己为达到总目标应完成的任务，充分调动全校各相关部门的积极性。在统一的课程改革目标下，通过规范管理，分层分解改革任务，按期达到既定目标（吴鼎民等，2006）。

4. 建立保障机制，保证改革的顺利推进

课程改革是挑战，存在风险。而建立课程教学改革保障机制，是达到改革预定目标的保证。我校在第三轮改革初期成立的“大学英语课程教改领导小组”

和“大学英语课程教改工作组”，一直在指导和协调大学英语课程改革；举全校之力，整合学校各种资源，为改革提供技术、经费和教辅人员，为改革的顺利推进提供保障。

第二节 反思

大学英语课程体系改革的成绩不容置疑，但绝非完善。以下我们从问题和思考两方面展开。

一、问题

尽管我校课程体系改革取得了一些成绩，但还有许多需要进一步改革和完善的地方，主要有如下几方面：

1. 增加专门用途英语类课程

改革后的课程体系整体上系列齐全，课程比较丰富，但就专门用途英语而言，课程不能完全满足人才培养需求。一是课程比较单一，尤其是学术英语模块通用学术英语课程，不利于学生修读暑期国际化课程。二是与学校学科专业紧密联系的课程不多，目前只有外贸、民航和飞行员专业，后续课程建设中可以考虑专门用途英语类课程设置更加适应学校的有关学科和专业，特别是优势学科专业，可以更好彰显校本特色。

2. 构建适合培优班学生的课程模块

改革后的课程设置重视基础目标和提高目标的要求，满足了大部分学生的需求，但没有考虑培优班的尖子学生和学有余力的学生。在后续改革中，可以考虑给各类培优班学生量身定制课程模块，满足他们的个性化需求，促进这些金字塔塔尖的学生得到针对性更强地培养。同时，我校学生生源不错，可以考虑给学有余力的学生设置发展目标课程。

3. 确定专门用途英语和跨文化交际选修课程的目标等级

改革后的课程体系对通用英语、专门用途英语和跨文化交际模块有目标等级，但对专门用途英语和跨文化交际选修课程没有确定目标等级，没有标明难易度或先修后修课程，不利于学生选课和教师授课。在后续改革中，模块内课程须标明先修和后修，如科技英语系列课程，科技英语翻译为先修课程，科技英语阅读为后修课程。

4. 完善教师的知识结构和提高教学能力

改革过程中我们发现，教师不愿意开设有关通用学术英语课程，学术英语交流课程也只开设了一学期；有些文化类课程因为教学效果差而没有继续开设；这些问题暴露了我们教师知识结构和教学方法的不足。改革后的课程体系增加了一系列学术英语、职业英语和跨文化交际类课程，大学英语教师需要不断完善自己的知识结构、提高自己的专业水平和教学能力，才能适应新形势。

二、反思

美国学者戴尔蒙德（1998）认为，成功的课程体系改革取决于六个关键因素：首先要制定出高质量的培养目标；其次要考虑这些可操作的目标是否可以用学生学业成绩卓有成效地描述和说明；再者，这些培养目标是否真正落实到了具体课程教学中；第四，在不同层次的教学和各个培养环节中，教学要求和评价方法之间是否匹配；第五，教学目标与所选择的教学方法是否匹配；第六，学校有关教学部门和任课教师在整个改革中的参与热情和责任感。这些因素对我们构建课程体系、提高教学质量和人才培养质量具有指导意义。怎样制定出高质量的培养目标；课程体系目标中怎样体现学生的学业成绩；培养目标怎样落实到具体课程和教学环节，课程及课程体系对培养目标的贡献怎样体现；教学目标要求和评价怎样匹配；教学目标与教学方法怎样匹配；学校和教师的改革参与度怎样显现；所有这些都是需要我们认真思考的问题。

此外，还有大学英语教师发展的问题。现有教师虽然能够满足纯粹语言教学的问题，但随着课程的转型，课程重心将由语言教学转向专门用途英语和跨文化交际类课程，单纯的语言教学已经远远不能符合时代发展的要求。因此，学校应该建立一套中长期的师资发展规划，鼓励大学英语教师积极拓展自身的知识体系；这是大学英语教师转型是否成功的关键（高健，2008）。大学英语教师也须做到“三个主动适应”：主动适应高等教育发展的新形势，主动适应大学英语课程体系的新要求，主动适应信息化环境下的大学英语教学发展的需要，不断提高自己的专业水平和教学能力。

我校大学英语课程体系改革实践证明，虽然改革过程中会遇到各种问题，但只要我们善于发现问题，抓住主要矛盾，分析和解决问题，改革必定有所创新，取得突破。

参考文献

Allwright, R. "PerceⅣing and Pursuing Learners' Needs", in Geddes M. & Sturtridge G. (eds.), *IndⅣidualisation*, Oxford: Modern English Publications, 1982. pp. 145 – 157.

Berwick, R. "Needs Assessment in Language Programming: from Theory to Practice", in Johnson R. K. (ed.), *The Second Language Curriculum*, Cambridge: CUP, 1989.

Brindley, G. "The Role of Needs Analysis in Adult ESL Program Design", in Johnson R. K. (ed.), *The Second Language Curriculum*, Cambridge: CUP, 1989.

Brown, J. D. *The Elements of Language Curriculum: A Systematic Approach to Program Development*, Heincle & Heincle Publishers, 1995.

Clifton F. Conrad, *The Undergraduate Curriculum: A Guide to Innovation and Reform*, Colorado: Westview Press, 1978, pp. 7 – 8.

Dubin, F. & Olshtain, E. *Course Design*, Cambridge: Cambridge UnⅣersity Press, 1986.

Dudley – Evans, T. & St John, M. J. *Developments in English for Specific Purposes: A Multi – disciplinary Approach*, Cambridge: Cambridge UnⅣersity Press, 1998.

Graves, K. *Designing Language Course: A Guide for Teachers*, Beijing: Foreign Language Teaching and Research Press, 2000.

Graves, K. "The Language Curriculum: A Social Contextual PerspectⅣe", *Language Teaching*, No. 41, 2008.

Hutchinson, T. & Waters, A. *English for Specific Purpose: A Learning – centered Approach*, Cambridge: Cambridge UnⅣersity Press, 1987, pp. 19 – 20.

Johnson, R. K. "A Decision - making Framework for the Coherent Language Curriculum", in Johnson, R. K. (ed.), *The Second Language Curriculum*, Cambridge: CUP, 1989.

Kemp, J. et al. *Designing EffectⅣe Instruction* (2nd edition), New Jersey:? Prentice Hall, 1996 - 1998.

Krashen, S. D. *The Input Hypothesis: Issues and Implications*, London: Longman, 1985.

Leaver, B. L. & Stryker, S. B. "Content - based Instruction for Foreign Language Classrooms", *Foreign Language Annals*, Vol. 22, No. 3, 1989, pp. 269 - 275.

Long, M. H. "Training the Second Language Teachers as a Classroom Researcher", in J. E. Alatis, H. H. Stern, P. Strevens (eds.), *Applied Linguistics and the Preparation of Second Language Teachers*. Washington, D C: Georgetown UnⅣersity Press, 1983.

Munby, J. *CommunicatⅣe Syllabus Design*, Cambridge: Cambridge UnⅣersity Press, 1978.

Nation, I. S. P. & Macalister, J. *Language Curriculum Design*, New York: Routledge, 2010.

Nunan, D. *Language Teaching Methodology: A Textbook for Teachers*, Hemel Hempstead: Prentice Hall International, 1991.

Posner, G. J. *Analyzing the Curriculum*, Xi' an: Shanxi Normal UnⅣersity Press, 2005.

R. M. Diamond, *Designing and Assessing Courses and Curricula: A Practical Guide* (Revised Edition), San Francisco: Jossey - Bass Publishers, 1998.

Richards, J. "Language Curriculum Development", *RELC Journal*, No. 15, 1984.

Richards, J. & Rogers, T. *Approaches and Methods in Language Teaching*, Cambridge: Cambridge UnⅣersity Press, 1986.

Richards, J. C. & Nunan, D. *Second Language Teacher Education*, New York: Cambridge UnⅣersity Press, 1990.

Richards, J. C. *The Language Teaching Matrix*, Cambridge: Cambridge UnⅣersity Press, 1990.

Richards, J. C. *Curriculum Development in Language Teaching*, Cambridge: Cambridge UnⅣersity Press, 2001.

Schutz, N. & Derwing, B. "The Problem of Needs Assessment in English for Specific Purposes: Some Theoretical and Practical Considerations", in Mackay, R. & Palmer, J. (eds.), *Language for Specific Purposes*, Rowley, MA: New Bury House, 1981.

Swain, M. "CommunicatⅣe Competence: Some Roles of Comprehensible Input and Comprehensible Output in Its Development", in Gass, S. & Madden, C. (eds.), *Input in Second Language Acquisition*, Rowley, Mass: New Bury House, 1985.

Tyler, R. W. *Basic Principles of Curriculum and Instruction* (29th edition), Chicago: The UnⅣersity of Chicago Press, 1969.

Wallace, M. J. *Training Foreign Language Teachers: A ReflectⅣe Approach*, Cambridge: Cambridge UnⅣersity Press, 1991.

Wiles, J. & Bondi, J. *Curriculum Development*, Beijing: Foreign Language Teaching and Research Press, 2004.

鲍明捷. 基于需求分析的大学英语教学体系中 ESP 教学研究［J］. 湖北社会科学, 2013（12）.

蔡基刚. ESP 与我国大学英语教学发展方向［J］. 外语界, 2004（2）.

蔡基刚. 关于我国大学英语教学重新定位的思考［J］. 外语教学与研究, 2010（4）.

蔡基刚. 全球化背景下外语教学工具与素质之争的意义［J］. 外国语, 2010（6）.

蔡基刚. 关于大学英语课程设置与教学目标［J］. 外语教学与研究, 2011（4）.

蔡基刚. 大学外语教学改革和争议暨外语教学的学科性探讨［J］. 外语电化教学, 2012（1）.

蔡基刚. 教育国际化背景下的大学英语教学定位研究［J］. 外国语, 2012（1）.

蔡基刚. 基于需求分析的大学 ESP 课程模式研究 [J]. 外语教学, 2012 (3).

蔡基刚. 全球化背景下我国大学英语教学目标定位再研究 [J]. 外语与外语教学, 2012 (3).

蔡基刚. 台湾成功大学从 EGP 向 ESP 转型的启示 [J]. 外语教学理论与实践, 2013 (3).

蔡基刚. 我国高校大学外语政策调整的范例及其战略意义 [J]. 中国大学教学, 2013 (8).

蔡基刚. 学业用途英语、学术用途英语及优质外语教育 [J]. 外语电化教学, 2014 (3).

蔡基刚, 陈宁阳. 高等教育国际化背景下的专门用途英语需求分析 [J]. 外语电化教学, 2013 (5).

蔡基刚, 廖雷朝. ELE 还是 ESP, 再论我国大学英语的发展方向 [J]. 外语电化教学, 2010 (9).

蔡基刚, 廖雷朝. 国家外语能力需求与大学外语教育规划 [J]. 云南师范大学学报 (哲学社会科学版), 2014 (1).

蔡蔚, 张文霞. 以人为本: 英语提高阶段课程体系改革的思考——清华大学英语选修课课程设置学生问卷调查分析 [J]. 清华大学学报 (哲学社会科学版), 2004 (S1).

蔡永红. 对教师绩效评估研究的回顾与反思 [J]. 高等师范教育研究, 2001 (3).

蔡永红, 林崇德. 教师绩效评价的理论与实践 [J]. 教师教育研究, 2005 (1).

岑海兵, 邹为诚. "欧洲语言共同参考框架" 对我国大学英语教育的影响研究 [J]. 中国外语, 2011 (4).

陈爱民. 商务英语课程设计探讨 [J]. 安徽工业大学学报 (社会科学版), 2005 (3).

陈冰冰. 国外需求分析研究述评 [J]. 外语教学与研究, 2009 (2).

陈冰冰. 大学英语需求分析模型的理论构建 [J]. 外语学刊, 2010 (2).

陈彩霞. 大学英语教学改革示范点院校课程设置的特色与启示 [J]. 教育研究与实验, 2009 (7).

陈剑波，叶瑞娟．CBI 连续谱理论框架下的大学英语课程体系建设［J］．扬州大学学报（高教研究版），2013（5）．

陈俊．基于多模态视角的多元化大学英语课程体系设计［J］．河北农业大学学报（农林教育版），2014（4）．

陈利．基于绩效技术的大学教师教学能力开发研究．南京航空航天大学学位论文，2006.

陈立乾，高亮．培养目标与课程体系在人才培养中的作用及关系［J］．赤峰学院学报（自然科学版），2014（2）．

陈柳伊．基于需求分析的大学专门用途英语课程研究——以湖南师范大学为例．湖南师范大学学位论文，2014.

陈乃琳．美国外语学习的“5C”标准及对我国大学英语教学的启示［J］．江苏高教，2012（6）．

陈琦，刘儒德．当代教育心理学［M］．北京：北京师范大学出版社，2009.

陈如．教育评价模式与发展特征［J］．江苏高教，2000（1）．

陈新民．应用型本科的课程改革：培养目标、课程体系与教学方法［J］．中国大学教学，2011（7）．

陈艳君，刘德军．基于需求分析理论的大学英语教学转型研究［J］．黑龙江教育学院学报，2011（6）．

陈玉琨．教育评价学［M］．北京：人民教育出版社，1999.

程冰．大学英语学习策略培训实践与效果分析［J］．西安外国语学院学报，2006（3）．

程晓堂，康艳．关于高校英语教学若干问题的思考［J］．中国大学教学，2010（6）．

池青山，金仁哲等．韩国教育研究［M］．北京：东方出版社，1995.

丛明明．大学英语教师专业化发展的路径选择［J］．牡丹江教育学院学报，2010（5）．

崔学新．“个性化”教学模式：大学英语教学改革的主旋律［J］．疯狂英语（教师版），2008（4）．

崔颖．高校课程体系的构建研究［J］．高教探索，2009（3）．

戴波，刘建东，纪文刚，韩占生，刘红琳．基于实现矩阵的课程体系及课程教学改革控制模型构建［J］．高等工程教育研究，2014（1）．

戴晖. 论“跨文化交际”课程设计模块化 [J]. 长春理工大学学报 (社会科学版), 2009 (1).

戴曼纯, 张希春. 高校英语教师素质抽样调查 [J]. 解放军外语学院学报, 2004 (2).

董泽芳. 高校人才培养模式的概念界定与要素解析 [J]. 大学教育科学, 2012 (3).

丁仁仑. 自主合作与多元立体——大学英语课程体系的构建 [J]. 黑龙江教育 (高教研究与评估), 2009 (12).

丁三青, 张阳. 三位一体的工科教师培养体系研究 [J]. 高等工程教育研究, 2007 (6).

杜建慧, 郭万群. 面向专业人才培养的大学英语教学改革与课程建设 [J]. 中原工学院学报, 2013 (6).

[美] 多尔. 后现代课程观 [M]. 王红宇, 译. 北京: 教育科学出版社, 2000.

樊耘, 王颖. 中外工科人才培养模式的比较研究 [J]. 比较教育研究, 2000 (1).

樊泽恒. 提升大学教师教学能力的技术选择及策略 [J]. 高等教育研究, 2009 (8).

冯新华. 论大学英语选修课的课程设计——以通识教育为视角 [J]. 黑龙江高教研究, 2008 (11).

冯媛, 陈坚林. 我国高校大学英语课程校本化现状与影响因素探析 [J]. 外语电化教学, 2016 (1).

傅政, 庞继贤, 周星. 中国入世对大学英语教学的影响分析及需求预测 [J]. 外语界, 2001 (5).

高健. 试论我国英语专业文化教学与研究的必要性和可行性 [M] //孙有中主编. 英语教育与人文通识教育. 北京: 外语教学与研究出版社, 2008.

高敏. 大学英语教学中的人文精神必要性与实施策略 [J]. 长春理工大学学报 (高教版), 2009 (5).

高越. 大学英语教师专业化发展现状分析和对策 [J]. 北方工业大学学报, 2008 (4).

高越, 张玥, 尹立鑫. 论大学英语教师的专业化自主发展 [J]. 教育探索,

2009（3）.

巩建闽．高校专业课程体系编制研究［D］．北京：北京大学学位论文，2008.

巩建闽．谁来编制课程体系——地方教学型院校课程体系编制主体行为分析［J］．高等教育研究，2008（5）.

巩建闽．试论高校课程体系的子系统与分系统——兼论大学生职业素质培养［J］．德州学院学报，2009（5）.

巩建闽，巩天啸．课程链及其在课程体系中的作用［J］．高等工程教育研究，2008（5）.

巩建闽，萧蓓蕾．基于能力培养的课程体系设计框架案例分析［J］．高等工程教育研究，2011（1）.

巩建闽，萧蓓蕾．基于系统的课程体系概念探析［J］．中国高教研究，2008（12）.

巩建闽，萧蓓蕾，董文娜．框架模型：课程体系编制研究与实践的路径与方法［J］．中国高教研究，2011（1）.

巩建闽，萧蓓蕾，董文娜．课程矩阵：一个课程体系设计分析框架探析［J］．高等工程教育研究，2014（6）.

巩建闽，萧蓓蕾，张秀琴．哪些课程更重要——以某地方高校计算机专业教师与毕业生评价为例［J］．教育发展研究，2011（17）.

顾明远．高等教育评估中几个值得探讨的问题［J］．高教发展与评估，2006（3）.

顾世民．高师院校大学英语教学目标定位——兼论大学英语教学目标的多元化［J］．黑龙江高教研究，2007（7）.

国际21世纪教育委员会．教育——财富蕴藏其中［M］．北京：教育科学出版社，1996.

郭时海，李永秋．大纲变化视角下大学英语课程评价发展研究［J］．重庆科技学院学报（社会科学版），2018（6）.

郭艳玲．论大学英语课程设置专业化的发展趋势［J］．沈阳农业大学学报（社会科学版），2007（6）.

韩高军，彭石玉．基于通识教育的专业教育——兼论“英语+专业”复合型人才培养模式［J］．四川外语学院学报，2008（5）.

韩戈玲，董娟．多元生态化大学英语课程体系研究［J］．外语电化教学，2011（2）．

韩戈玲，祁小雯，戴炜华．立体化大学英语课程设置的实践和研究［J］．外语界，2009（2）．

韩红建，王红梅．需求导向的多元生态化大学英语课程体系构建——以独立学院为个案研究［J］．北华大学学报（社会科学版），2013（2）．

韩金龙．EAP：大学英语改革与双语教学［J］．高教探索，2007（6）．

韩雅君．通识教育视角下大学英语课程体系研究［D］．南京：南京航空航天大学学位论文，2010.

韩焱虹．英语口语网络实时课程设计探讨［J］．外语电化教，2005（3）．

郝成淼．大学英语教育性质与教育目标的十年审视［J］．长春师范学院学报，2012（1）．

郝成淼．对十年来新大学英语课程体系实施情况的总结与思考［J］．西华大学学报（哲学社会科学版），2013（1）．

何凤梅、张莉．通过人文精神的培养深化大学英语教学改革［J］．沈阳农业大学学报（社会科学版），2007（4）．

何克抗．建构主义——革新传统教学的理论基础［J］．电化教学研究，1997（4）．

何克抗．信息技术与课程深层次整合的理论与方法［J］．电化教育研究，2005（1）．

何烨．基于学习需求分析的高校ESP教学定位思考［J］．南京航空航天大学学报（社会科学版），2012（3）．

洪流，周家春，刘金保．系统论视角下的大学英语课程体系研究［J］．中国教育学刊，2013（10）．

洪流，周家春．深挖课程内涵，提高大学英语人才培养贡献率［M］//王守仁，文秋芳，金艳主编．全国高校大学英语教学发展研究理论与实践．北京：外语教学与研究出版社，2013.

侯福莉．“传媒英语”作为大学英语高级阶段课程的需求分析［J］．江苏外语教学研究，2010（1）．

胡弼成，周琼花．大学课程体系演变的动力分析［J］．高等教育研究，2007（11）．

胡弼成．高等学校课程体系现代化研究［D］．厦门：厦门大学学位论文，2004.

胡弼成．大学课程体系现代化［M］．长沙：湖南大学出版社，2007.

胡大白，杨雪梅，张锡侯等．民办本科高校培养目标定位与育人模式改革的研究与实践［J］．黄河科技大学学报，2009（6）．

胡世明，周启元：《论经济全球化条件下人才资源的开发管理［J］．青海师范大学学报（哲学社会科学版，2004（3）．

胡学文，吴凌云，庄红．大学英语社会需求调查分析报告［J］．中国外语，2011（5）．

胡织女．大学英语课程体系的设计原则与实践［J］．安徽工业大学学报（社会科学版），2005（2）．

胡壮麟．大学英语教学的个性化、协作化、模块化和超文本化——谈〈教学要求〉的基本理念［J］．外语教学与研究（外国语文双月刊），2004（5）．

黄芳．以培养“卓越工程人才”为核心的大学英语教学改革探索——以上海理工大学的改革实践为例［J］．外语电化教学，2011（1）．

贾国栋．“大学英语教学指南”中的教学方法、手段与资源［J］．外语界，2016（3）．

姜宏德．关于双语教育评价的理性思考［J］．教育发展研究，2005（6）．

蒋磊．培养高素质财经管理人才的英语教学新途径——关于建立三个不同层次教学目标的课程体系研究［J］．河南省财政税务高等专科学校学报，1999（3）．

蒋桂珍，袁素平．能力本位下高职院校大学英语课程体系构建的理论基础及原则［J］．长春理工大学学报，2010（10）．

教育大辞典编纂委员会编．教育大辞典：第3卷［M］．上海：上海教育出版社，1991.

金长宏．对我国本科工程管理专业课程体系整体优化的思考［J］．中国建设教育，2008（3）．

金荷香．浅析人本主义学习理论对教学的启示［J］．当代教育论坛，2006（2）．

金艳．体验式大学英语教学的多元评价［J］．中国外语，2010（1）．

金艳．浅析标准化语言测试的教学评价功能［J］．外语测试与教学，2011

(1).

金艳. 大学英语课程评价体系的构建——核心理念和评价标准［R］. 2012 年大学英语课程改革第四期培训，2012 年 10 月.

金艳. 大学英语课程评价体系的构建［J］. 山东外语教学，2013（5）.

金艳，何莲珍. 构建大学英语课程综合评价与多样化测试体系：依据与思路［J］. 中国外语，2015（3）.

［美］拉尔夫·泰勒. 课程与教学的基本原理［M］. 黄炳煌，译. 台北：桂冠图书公司，1980.

［美］拉尔夫·泰勒. 课程与教学的基本原理［M］. 施良方，译. 北京：人民教育出版社，1994.

赖铮. 服务于国际化人才培养——大学英语改革的第三次浪潮［J］. 湖南科技学院学报，2010（12）.

李波. 按培养模式重构地方高校课程体系［J］. 教育研究，2011（8）.

李耕砚. 基于通识教育观的立体化大学英语课程体系构建［J］. 湖北经济学院学报（人文社会科学版），2012（11）.

李红梅. 外语习得中语言输入和输出的平衡［J］. 盐城师范学院学报（人文社会科学版），2000（4）.

李建平. 体验哲学对外语课程设计的启示［J］. 外国语文（双月刊），2011（3）.

李静. 中美地方高校人才培养目标与方案比较研究［J］. 山东理工大学学报（社会科学版），2006（6）.

李鲁平. 大学英语教师的知识结构及自我发展［J］. 河南大学学报：社会科学版，2005（3）.

李曼丽. 通识教育——种大学教育观［M］. 北京：清华大学出版社，1999.

李晓文，王莹. 教学策略［M］. 北京：高等教育出版社，2000.

李霄翔. 建构和完善新型大学英语教学管理体系——一个解读《大学英语教学指南》的视角［J］. 外语界，2016（3）.

李新，崔学深，盛慧慧. 高校专业英语教学现状调查报告［J］. 教育理论与实践，2006（14）.

李亚. 兼具工具性和人文性的大学英语课程体系构建［J］. 长春师范学院

学报（人文社会科学版），2012（11）.

李亦非．三种教育评价模式及其应用［J］．基础教育课程，2005（3）.

李永梅．基于建构主义的课程设计理念与实践［J］．四川文理学院学报，2010（3）.

梁有珍．罗马尼亚大学英语教育及启示［J］．国外外语教学，2003（4）.

林健．面向“卓越工程师”培养的课程体系和教学内容改革［J］．高等工程教育研究，2011（5）.

林如心，冯立新．后现代课程观在大学英语课程体系构建中的应用——以华南农业大学为例［J］．科教文汇（上旬刊），2013（8）.

刘春惠．高等工程教育的两个主要问题：人才培养目标的定位与课程体系的构建［J］．北京邮电大学学报（社会科学版），1999（3）.

刘春惠．泰勒课程评价模式述评［J］．北京邮电大学学报（社会科学版），2001（2）.

刘春燕 高校英语专业应用型人才的培养目标与跨学科课程设计［J］．外语界，2010（4）.

刘道玉．论大学本科课程体系的改革［J］．高教探索，2009（1）.

刘富强，孙建奎．多重视角下的大学英语课程体系建设［J］．职业时空，2007（18）.

刘贵芹．高度重视大学英语教学改革 努力提升大学英语教学质量［J］．外语教学与研究，2012（2）.

刘衡英．论需求分析在大学英语后续课程中的必要性［J］．牡丹江教育学院学报，2013（4）.

刘立，黎华．新型大学英语课程体系建设初探——以中央民族大学为例［J］．民族教育研究，2013（6）.

刘梅．基于ESP课程体系的中国大学英语教学连续体模型探索［J］．外语电化教学，2013（1）.

刘拓、陈秀平、李平康．中美部分大学通识教育实践比较研究［J］．黑龙江高教研究，2004（3）.

刘炜．构建以学术英语为导向的大学英语课程体系［J］．大学英语教学与研究，2013（4）.

刘宣文．人本主义学习理论述评［J］．浙江师范大学学报（社会科学版），

2002（1）.

刘燕芹．完全学分制条件下大学英语课程设置改革——以“三本”学生全面的需求分析为基础［J］．淮海工学院学报（社会科学版·教育论坛），2010（8）.

刘英，高广君．高校人才培养模式的改革及其策略［J］．黑龙江高教研究，2011（1）.

刘迎春，熊志卿．应用型人才培养目标定位及其知识、能力、素质结构的研究［J］．中国大学教学，2004（10）.

刘正良．发达国家国际化人才培养模式的改革与启示［J］．现代教育科学，2009（1）.

陆效用．美国21世纪的“5C”外语教育［J］．外语界，2001（5）.

陆秀英，王雅丽．基于需求分析的模块化大学英语后续课程设置研究［J］．湖南社会科学，2010（6）.

罗尧成．我国研究生教育课程体系研究．华东师范大学学位论文，2005.

罗毅，李红英．论大学英语与专业英语教学的衔接［J］．外语界，2008（1）.

罗益民．外语教育工具论危害性及其对策［J］．外语与外语教学，2002（3）.

吕海彬．CBI理念与大学英语选修课程优化建设的有效融合［J］．西安建筑科技大学学报（社会科学版），2013（5）.

马凤岐，王伟廉．教学方法改革在人才培养模式改革中的地位［J］．中国大学教学，2009（3）.

马金超，杨敏，莫潮磊：《“大学英语网络课程”的设计与开发［J］．科技信息，2009（15）.

马兰．大学英语教学自主化课程设计与实证研究［J］．教学研究，2011（4）.

马书红．论J. Harmer的外语教学平衡论［J］．外语界，2001（2）.

马武林．大学英语后续课程内容设置探究（一）——学术英语［J］．外语研究，2011（5）.

马雁．ESP理论视角下的医学英语课程设置及其教学探索——基于医学英语教学的个案分析［J］．外语电化教学，2009（1）.

毛亚英，陈莉萍．国际化背景下以学科内容为依托的大学英语课程体系[J]．外语研究，2013（2）．

孟春国．高校外语教师反思教学观念与行为研究［J］．外语界，2011（4）．

孟育群，宋学文．现代教师论［M］．黑龙江教育出版社，1991.

倪传斌．中、大学英语教学衔接情况调查与分析［J］．外语与外语教学，1998（5）．

潘懋元．王伟廉主编．高等教育学［M］．福州：福建教育出版社，1995.

彭虹斌．程红．我国当前课程实施中存在的一些问题及对策［J］．教育理论与实践，2003（17）．

彭梅，冯瑗．国外外语课程设置研究对我国大学英语教学的启示［J］．外语电化教学，2014（4）．

彭茜茜．高职人才培养目标与大学英语课程改革对接研究［J］．教育与职业，2013（2）．

彭智蓉，吕丽珊．基于MI理论与信息技术的大学英语选修课程的开发与探究［J］．牡丹江大学学报，2007（2）．

朴圣玉．泰勒课程评价模式的分析［J］．辽宁教育行政学院学报，2008（1）．

乔小六．“卓越工程师教育培养计划”视野下的大学英语教学改革构想[J]．山东外语教学，2012（3）．

覃新宇．需求分析理论框架下的大学英语选修课程设置［J］．教育与职业，2010（24）．

阮绩智．ESP需求分析理论框架下的商务英语课程设置［J］．浙江工业大学学报（社会科学版），2009（9）．

阮绩智，陶正桔．商务英语理据和课程设计原则［J］．浙江工业大学学报（社会科学版），2007（4）．

上海交通大学外语教研室．英语教学大纲（高等工业学校本科五年制各类专业适用）（试行草案）［M］．北京：人民教育出版社，1963.

邵华．通识教育视野下的大学英语课程体系改革研究［J］．现代教育科学，2014（1）．

施良方．课程理论——课程的基础、原理与问题［M］．北京：教育科学出版社，1996.

束定芳，庄智象．现代外语教学理论、实践与方法［M］．上海：上海外语教育出版社，1996.

束定芳．外语教学改革：问题与对策［M］．上海：上海外语教育出版社，2004.

束定芳，陈素燕．大学英语教学成功之路——宁波诺丁汉大学“专业导向”英语教学模式的调查［M］．上海：上海外语教育出版社，2010.

束定芳．高等教育国际化与大学英语教学的目标和定位——德国高校英语授课学位课程及其启示［J］．外语教学与研究（外国语文双月刊），，2011（1）．

束定芳．大学英语教学改革之目标与方向［J］．东北师大学报，2012（1）．

束定芳．对接国家发展战略，培养国际化人才———新形势下大学英语教学改革与重新定位思考［J］．外语学刊，2013（6）．

束定芳．对接新目标 创建新体系 适应新需求——写在“新目标大学英语系列教材”出版之际［J］．外语界，2016（2）．

司微．英文电影赏析的课程设计［J］．中国电力教育，2007（10）．

司显柱，赵海燕．建构主义教学模式视阈中的大学英语课程设计［J］．外语电化教学，2013（3）．

沈骑．转型期大学英语课程的价值追问［J］．外语电化教学，2014（2）．

沈骑．一带一路倡议下国家外语能力建设的战略转型［J］．云南师范大学学报（哲学社会科学版），2015（5）．

沈向怡．内容依托式教学视角下的大学英语后续课程设置［J］．新西部，2011（12）．

沈向怡．以内容为依托的大学英语课程体系设置的重构［J］．大学英语（学术版），2013（1）．

史光孝，赵德杰．以内容为依托的大学英语教学走向：通识教育抑或学术英语教育［J］．山东外语教学，2011（2）．

宋春晖．复合型人才培养模式下的大学英语课程设置［J］．韶关学院学报·社会科学，2006（2）．

宋海英．以 EAP 为导向的大学英语课程体系构建［J］．湖北经济学院学报

（人文社会科学版），2015（2）.

孙宏，王志晨．大学英语课程体系改革［J］．牡丹江医学院学报，2006（3）.

孙建光．地方理工科院校国际化大学英语课程体系构建探究［J］．语言教育，2014（3）.

孙瑞云．基于5C目标下大学英语课堂教学的思考［J］．黑龙江教育学院学报，2011（3）.

孙倚娜，顾卫星．转型期的大学英语课程设置个案分析［J］．外语研究，2009（2）.

孙有中，李莉文．CBI和ESP与中国高校英语专业和大学英语教学改革的方向［J］．外语研究，2011（5）.

［英］泰勒，理查兹．课程研究导论［M］．王伟廉，高佩，译．北京：春秋出版社，1989.

谭竹修．论大学英语教学目标体系的建构［J］．攀枝花学院学报，2006（2）.

唐霞，张广颖．基于需求分析的大学英语课程体系的整合与构建［J］．中国教育技术装备，2014（20）.

唐雄英．四、六级考试与大学英语课程评价［J］．外语教学，2005（1）.

陶全胜．坚持以人为本提升学生人文素质———大学英语教学改革研究与思考［J］．安徽理工大学学报（社会科学版），2011（1）.

田冰雪，江志斌，高捷．研究型大学人才培养目标体系构建方法浅析［J］．黑龙江教育（高教研究与评估），2013（7）.

田甜．大学英语后续课程建设研究［J］．辽宁师专学报/社会科学版，2009（6）.

涂靖．后现代课程理论视域下大学英语课程体系构建［J］．长沙大学学报，2012（6）.

王蓓蕾．同济大学ESP教学情况调查［J］．外语界，2004（1）.

王斌华．专业英语的发展轨迹与课程设计［J］．全球教育展望，2001（10）.

王斌华，刘辉．大学英语学习者学习需求调查及其启示［J］．国外外语教学，2003（3）.

王笃勤．大学英语自主学习能力培养［J］．外语界，2002（5）．

王海啸．个性化大学英语教学大纲设计中的需求与条件分析［J］．中国外语，2004（1）．

王洪渊．促进大学英语教师专业化发展的途径［J］．沈阳工程学院学报（社会科学版），2011（2）．

王金洛．关于创新型英语人才的思考［J］．外语界，2005（5）．

王珺琳．科技英语翻译教学中研究性学习理论的应用［J］．江苏外语教学研究，2014（2）．

王丽群，闫秀静，杨琳．以ESP为中心的医学院校英语课程改革之课程设计［J］．医学与社会，2009（7）．

汪禄应．应用型本科教育人才培养目标与课程体系建设［J］．大学教育科学，2005（2）．

王美娜．应用型本科院校人才培养目标的厘定与课程体系的构建［J］．科教文汇，2010（16）．

王守仁．高校大学外语教育发展报告（1978－2008）［M］．上海：上海外语教育出版社，2008.

王守仁．全面、准确贯彻〈大学英语课程教学要求〉，深化大学英语教学改革［J］．中国外语，2010（2）．

王守仁，王海啸．我国高校大学英语教学现状调查及大学英语教学改革与发展方向［J］．中国外语，2011（5）．

王守仁．在构建大学英语课程体系过程中建设教师队伍［J］．外语界，2012（4）．

王守仁，姚成贺．关于学术英语教学的几点思考［J］．中国外语，2013（5）．

王守仁．坚持科学的大学英语教学改革观［J］．外语界，2013（6）．

王守仁．大学英语教学指南》要点解读［J］．外语界，2016（3）．

王守仁．谈中国英语教育的转型［J］．外国语，2016（3）．

王通讯．人才论集［M］．北京：中国社会科学出版社，2001.

王伟廉．论高校培养目标的来源及其相互关系［J］．中国高教研究，1996（4）．

王伟廉．质量、创新与大学人才培养目标［J］．中国高等教育，2010（3、

4）.

王文惠，项军平．大学英语选修课程的探索与实践——关于大学英语新课程体系改革的思考［J］．湖北师范学院学报（哲学社会科学版），2008（6）.

王晓柳．几种典型的教育评价模式简介［J］．早期教育，2003（2）.

王玉环，范杰．多元化大学英语课程体系建构研究［J］．中国农业教育，2012（2）.

王志茹．大学英语学习需求分析实证研究［J］．湖北大学成人教育学院学报，2003（2）.

王哲等．全国大学英语信息化教学改革成果总结暨外语通识教育与课程设置高层论坛纪要［J］．外语电化教学，2010（3）.

王哲，李军军．大学外语通识教育改革探索［J］．外语电化教学，2010（5）.

魏朱宝，刘红．"错位"与"重构"——应用型人才培养方案设计的思考［J］．中国大学教育，2011（7）.

文辅相．中国高等教育目标论［M］．武汉：华中理工大学出版社，1995.

文秋芳．大学英语面临的挑战与对策：课程论视角［J］．外语教学与研究（外国语文双月刊），2012（2）.

文秋芳．大学英语教学中通用英语与专用英语之争：问题与对策［J］．外语与外语教学，2014（1）.

吴鼎民．建立一个科学的大学英语教学模式［J］．外语界，1996（1）.

吴鼎民．大学英语教学的"三套车"构想与高素质人才培养［J］．江苏高教，2005（4）.

吴鼎民，谢小苑，邹飞．大学英语课程改革实践与反思——南京航空航天大学大学英语课程教改情况［J］．外语界，2006（S1）.

吴鼎民，谢小苑主编．大学英语学习方法与策略［M］．北京：外语教学与研究出版社，2014.

吴鼎民，韩雅君．通识教育视角下的大学英语"三套车"框架构建［J］．外语电化教学，2010（5）.

伍红林．美国高等教育人才培养模式历史演变探析［J］．现代教育科学，2003（6）.

吴菁菁，冯欣．大学英语课程"多模块一体化"体系构建的研究［J］．福建医科大学学报（社会科学版），2014（1）.

吴煜幽．第二语言学习的过程：输入→构建→输出［J］．外语研究，2000（2）.

吴志华，崔玉影．对目前教学模式构建中几个问题的认识［J］．教育科学，2002（4）.

奚俊岚．大学英语听说课程设计探略［J］．大学英语，2008（5）.

夏纪梅，孔宪．外语课程设计的科学性初探［J］．外语界，1999（1）.

夏纪梅．大学英语教师的外语教育观念、知识、能力、科研现状与进修情况调查结果报告［J］．外语界，2002（5）.

夏纪梅．现代外语课程设计理论与实践［M］．上海：上海外语教育出版社，2003.

夏纪梅．论高校大学学术英语课程的建构［J］．外语教学理论与实践，2014（1）.

肖婷．大学外语网络课程设计模式探索［J］．中国成人教育，2008（9）.

谢德琼．论个性化的大学英语课程设置［J］．西南农业大学学报（社会科学版），2005（4）.

谢竞贤．对话视域下大学英语拓展课程评价趋势研究——基于融合数字化手段的评价探索［J］．外语电化教学，2014（2）.

谢敏．大学英语教育中的人文素质教育探析［J］．贵州工业大学学报（社会科学版），2008（6）.

谢小苑．外语实践教学体系的构建与实施［J］．疯狂英语（教师版），2012（2）.

谢小苑，吴庆宪．基于创新人才培养目标的外语实践教学改革与实践［J］．中国大学教学，2012（8）.

谢徐萍，仇俐萍，张苹．基于多媒体和网络教学的大学英语教师专业化——建构主义理论视角的再思考［J］．中国教育信息化，2010（5）.

谢艳红．基于学习需求和 CBI 理念的大学英语课程体系构建［J］．淮北师范大学学报（哲学社会科学版），2014（5）.

熊焕平，方克平．基于人才培养目标的大学英语个性化教学模式的创建与实践［J］．疯狂英语（教师版），2009（2）.

徐桂丽．美国“21 世纪外语学习的标准”对我国大学英语教学的启示

[J]. 辽宁行政学院学报，2009（6）.

徐海铭. 近30年中国英语课程设计范式变革之检讨及其现实启示［J］. 外语界，2005（5）.

徐新宇. 需求分析与商务英语课程设计［J］. 四川教育学院学报，2009（9）.

薛天祥. 高等教育学［M］. 桂林：广西师范大学出版社，2001.

严秋宜. 对地方经济类本科院校大学英语选修课程体系建设的思考［J］. 湖北经济学院学报（人文社会科学版），2009（9）.

杨港. 课程论视角下大学英语教学研究现状调查与展望：基于国内外语类核心期刊的论文分析［J］. 外语电化教学，2013（5）.

杨洁. 以人为本，随"心"所欲——对大学英语拓展系列课程体系构建的再思考［J］. 疯狂英语（教师版），2009（10）.

杨小峻. 专业精神：高校教师专业化发展的基点［J］. 黑龙江高教研究，2007（8）.

杨有振，王书华，卫博. 高校人才培养目标与课程体系设置改革研究［J］. 山西财经大学学报（高等教育版），2010（4）.

杨玉兰. 学生需求对大学英语选修课课程体系建设的启示［J］. 外国语文，2010（6）.

杨自俭. 关于外语教育的几个问题［J］. 中国外语，2004（1）.

杨志坚. 中国本科教育培养目标研究［J］. 辽宁教育研究，2004（5）.

杨忠，张绍杰，谢江巍. 大学英语教师的科研状况与问题分析［J］. 外语教学，2001（6）.

杨忠. 培养技能，发展智能——外语教育工具性与人文性的统一［J］. 外语学刊，2007（6）.

叶建敏. 做好大学英语教学向双语教学过渡的接口工作——一次将基础英语和专业英语融合一体的教学尝试［J］. 外语界，2005（2）.

叶澜. 创建上海中小学新型师资队伍决策性研究总报告［J］. 华东师范大学学报（教育科学版），1997（1）.

殷和素，严启刚. 浅谈大学英语通识教育和专门用途英语教学的关系［J］. 外语电化教学，2011（1）.

尤其达. 输入与输出并举，提高英语应用能力［J］. 外语界，2001（6）.

俞桂红，虞志坚．地方本科高校人才培养目标的变革：问题与路径——以台州学院为例［J］．台州学院学报，2014（1）．

余慧颖．紫金学院人才培养目标定位与课程研究［D］．南京：南京理工大学学位论文，2008.

俞理明，韩建侠．内容驱动还是语言驱动——对我国高校大学英语教学的一点思考［J］．外语与外语教学，2012（3）．

余玲丽，杨廷君．大学英语立体选修课程体系的建设［J］．四川教育学院学报，2010（1）．

余卫华．需求分析在外语教学中的作用［J］．外语与外语教学，2002（8）．

余樟亚．行业英语需求状况调查对大学英语教学的启示［J］．外语界，2012（5）．

袁平华．依托课程内容进行外语教学之理据及教学元模式探究［J］．学位与研究生教育，2006（3）．

袁振国．当代教育学［M］．北京：教育科学出版社，1999.

袁竹．论高校人才培养“目标管理”模式［J］．改革与开放，2011（18）．

詹星．地方本科院校培养目标与课程体系研究［D］．南昌：江西师范大学学位论文，2007.

曾冬梅．课程体系优化的三个层面［J］．高等理科教育，2003（2）．

曾拓，李黎．教师教学能力研究综述［J］．绍兴文理学院学报，2003（1）．

张安富．改革教学方法 探索研究型教学［J］．中国大学教学，2012（1）．

张刚．外事英语课程设计：以案例教学为例［J］．辽宁省交通高等专科学校学报，2008（3）．

张慧军．试论基于学生需求分析的多维度英美文学课程设计［J］．西安外国语大学学报，2008（3）．

张乐兴，李养龙．“以学习者为本”的大学英语课程设置：调整与效果评价［J］．山东外语教学，2010（5）．

张莉．基于ESP的大学英语课程体系研究［J］．黑龙江教育（高教研究与评估），2013（7）．

张玲．EAP教学模式及策略探讨［J］．四川外语学院学报，2007（1）．

张明兰．生态教育视野中的大学英语后续课程建构［J］．毕节学院学报，2011（7）．

张秋慧，韩彬彬，谢茜萍．构建应用型本科院校人才培养目标体系——基于系统论的视角［J］．兰州教育学院学报，2012（9）．

张文霞．个性化大学英语综合课程体系的构建与实践［J］．中国大学教学，2009（10）．

张绍杰．全球化背景下的外语教学——行动与反思［J］．外语与外语教学，2010（1）．

张寿松．近十年我国通识教育研究综述［J］．教育理论与实践，2003（10）．

张寿松．大学通识教育课程论稿［M］．北京：北京大学出版社，2005.

张西平．外语教育本质上人文主义的教育［M］//孙有中主编．英语教育与人文通识教育．北京：外语教学与研究出版社，2008.

张效珍．CBI 教学理念指导下高校双语课程设计的策略［J］．广东外语外贸大学学报，2010（4）．

张焱．论我国大学英语教学改革．华中科技大教育科学研究院学位论文，1994.

赵军峰．商务英语课程设置及教学现状调查分析［J］．中国外语，2006（5）．

赵美娟，施心远，王会花．基于网络教学平台培养学生学习自主性的探索——以“零课时”英语听说课课程设计和实践为例［J］．外语电化教学，2012（3）．

赵庆红，雷蕾，张梅．学生英语学习需求视角下的大学英语教学［J］．外语界，2009（4）．

赵世举．语言与国家［M］．北京：商务印书馆，党建读物出版社，2015.

郑超．英语“写长法”课程设计［J］．外国语言文学，2005（1）．

郑欢，向敏．基于人才培养目标的大学英语教学改革探索［J］．成都理工大学学报（社会科学版），2013（4）．

郑笑然．大学英语教师终身学习策略研究［J］．教育与职业，2007（17）．

郑玉琪．大学英语模块化课程设置与实证研究［J］．东南大学学报（哲学社会科学版），2006（3）．

郑泽宴．人本主义教育思想对我国实施素质教育的启示［J］．辽宁教育行政学院学报，2004（6）．

钟启泉．课程与教学概论［M］．上海：华东师范大学出版社，2003.

钟启泉，汪霞，王文静．课程与教学论［M］．上海：华东师范大学出版社，2008.

钟启泉．课程的逻辑［M］．上海：华东师范大学出版社，2008.

周光明，彭灵芝．从个性化教学维度看大学英语课程体系的建构［J］．黄石理工学院学报，2009（3）．

周家春．大学英语课程的困境与嬗变［J］．安徽工业大学学报（社会科学版），2014（4）．

周家春，洪流．基于多元价值论的大学英语课程评价体系研究［J］．内蒙古财经大学学报，2018（5）．

周可荣，龚丽英．个性化教学和学生综合能力培养——大学英语选修课的探索与实践［J］．外语界，2006（1）．

周文娟．从美国“5C”外语目标看我国大学英语教学［J］．山东外语教学，2002（5）．

周洵瑛，范谊．英语专业复合型人才培养目标内涵与层次定位［J］．外语界，2010（4）．

周燕．高校外语教师发展需求调查与研究［J］．外语教学与研究，2005（3）．

朱玲，宋虹．英语学习需求视角下的理工类高校大学英语课程设置［J］．教育教学论坛，2013（2）．

朱菊芬．从国外外语教育改革反思我国大学英语教学改革［J］．南京理工大学学报（社会科学版），2005（1）．

庄智象主编．2004 全国高校“新理念”大学英语网络教学试点方案［M］．上海：上海外语教育出版社，2004.

卓新光，王晶．从需求分析视角探讨高校英语专业课程设置改革［J］．现代教育科学，2010（3）．

邹为诚．语言输入的机会和条件［J］．外语界，2000（1）．